2024 ケアマネジャー試験 過去問解説集

ベストウェイケアアカデミー　編集

中央法規

はじめに

介護支援専門員（ケアマネジャー）の試験は，難関試験だといわれます。2022年度試験の合格率は19.0％であり，10％台～20％台を行き来している状況がそういわせるのだと感じます。ケアマネジャーを目指す方は仕事をしながら勉強される方も多く，日常業務で多忙な中，合格点を獲得するためには，できるだけ効率的な学習をすることが不可欠です。

今回，過去５回分の「ケアマネジャー試験　過去問解説集」を制作するにあたり，受験者のみなさんに「過去問題の重要性」を理解してもらいたいという想いがありました。まずは「敵を知ること」が合格への近道です。過去問題に取り組むことによって，出題傾向や問題の意図などを身をもって知ることができるでしょう。問題の答えを記憶するくらい，何度も解いていただきたいと思います。

本書では，すべての問題に「ポイント」を付けています。過去数年の出題傾向や各問題に関連する知識などをまとめました。この「ポイント」に沿って，該当箇所を『ケアマネジャー試験　ワークブック2024』（中央法規）などでおさらいをすると，過去問題を解く効果が倍増するはずです。

また，一部の問題には「ときテク」という「解き方のテクニック」が付いています。正解を導き出していくプロセスを記述したものです。ケアマネジャー試験の出題形式である五肢複択形式（５つの選択肢から２～３の正しい選択肢を選ぶ）の問題を目にしたとき，どこから手をつけてよいかわからないという方もいると思います。その時には，この「ときテク」を参考にしてください。

この「ケアマネジャー試験　過去問解説集」を余すことなく活用し，日々の努力を惜しまず学習に励み，ぜひ超難関試験を突破していただきたいと思います。みなさんの健闘を心よりお祈りいたします。

2023年12月

馬淵　敦士

目　次

本書の使い方

□□□

問題 20　指定居宅介護支援事業者の記録の整備について正しいものはどれか。3つ選べ。

1　居宅介護支援台帳は，書面による記録と電磁的記録の両方を整備しなければならない。
2　事故の状況及び事故に際して採った処置についての記録を整備しなければならない。
3　従業者に関する記録を整備しておかなければならない。
4　会計に関する記録を整備しておかなければならない。
5　サービス担当者会議等の記録は，その完結の日から5年間保存しなければならない。

ポイント

【キーワード】 居宅介護支援事業者　**【出題回－問題番号】** 25回－19・20・21，24回－19，23回－20・21，22回－6・15，21回－16

指定居宅介護支援における記録の整備についてまとめておく。

①指定居宅介護支援事業者は，従業者，設備，備品及び会計に関する諸記録を整備しておかなければならない。

②指定居宅介護支援事業者は，利用者に対する指定居宅介護支援の提供に関する記録を整備し，その完結の日から2年間保存しなければならない。

解説

1＝× 指定居宅介護支援における記録については，電磁的記録によるものが認められており，書面による記録と電磁的記録の両方を整備する必要はない。
2＝○ 指定居宅介護支援事業者は，事故が起こった場合，事故の状況及び事故に際して採った処置について記録しなければならない。
3＝○ 指定居宅介護支援事業者は，従業者に関する諸記録を整備しておかなければならない。
4＝○ 指定居宅介護支援事業者は，会計に関する諸記録を整備しておかなければならない。
5＝× サービス担当者会議等の記録は，その完結の日から2年間保存しなければならない。

解答＝2・3・4

ときテク

記録については「完結の日から2年」（5×）はすべてにおいて共通なので，必ず覚えておくこと。また，電磁的記録については認められているだけで必須とはなっていないため，1×を答えたいところである。

年度別過去問＋解答・解説　21

チェック欄

チェック欄をつくりました。
繰り返し解いて，知識をしっかり身につけてください。

ポイント

すべての問題に「ポイント」を掲載しています。過去問の出題傾向，問題を解く鍵となる知識をまとめました。
基礎知識を確実に身につけ，さらに応用力も養えるように工夫しています。

解説

解答の根拠となる知識をわかりやすく，簡潔に解説します。特に重要な部分は色文字で示しました。赤シートで隠して学習することで理解度をチェックできます。

ときテク

五肢複択形式（5つの選択肢から2～3の正しい選択肢を選ぶ）の問題をどのように攻略するか，そのテクニックを掲載しています。

キーワードなど

問題の内容をキーワードで分類し，キーワードごとに出題回と問題番号を示しました。

改正など

改正によって解答・解説が違ってくるところ，新しい統計調査では数値などが違ってくるところには下線を引き，注釈を示しました。改正に伴って問題そのものが成り立たなくなるものには，解説すべてに下線を引きました。

□□□

38　次の記述について正しいものはどれか。2つ選べ。
養素の摂取不足によって，メタボリックシンドロームが引き起こされる。
食・嚥下機能に合わない食事形態での食事の提供は，誤嚥や窒息を招くことが
。
護保険の短期入所療養介護では，栄養マネジメント加算が算定できる。
口維持加算は，現に経管により食事を摂取している者も対象となる。
護保険の施設サービスにおける栄養マネジメント加算は，管理栄養士が継続的
所者ごとに栄養管理をした場合に算定できる。
20（令和2）年10月時点の内容。

ポイント

【キーワード】 栄養・食生活からの支援と介護
【出題回－問題番号】 25回－36，24回－35，23回－38

栄養マネジメント強化加算についてまとめておく。

・管理栄養士を常勤換算で，一定数以上配置する。
・低栄養状態またはそのおそれがある入所者に対して，医師，歯科医師，管理栄養士，看護師，ケアマネジャー等の職種が共同して作成した栄養ケア計画に従い，栄養管理をするための食事の観察を週3回以上行い，食事の調整等を行う。
・上記以外の入所者に対しても，食事の観察の際に変化を把握し，問題がある場合は早期に対応する。
・入所者ごとの栄養状態等の情報を厚生労働省に提出し，継続的な栄養管理の実施にあたり当該情報その他継続的な栄養管理の適切かつ有効な実施に必要な情報を活用する。

解説

1＝× メタボリックシンドロームは，栄養素の過剰，栄養素の不適切な摂取，あるいは運動・活動量不足によって引き起こされる。
2＝○ 食事形態が合わないと，固い食物をかみ砕けなくなるなど，摂食《せっしょく》・嚥下《えんげ》機能がうまく発揮されず，誤嚥《ごえん》や窒息《ちっそく》を招くことがある。
3＝× 短期入所療養介護では，栄養マネジメント加算を算定できない※。
4＝× 経口《けいこう》維持加算は，経口《けいこう》による食事を継続するために経口《けいこう》維持計画を作成して行うものであるため，経管《けいかん》により食事を摂取している者は対象とならない。
5＝○ 介護保険の施設サービスにおける栄養マネジメント加算については，管理栄養士が継続的に入所者ごとに栄養管理をした場合に算定できる※。

※2021（令和3）年度介護報酬改定で「栄養マネジメント加算」が廃止され，「栄養マネジメント強化加算」が新設された。

解答＝2・5

年度別過去問＋解答・解説　163

22～26回過去問題キーワード一覧表

キーワード	出題回－問題番号
医学的診断・予後予測・医療との連携	26回－33・34，25回－35，24回－33，23回－36
医療と介護	22回－38
栄養・食生活からの支援と介護	26回－35・39，25回－36，24回－35，23回－38
介護医療院	26回－45，24回－45，23回－45，22回－45
介護技術の展開	26回－29，25回－30・31，24回－29・30，23回－31・32・33，22回－27・28・29
介護サービス情報の公表制度	26回－15，25回－14，24回－15，22回－13
介護支援専門員	25回－6，24回－10，22回－7・16
介護保険事業計画	26回－10，24回－13，22回－8
介護保険施設	25回－7
介護保険制度	25回－1
介護保険制度改正	24回－1，23回－5，22回－1
介護保険データ	26回－1，25回－4，24回－2，23回－1
介護保険法条文	26回－4，25回－3，24回－5，23回－6，22回－2
介護保険の財政・会計	25回－9，24回－12，23回－12，22回－10
介護予防サービス計画	23回－23
介護予防支援事業者	25回－22，22回－20
介護老人福祉施設	26回－57，25回－57，24回－57，23回－57，22回－57
介護老人保健施設	26回－44，25回－45，24回－44，23回－44
看護小規模多機能型居宅介護	26回－43，24回－43，23回－43，22回－43
感染症	26回－37，24回－36，23回－39，22回－39
基礎相談面接技術	26回－46，25回－46・47，24回－46，23回－46，22回－46
基本指針	23回－13
虐待	26回－59，23回－60
共生型サービス	24回－8
居宅介護支援事業者	26回－20，25回－19・20・21，24回－19，23回－20・21，22回－6・15
居宅サービス計画	26回－21，24回－20・21，22回－17
居宅サービス事業者	26回－9，22回－5
居宅療養管理指導	22回－44
急変時の対応	26回－38，25回－38，23回－27，22回－32・33
苦情処理	25回－15
薬の知識	25回－34
区分支給限度基準額	24回－7
検査	26回－28，25回－29，24回－28，23回－30，22回－37
高齢者を取り巻く状況	23回－3
国民健康保険団体連合会（国保連）	25回－13
サービス担当者会議	23回－22
財政安定化基金	24回－11
在宅での医療管理	25回－37，24回－37，23回－40，22回－34
さまざまな疾病・症状・障害	26回－26，25回－26・39，24回－26・34・38・39，23回－26・28，22回－31・40
支援困難事例	24回－47
施設サービス計画	26回－22，24回－22，22回－18
社会福祉法	26回－2，25回－2
社会保険診療報酬支払基金	26回－12，22回－11
社会保険方式	26回－3，24回－3
住宅改修	26回－54，24回－54，22回－54
終末期ケア	26回－40，25回－40，24回－40，23回－41，22回－41
障害者総合支援法	25回－60
小規模多機能型居宅介護	26回－55，25回－55，23回－55
消滅時効	26回－17
事例	26回－23・24・25，25回－23・24・25，24回－23・24・25，23回－24・25，22回－24・25
審査請求	26回－16，23回－15，22回－14
生活困窮者自立支援制度	24回－59，22回－58
生活保護	26回－60，25回－58，24回－58，23回－58，22回－59

※キーワードは「あいうえお」順です。

キーワード	出題回－問題番号
精神疾患	26回－32，25回－27，24回－32，23回－35，22回－35
成年後見制度	26回－58，25回－59，24回－60，23回－59，22回－60
ソーシャルワーク	26回－47・48・49，25回－48・49，24回－48・49，23回－47・48・49，22回－47・48・49
短期入所生活介護	26回－53，25回－53，24回－53，23回－50，22回－53
短期入所療養介護	26回－42，25回－43，22回－42
地域医療介護総合確保基金	26回－11
地域支援事業	26回－13・14，25回－11・12，24回－14，23回－14，22回－12・19
通所介護	26回－52，25回－51，24回－51，23回－53，22回－51
通所リハビリテーション	26回－41，25回－42，23回－37
定期巡回・随時対応型訪問介護看護	25回－44
都道府県の事務	24回－9，23回－4
認知症	26回－31，25回－32，24回－31，22回－30
認知症高齢者への介護	23回－34
認知症対応型共同生活介護	25回－56，23回－56
認知症対応型通所介護	26回－56，24回－56，22回－55
バイタルサイン	26回－27・36，25回－28，24回－27，23回－29，22回－26・36
被保険者	26回－5・6，25回－5，24回－4，22回－3
福祉用具	25回－54，23回－51

キーワード	出題回－問題番号
訪問介護	26回－50，25回－50，24回－50，23回－52，22回－50
訪問看護	25回－41，24回－41，23回－42
訪問入浴介護	26回－51，25回－52，24回－52，23回－54，22回－52
保険給付	26回－7・8，23回－2・10
保険者の事務・条例	24回－6，23回－16
保険料	25回－10，23回－11，22回－9
夜間対応型訪問介護	24回－55，22回－56
要介護認定	26回－18・19，25回－8・16・17・18，24回－16・17・18，23回－17・18・19，22回－4・21・22・23
リハビリテーション	26回－30，25回－33，24回－42
利用者負担	23回－7・8・9

過去問解説集の効果的な使い方

①わかる問題から解き，わからない問題は飛ばし，一通り解いてみる
わかる・わからないを整理するために，一問に執着することなく解き進めてください。

②わからない問題は解説を読み，テキスト（『ワークブック 2024』）へ戻って学習する
知識が不足している部分は解説を読み，テキストを読み返して理解します。

③何度も何度も繰り返す
過去問題集を全部終えたら新しい問題集を求める人がいますが，それでは理解したことになりません。正解するまで何度も繰り返してください。

④最終的に 90%解けることを目指す
正答率も 100%を目指すと挫折します。最後は，何も見ずに解いて 90%解ければ OK！
問題文を覚えるくらい，解きこなしましょう。

介護支援専門員実務研修受講試験の概要

1. 出題方式および出題数

⑴ 出題方式

５つの選択肢から正しいものを２つまたは３つ選んでマークする「五肢複択方式」です。

⑵ 出題数，試験時間（令和５年度の場合）

区　分		問題数	試験時間
介護支援分野	介護保険制度の基礎知識	25問	120分 （10：00〜12：00） 点字受験者（1.5倍） 180分 弱視等受験者（1.3倍） 156分
	要介護認定等の基礎知識		
	居宅・施設サービス計画の基礎知識等		
保健医療 福祉サービス分野	保健医療サービスの知識等	20問	
	福祉サービスの知識等	15問	
合　計		60問	

2. 受験要件

介護支援専門員の資質向上などを目的に，受験要件が見直されて，平成27年度の試験から「保健・医療・福祉に係る法定資格保有者，相談援助業務従事者及び介護等の業務従事者であって定められた実務経験期間を満たした者」が，「保健・医療・福祉に係る法定資格保有者，生活相談員等の相談援助業務従事者であって定められた実務経験期間を満たした者」に変更されました。

◆受験要件

区分	資格・業務内容	必要な実務経験
A	**以下の国家資格などに基づく業務に従事する者** 医師，歯科医師，薬剤師，保健師，助産師，看護師，准看護師，理学療法士，作業療法士，社会福祉士，介護福祉士，視能訓練士，義肢装具士，歯科衛生士，言語聴覚士，あん摩マッサージ指圧師，はり師，きゅう師，柔道整復師，栄養士（管理栄養士含む），精神保健福祉士	A及びBの期間が通算して5年以上であり，かつ，従事した日数が900日以上であること
B	**以下の相談援助業務に従事する者** ・生活相談員（特定施設入居者生活介護，地域密着型特定施設入居者生活介護，地域密着型介護老人福祉施設入所者生活介護，介護老人福祉施設，介護予防特定施設入居者生活介護） ・支援相談員（介護老人保健施設） ・相談支援専門員（障害者総合支援法第５条18項及び児童福祉法第６条の２の２第７項に規定する事業） ・主任相談支援員（生活困窮者自立支援法第３条第２項に規定する事業）	

◆介護支援専門員になるまでの流れ

以下は，令和５年12月現在の予定です。詳細は各都道府県に必ずご確認ください。

受験申込み	5月下旬～6月下旬（予定。都道府県により異なる）	申込先は，受験地の都道府県。受験資格に該当する業務に従事している場合は勤務地のある都道府県に，従事していない場合は住所地の都道府県に申し込む
↓		
資格審査	6月初旬～8月中旬（予定）	提出書類に基づき審査が行われる
↓		
受験票発送	9月頃（予定）	受験会場などが記載された受験票が送られる
↓		
介護支援専門員実務研修受講試験 受験	10月頃（予定）	試験は都道府県ごとに行われるが，日時と問題は全国共通である
↓		
合格発表	12月頃（予定）	郵便で通知される。合格者には実務研修の案内も送られる。ホームページでも発表される
↓		
介護支援専門員実務研修 受講	12月頃（予定）から順次実施	都道府県が実施。研修課程と時間数は厚生労働省が定める。修了者には修了証明書が発行される
↓		
資格登録簿への登録・介護支援専門員証の交付		各人の申請によって登録。介護支援専門員証の交付を受けると介護支援専門員の業務を行うことができる

※申込みや合格後の手続きについては，都道府県によって異なることもあるので，受験地の都道府県の受験要項で確認する。

3. これまでの試験結果

	受験者数	合格者数	合格率
第１回（1998）	207,080人	91,269人	44.1%
第２回（1999）	165,117人	68,090人	41.2%
第３回（2000）	128,153人	43,854人	34.2%
第４回（2001）	92,735人	32,560人	35.1%
第５回（2002）	96,207人	29,508人	30.7%
第６回（2003）	112,961人	34,634人	30.7%
第７回（2004）	124,791人	37,781人	30.3%
第８回（2005）	136,030人	34,813人	25.6%
第９回（2006）	138,262人	28,391人	20.5%
第10回（2007）	139,006人	31,758人	22.8%
第11回（2008）	133,072人	28,992人	21.8%
第12回（2009）	140,277人	33,119人	23.6%
第13回（2010）	139,959人	28,703人	20.5%
第14回（2011）	145,529人	22,332人	15.3%
第15回（2012）	146,586人	27,905人	19.0%
第16回（2013）	144,397人	22,331人	15.5%
第17回（2014）	174,974人	33,539人	19.2%
第18回（2015）	134,539人	20,924人	15.6%
第19回（2016）	124,585人	16,281人	13.1%
第20回（2017）	131,560人	28,233人	21.5%
第21回（2018）	49,332人	4,990人	10.1%
第22回（2019）	41,049人	8,018人	19.5%
第23回（2020）	46,415人	8,200人	17.7%
第24回（2021）	54,290人	12,662人	23.3%
第25回（2022）	54,406人	10,328人	19.0%
第26回（2023）	56,532人	—	—
計	3,057,844人	739,215人	

※第 26 回の合格者数・合格率は 2023 年 12 月４日現在，発表されておりません。厚生労働省ホームページ（https://www.mhlw.go.jp/）をご確認ください。

※第 22 回は再試験分を合算した数。

4. 合格基準

分 野	問題数	合格基準			
		R2年度（第23回）	R3年度（第24回）	R4年度（第25回）	R5年度（第26回）
介護支援分野	25問	13点	14点	18点	17点
保健医療福祉サービス分野	35問	22点	25点	26点	24点

※配点は１問１点である。分野ごとに，正答率 70％を基準とし，問題の難易度で補正した。

年度別過去問
＋
解答・解説
第 26 回
（令和 5 年度）

問題 1　高齢化について正しいものはどれか。２つ選べ。

1　2025（令和７）年には，いわゆる団塊の世代が 85 歳に到達する。

2　2021（令和３）年国民生活基礎調査によると，65 歳以上の者のいる世帯では「三世代世帯」の割合が一番多い。

3　国立社会保障・人口問題研究所の「日本の世帯数の将来推計（全国推計）」（平成 30 年推計）によると，世帯主が 65 歳以上の世帯数は 2040（令和 22）年まで増加し続ける。

4　国立社会保障・人口問題研究所の「日本の将来推計人口」（平成 29 年推計）によると，前期高齢者の人口は，2015（平成 27）年と比べて 2045（令和 27）年では倍増する。

5　2019（令和元）年度末における 85 歳以上の介護保険の被保険者に占める要介護又は要支援と認定された者の割合は，50％を超えている。

ポイント

【キーワード】介護保険データ

【出題回－問題番号】26 回－１，25 回－４，24 回－２，23 回－１

2021（令和３）年国民生活基礎調査による，2021（令和３）年時点での 65 歳以上の者のいる世帯構造は以下のようになっている（単位：千世帯）。

・単独世帯：7,427
・夫婦のみの世帯：8,251
・親と未婚の子のみの世帯：5,284
・三世代世帯：2,401
・その他の世帯：2,446

解説

1 ＝×　2025（令和７）年には，いわゆる団塊の世代が **77 ～ 79 歳**に到達する。

2 ＝×　2021（令和３）年国民生活基礎調査によると，65 歳以上の者のいる世帯では「**夫婦のみの世帯**」の割合が一番多い。

3 ＝○　推計では，世帯主が 65 歳以上の世帯数は，2015（平成 27）年の段階で 1,918 万世帯であったものが，2040（令和 22）年には 2,242 万世帯になるといわれており，2040（令和 22）年まで**増加し続ける**といえる。

4 ＝×　推計では，前期高齢者の人口は，2015（平成 27）年では 1,754 万 6 千人（中位仮定），2045（令和 27）年では 1,642 万 6 千人（中位仮定）となり，**倍増しない**。

5 ＝○　2019（令和元）年度末における 85 歳以上の介護保険の被保険者の総数は約 592 万人であり，そのうち要介護又は要支援と認定された者は約 352 万人となる。よってその割合は **59.5％**となり，**50％ を超えている**。

解答＝３・５

問題 2　地域福祉や地域共生社会について正しいものはどれか。３つ選べ。

1　市町村は，包括的な支援体制を整備するため重層的支援体制整備事業を実施しなければならない。

2　市町村は，市町村地域福祉計画を策定するよう努めるものとする。

3　地域共生社会とは，子供・高齢者・障害者などすべての人々が地域，暮らし，生きがいをともに創り，高め合うことができる社会のことである。

4　介護保険法に基づく地域支援事業等を提供する事業者が解決が困難な地域生活課題を把握したときは，その事業者が自ら課題を解決しなければならない。

5　高齢者と障害児・者が同一の事業所でサービスを受けやすくするための共生型サービスは，介護保険制度と障害福祉制度の両方に位置付けられている。

ポイント

【キーワード】社会福祉法　**【出題回－問題番号】**26回－2，25回－2

社会福祉法における地域福祉の推進についてまとめておく。

- 地域福祉の推進は，地域住民が相互に人格と個性を尊重し合いながら，参加し，共生する地域社会の実現を目指して行われなければならない。
- 地域住民等は，相互に協力し，福祉サービスを必要とする地域住民が地域社会を構成する一員として日常生活を営み，社会，経済，文化その他あらゆる分野の活動に参加する機会が確保されるように，地域福祉の推進に努めなければならない。
- 地域住民等は，地域福祉の推進に当たっては，地域生活課題を把握し，地域生活課題の解決に資する支援を行う関係機関との連携等によりその解決を図るよう特に留意するものとする。

解説

1＝×　重層的支援体制整備事業は**市町村が実施する任意事業**である。

2＝○　市町村地域福祉計画の策定は任意なので，市町村は，市町村地域福祉計画を策定するよう**努めるものとする**。

3＝○　地域共生社会とは，**子供・高齢者・障害者などすべての人々が地域，暮らし，生きがいをともに創り，高め合うことができる社会**のことである。

4＝×　介護保険法に基づく地域支援事業等を提供する事業者が，解決が困難な地域生活課題を把握したときは，**地域生活課題の解決に資する支援を行う関係機関との連携等**により地域課題の解決を試みるよう進めていく。

5＝○　高齢者と障害児・者が同一の事業所でサービスを受けやすくするための共生型サービスは，**介護保険法・障害者総合支援法・児童福祉法**に位置付けられている。

解答＝2・3・5

問題 3　社会保険について正しいものはどれか。2つ選べ。

1　雇用保険は，含まれない。

2　自営業者は，介護保険の被保険者にならない。

3　医療保険は，労働者災害補償保険法の業務災害以外の疾病，負傷等を保険事故とする。

4　年金保険は，基本的に任意加入である。

5　財源は，加入者や事業主が払う保険料が中心であるが，国・地方公共団体や利用者も負担している。

ポイント

【キーワード】社会保険方式

【出題回－問題番号】26回－3，24回－3

わが国における社会保険の種類と保険事故についてまとめておく。

・雇用保険：失業等

・医療保険：業務外の事由による疾病・負傷等

・年金保険：老齢・障害・死亡

・労災保険：業務上の事由による疾病・負傷・障害・死亡等

・介護保険：要介護状態・要支援状態

解説

1＝×　社会保険には，**雇用保険が含まれる**。

2＝×　自営業者であっても，要件を満たせば**介護保険の被保険者となる**。

3＝○　医療保険の保険事故は，労働者災害補償保険法の**業務災害以外の疾病や負傷等**である。

4＝×　年金保険は，要件を満たした者が全員加入しなければならない**強制加入**となっている。

5＝○　社会保険の財源は**公費（国や地方公共団体の税金）と保険料**で賄われている。

解答＝3・5

問題 4　介護保険法第２条に示されている保険給付の基本的考え方として正しいものはどれか。**３つ選べ。**

1　要介護状態等の軽減又は悪化の防止に資するよう行われなければならない。

2　被保険者の置かれている環境に配慮せず提供されなければならない。

3　可能な限り，被保険者の有する能力に応じ自立した日常生活を営むことができるように配慮されなければならない。

4　医療との連携に十分配慮して行われなければならない。

5　介護支援専門員の選択に基づき，サービス提供が行われなければならない。

ポイント

【キーワード】 介護保険法条文

【出題回－問題番号】 26回－4，25回－3，24回－5，23回－6，22回－2

介護保険法第２条からキーワードを抜き出しておく。

・要介護状態等の軽減又は悪化の防止に資する。

・医療との連携に十分配慮して行われなければならない。

・被保険者の選択に基づく。

・適切な保健医療サービス及び福祉サービスが，多様な事業者又は施設から，総合的かつ効率的に提供されるよう配慮される。

・可能な限り，その居宅において，その有する能力に応じ自立した日常生活を営むことができるように配慮される。

解説

1＝○　要介護状態等の軽減又は悪化の防止に資するよう行われなければならないことは，第２条に示されている。

2＝×　被保険者の置かれている環境に応じて提供されなければならない。

3＝○　可能な限り，被保険者の有する能力に応じ自立した日常生活を営むことができるように配慮されなければならないことは，第２条に示されている。

4＝○　医療との連携に十分配慮して行われなければならないことは，第２条に示されている。

5＝×　介護支援専門員の選択ではなく，被保険者の選択に基づき，サービス提供が行われなければならない。

解答＝１・３・４

問題 5　介護保険制度における住所地特例の適用があるものはどれか。3つ選べ。

1　介護老人福祉施設
2　地域密着型介護老人福祉施設
3　有料老人ホーム
4　介護老人保健施設
5　認知症対応型共同生活介護

ポイント

【キーワード】 被保険者
【出題回－問題番号】 26回－5・6，25回－5，24回－4，22回－3

介護保険の住所地特例の適用がある施設（住所地特例対象施設）は以下の通りである。

①介護保険施設（介護老人福祉施設・介護老人保健施設・介護医療院・介護療養型医療施設）
②特定施設（有料老人ホーム・養護老人ホーム・軽費老人ホーム）
③有料老人ホームに該当するサービス付き高齢者向け住宅

解説

1＝○　介護老人福祉施設は，介護保険制度における住所地特例の**適用があるもの**である。
2＝×　地域密着型介護老人福祉施設は，介護保険制度における住所地特例の**適用がない**。
3＝○　有料老人ホームは，介護保険制度における住所地特例の**適用があるもの**である。
4＝○　介護老人保健施設は，介護保険制度における住所地特例の**適用があるもの**である。
5＝×　認知症対応型共同生活介護は，介護保険制度における住所地特例の**適用がない**。

解答＝1・3・4

ときテク

住所地特例対象施設は必ず覚えなければならない。覚えておけば1○3○4○はすぐに答えることができる。ただし，2×に注意が必要である。

□□□

問題 6　65 歳以上の者であって，介護保険の被保険者とならないものはどれか。2つ選べ。

1　老人福祉法に規定する養護老人ホームの入所者
2　児童福祉法に規定する医療型障害児入所施設の入所者
3　生活保護法に規定する更生施設の入所者
4　生活保護法に規定する救護施設の入所者
5　児童福祉法に規定する母子生活支援施設の入所者

ポイント

【キーワード】 被保険者
【出題回ー問題番号】 26 回－5・6，25 回－5，24 回－4，22 回－3

介護保険の適用除外施設が定められている理由についてまとめておく。
①長期に継続して入所・入院している人が多く，介護保険サービスを受ける可能性が低い。
②重度の障害者の入所が想定され，施設が介護に相当するサービスをすでに提供している。
③ 40 歳以上の人が多く入所している実態がある。
適用除外施設については，22 回問題3のポイントも参照してほしい。

解説

1 =× 老人福祉法に規定する養護老人ホームの入所者は，介護保険の**被保険者となる**。
2 =○ 児童福祉法に規定する医療型障害児入所施設の入所者は，65 歳以上の者であっても介護保険の**被保険者とならない**。
3 =× 生活保護法に規定する更生施設の入所者は，介護保険の**被保険者となる**。
4 =○ 生活保護法に規定する救護施設の入所者は，65 歳以上の者であっても介護保険の**被保険者とならない**。
5 =× 児童福祉法に規定する母子生活支援施設の入所者は，介護保険の**被保険者となる**。

解答＝2・4

問題 7　介護保険と他制度との関係について正しいものはどれか。3つ選べ。

1　労働者災害補償保険法の療養給付は，介護保険給付に優先する。

2　労働者災害補償保険法の介護補償給付は，介護保険の給付に相当する給付が受けられる限りにおいて，介護保険に優先する。

3　介護保険の訪問看護は，原則として，医療保険の訪問看護に優先する。

4　生活保護の被保護者は，介護保険給付を受給できない。

5　障害者総合支援法の給付を受けている障害者は，要介護認定を受けることができない。

ポイント

【キーワード】 保険給付

【出題回－問題番号】 26回－7・8，23回－2・10

介護保険と他制度の給付調整についてまとめておく。

介護保険法に定められた給付と，他制度に定められた給付が同じ場合

・介護保険法が優先するもの：障害者総合支援法・医療保険・生活保護など

・介護保険法に優先するもの：労働者災害補償保険法などの補償的な給付・虐待などによる老人福祉法による措置など

解説

1＝○　労働者災害補償保険法の療養給付は，**介護保険給付に優先する**こととなる。

2＝○　労働者災害補償保険法の介護補償給付は，介護保険の給付に相当する給付が受けられる限りにおいて，**介護保険に優先する**。

3＝○　介護保険の訪問看護は，原則として，**医療保険の訪問看護に優先する**こととなる。

4＝×　生活保護の被保護者であっても，要件を満たすことにより，**介護保険給付を受給することができる**。

5＝×　障害者総合支援法の給付を受けている障害者であっても，介護保険の被保険者要件に該当する場合は，**要介護認定を受けることができる**。

解答＝1・2・3

ときテク

それぞれの優先関係を理解しておけば，1○2○3○はわかるはずである。優先関係をしっかり覚えておきたい。

問題 8　介護保険法において現物給付化されている保険給付として正しいものはどれか。２つ選べ。

1　居宅介護サービス計画費の支給
2　特定入所者介護サービス費の支給
3　居宅介護福祉用具購入費の支給
4　高額介護サービス費の支給
5　高額医療合算介護サービス費の支給

ポイント

【キーワード】 保険給付
【出題回－問題番号】 26回－7・8，23回－2・10
現物給付が認められていない（償還払い）保険給付についてまとめておく。
・住宅改修費　・福祉用具購入費　・高額介護サービス費
・高額医療合算介護サービス費　・特例サービス費
これ以外はすべて現物給付により保険給付される。

解説

1＝○　居宅介護サービス計画費の支給は，介護保険法において**現物給付化**されている保険給付である。
2＝○　特定入所者介護サービス費の支給は，介護保険法において**現物給付化**されている保険給付である。
3＝×　居宅介護福祉用具購入費の支給は，介護保険法において**現物給付化**されていない保険給付である。
4＝×　高額介護サービス費の支給は，介護保険法において**現物給付化**されていない保険給付である。
5＝×　高額医療合算介護サービス費の支給は，介護保険法において**現物給付化**されていない保険給付である。

解答＝１・２

ときテク

「現物給付化されていない」＝償還払いである。介護保険では，償還払いの保険給付の方が少ないので，それを覚えて消去法で答えるとよい。

問題 9　介護保険法に定める指定居宅サービス事業者の責務として正しいものはどれか。3つ選べ。

1　医師の診断書に基づき居宅サービス計画を作成しなければならない。
2　要介護者のため忠実に職務を遂行しなければならない。
3　自らサービスの質の評価を行うこと等により常に利用者の立場に立ってサービスを提供するように努めなければならない。
4　利用者が居宅において心身ともに健やかに養護されるよう，利用者の保護者を支援しなければならない。
5　法令遵守に係る義務の履行が確保されるよう，業務管理体制を整備しなければならない。

ポイント

【キーワード】居宅サービス事業者　**【出題回－問題番号】**26回－9，22回－5

指定居宅サービスの事業の一般原則についてまとめておく。

・利用者の意思及び人格を尊重して，常に利用者の立場に立ったサービスの提供に努めなければならない。
・指定居宅サービスの事業を運営するに当たっては，地域との結び付きを重視し，市町村，他の居宅サービス事業者その他の保健医療サービス及び福祉サービスを提供する者との連携に努めなければならない。
・利用者の人権の擁護，虐待の防止等のため，必要な体制の整備を行うとともに，その従業者に対し，研修を実施する等の措置を講じなければならない。
・指定居宅サービスを提供するに当たっては，介護保険等関連情報その他必要な情報を活用し，適切かつ有効に行うよう努めなければならない。

解説

1＝✕　指定居宅サービス事業者は，居宅サービス計画を**作成する必要はない**。
2＝○　指定居宅サービス事業者は，要介護者のため**忠実に職務を遂行しなければならない**とされている。
3＝○　指定居宅サービス事業者は，自らサービスの質の評価を行うこと等により**常に利用者の立場に立ってサービスを提供する**ように努めなければならないとされている。
4＝✕　指定居宅サービス事業者は，利用者が居宅において心身ともに健やかに養護されるよう，**利用者を支援しなければならない**。
5＝○　指定居宅サービス事業者は，法令遵守に係る義務の履行が確保されるよう，**業務管理体制を整備しなければならない**。

解答＝2・3・5

問題 10　介護保険法に規定する介護保険等関連情報の調査及び分析について正しいものはどれか。３つ選べ。

1　市町村は，介護保険等関連情報を分析した上で，その分析の結果を勘案して，市町村介護保険事業計画を作成するよう努めるものとする。

2　都道府県は，都道府県介護保険事業支援計画を作成するに当たって，介護保険等関連情報を分析する必要はない。

3　都道府県は，介護サービス事業者に対し，介護給付等に要する費用の額に関する地域別，年齢別又は要介護認定及び要支援認定別の状況に関する情報を提供しなければならない。

4　厚生労働大臣は，被保険者の要介護認定及び要支援認定における調査に関する状況について調査及び分析を行い，その結果を公表するものとする。

5　厚生労働大臣は，特定介護予防・日常生活支援総合事業を行う者に対し，介護保険等関連情報を提供するよう求めることができる。

ポイント

【キーワード】介護保険事業計画

【出題回－問題番号】26 回－ 10，24 回－ 13，22 回－ 8

介護保険法に規定する介護保険等関連情報についてまとめておく。

①介護費用に関する地域別，年齢別または要介護認定および要支援認定別の状況等

②被保険者の要介護認定および要支援認定における調査に関する状況等

③要介護者等の心身の状況等やこれらの者に提供されるサービス内容

④地域支援事業の実施状況等　※①②は公表義務，③④は公表努力義務である。

解説

1 = ○　市町村は，介護保険等関連情報を分析した上で，当該事情及び当該分析の結果を勘案して，市町村介護保険事業計画を作成するよう**努めるもの**とする。

2 = ×　都道府県は，介護保険等関連情報を分析した上で，都道府県介護保険事業支援計画を作成するよう**努めるもの**とする。

3 = ×　**厚生労働大臣は，申出があった者に対し**，介護給付等に要する費用の額に関する地域別，年齢別又は要介護認定及び要支援認定別の状況に関する情報を提供しなければならない。

4 = ○　厚生労働大臣は，被保険者の要介護認定及び要支援認定における調査に関する状況について調査及び分析を行い，**その結果を公表するものとする**。

5 = ○　厚生労働大臣は，必要があると認めるときは，特定介護予防・日常生活支援総合事業を行う者に対し，**介護保険等関連情報を提供するよう求めることができる**。

解答＝１・４・５

問題 11 地域における医療及び介護の総合的な確保の促進に関する法律に規定する基金（地域医療介護総合確保基金）について正しいものはどれか。3つ選べ。

1　医療及び介護の総合的な確保に関する目標を達成するために必要な事業に要する費用を支弁するため，都道府県が設ける。

2　公的介護施設等の整備に関する事業は，支弁の対象とならない。

3　医療従事者の確保に関する事業は，支弁の対象となる。

4　介護従事者の確保に関する事業は，支弁の対象となる。

5　国が負担する費用の財源は，所得税及び法人税である。

ポイント

【キーワード】 地域医療介護総合確保基金

【出題回－問題番号】 26 回－ 11

地域医療介護総合確保基金の対象事業をまとめておく。

- 地域医療構想の達成に向けた医療機関の施設又は設備の整備に関する事業
- 地域医療構想の達成に向けた病床の機能又は病床数の変更に関する事業
- 居宅等における医療の提供に関する事業
- 介護施設等の整備に関する事業（地域密着型サービス等）
- 医療従事者の確保に関する事業
- 介護従事者の確保に関する事業
- 勤務医の労働時間短縮に向けた体制の整備に関する事業

解説

1 = ○　地域医療介護総合確保基金は，医療及び介護の総合的な確保に関する目標を達成するために必要な事業に要する費用を支弁するため，**都道府県が設けることとなっている。**

2 = ×　地域医療介護総合確保基金では，公的介護施設等の整備に関する事業は，**支弁の対象となる。**

3 = ○　地域医療介護総合確保基金では，医療従事者の確保に関する事業は，**支弁の対象となる。**

4 = ○　地域医療介護総合確保基金では，介護従事者の確保に関する事業は，**支弁の対象となる。**

5 = ×　地域医療介護総合確保基金における国が負担する費用の財源は，**消費税**である。

解答＝1・3・4

問題 12　社会保険診療報酬支払基金の介護保険関係業務として正しいものはどれか。２つ選べ。

1　医療保険者から介護給付費・地域支援事業支援納付金を徴収する。
2　第１号被保険者の保険料に係る特別徴収を行う。
3　都道府県に対し介護給付費交付金を交付する。
4　市町村に対し地域支援事業支援交付金を交付する。
5　介護保険サービスに関する苦情への対応を行う。

ポイント

【キーワード】社会保険診療報酬支払基金
【出題回－問題番号】26回－12，22回－11

社会保険診療報酬支払基金の介護保険関係業務を図解しておく。

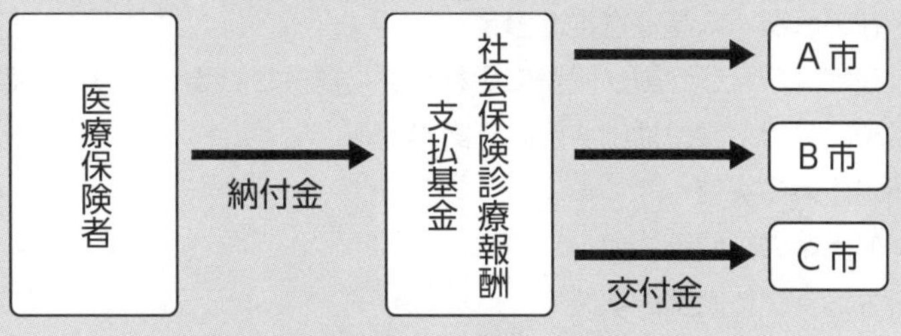

・納付金：介護給付費・地域支援事業支援納付金
・交付金：介護給付費交付金・地域支援事業支援交付金

解説

1＝○　医療保険者から介護給付費・地域支援事業支援納付金を徴収することは，社会保険診療報酬支払基金の**介護保険関係業務**である。

2＝×　第１号被保険者の保険料に係る特別徴収を行うことは，社会保険診療報酬支払基金の**介護保険関係業務**ではない。

3＝×　社会保険診療報酬支払基金は，都道府県に対し介護給付費交付金を**交付することはない**。

4＝○　市町村に対し地域支援事業支援交付金を交付することは，社会保険診療報酬支払基金の**介護保険関係業務**である。

5＝×　介護保険サービスに関する苦情への対応を行うことは，社会保険診療報酬支払基金の**介護保険関係業務**ではない。

解答＝1・4

問題 13　地域支援事業の包括的支援事業として正しいものはどれか。2つ選べ。

1　家族介護支援事業
2　一般介護予防事業
3　在宅医療・介護連携推進事業
4　保健福祉事業
5　生活支援体制整備事業

ポイント

【キーワード】 地域支援事業
【出題回－問題番号】 26回－13・14，25回－11・12，24回－14，23回－14，22回－12・19

出題されている包括的支援事業の事業内容についてまとめておく。

・在宅医療・介護連携推進事業
在宅医療及び介護が円滑に切れ目なく提供されるしくみの構築を目的とする。
①現状分析・課題抽出・施策立案（計画）
②対応策の実施
③対応策の評価等

・生活支援体制整備事業
高齢者の社会参加および生活支援の充実を推進するため，以下の配置等を行う。
①生活支援コーディネーター（地域支え合い推進員）の配置
②協議体の設置
③就労的活動支援コーディネーター（就労的活動支援員）の配置

解説

1＝× 家族介護支援事業は，地域支援事業の**包括的支援事業**ではない。
2＝× 一般介護予防事業は，地域支援事業の**包括的支援事業**ではない。
3＝○ 在宅医療・介護連携推進事業は，地域支援事業の**包括的支援事業**である。
4＝× 保健福祉事業は，地域支援事業の**包括的支援事業**ではない。
5＝○ 生活支援体制整備事業は，地域支援事業の**包括的支援事業**である。

解答＝3・5

問題 14 地域ケア会議の機能として正しいものはどれか。3つ選べ。

1 個別課題の解決
2 地域づくり・資源開発
3 政策の形成
4 地域包括支援センターから提出された事業計画書の評価
5 日常生活自立支援事業の生活支援員の指名

ポイント

【キーワード】 地域支援事業
【出題回－問題番号】 26回－13・14，25回－11・12，24回－14，23回－14，22回－12・19

地域ケア会議は，包括的・継続的ケアマネジメント業務の効果的な実施のために，介護支援専門員，保健医療および福祉に関する専門的知識を有する者，民生委員その他の関係者，関係機関および関係団体（関係者等）により構成される会議である。ここでは，地域ケア会議の機能をまとめておく。

・個別課題の解決
・地域包括支援ネットワークの構築
・地域課題の発見
・地域づくり・資源開発
・政策の形成

解説

1＝○ 個別課題の解決は，地域ケア会議の**機能**である。
2＝○ 地域づくり・資源開発は，地域ケア会議の**機能**である。
3＝○ 政策の形成は，地域ケア会議の**機能**である。
4＝× 地域包括支援センターから提出された事業計画書の評価は，地域ケア会議の**機能**ではない。
5＝× 日常生活自立支援事業の生活支援員の指名は，地域ケア会議の**機能**ではない。

解答＝1・2・3

問題 15　介護サービス情報の公表制度において，介護サービスの提供開始時に事業者が都道府県知事へ報告すべき情報として規定されているものはどれか。**3つ**選べ。

1　従業者の個人情報保護等のために講じる措置
2　従業者の教育訓練の実施状況
3　年代別の従業者の数
4　従業者の労働時間
5　従業者の健康診断の実施状況

ポイント

【キーワード】介護サービス情報の公表制度
【出題回－問題番号】26回－15，25回－14，24回－15，22回－13

介護サービス情報の公表制度において公表すべき内容について主なものをまとめておく。

基本情報	運営情報
・事業者や事業所の名称 ・事業所の職員の体制 ・事業所の運営方針 ・利用料金，特別な料金　など	・介護サービスに関するマニュアルの有無 ・サービスの提供内容の記録管理の有無 ・職員研修のガイドラインや実績の有無 ・身体拘束を廃止する取組の有無　など

解説

1＝×　従業者の個人情報保護等のために講じる措置は，介護サービスの提供開始時に事業者が都道府県知事へ報告すべき情報として**規定されていない**。

2＝○　従業者の教育訓練の実施状況は，介護サービスの提供開始時に事業者が都道府県知事へ報告すべき情報として**規定されている**。

3＝×　年代別の従業者の数は，介護サービスの提供開始時に事業者が都道府県知事へ報告すべき情報として**規定されていない**。

4＝○　従業者の労働時間は，介護サービスの提供開始時に事業者が都道府県知事へ報告すべき情報として**規定されている**。

5＝○　従業者の健康診断の実施状況は，介護サービスの提供開始時に事業者が都道府県知事へ報告すべき情報として**規定されている**。

解答＝2・4・5

問題 16　介護保険審査会への審査請求が認められるものとして正しいものはどれか。２つ選べ。

1　介護支援専門員の資格に関する処分
2　指定居宅サービス事業者の指定の取消しに関する処分
3　財政安定化基金拠出金への拠出額に関する処分
4　要介護認定に関する処分
5　被保険者証の交付の請求に関する処分

ポイント

【キーワード】 審査請求
【出題回－問題番号】 26回－16，23回－15，22回－14
　審査請求が認められる内容についてまとめておく。
①保険給付に関する処分
　（例）要介護・要支援認定決定処分，被保険者証の交付の請求に関する処分，負担限度額認定決定処分など
②保険料やその他介護保険法に規定する徴収金に関する処分
　（例）介護保険料額決定処分など

解説

1＝×　介護支援専門員の資格に関する処分は，介護保険審査会への審査請求が認められるものではない。

2＝×　指定居宅サービス事業者の指定の取消しに関する処分は，介護保険審査会への審査請求が認められるものではない。

3＝×　財政安定化基金拠出金への拠出額に関する処分は，介護保険審査会への審査請求が認められるものではない。

4＝○　要介護認定に関する処分は，介護保険審査会への審査請求が認められるものである。

5＝○　被保険者証の交付の請求に関する処分は，介護保険審査会への審査請求が認められるものである。

解答＝4・5

問題 17　介護保険法における消滅時効について正しいものはどれか。3つ選べ。

1　償還払い方式による介護給付費の請求権の時効は，10年である。

2　法定代理受領方式による介護給付費の請求権の時効は，２年である。

3　滞納した介護保険料の徴収権が時効によって消滅した場合には，保険給付の減額対象とならない。

4　介護保険料の督促は，時効の更新の効力を生ずる。

5　介護保険審査会への審査請求は，時効の更新に関しては，裁判上の請求とみなされる。

ポイント

【キーワード】 消滅時効

【出題回－問題番号】 26回－17

介護保険法において，消滅時効の時期が２年であるものをまとめておく。

- 被保険者が市町村に対して償還払いの形で介護給付費等を請求する権利
- 法定代理受領方式によりサービス提供事業者が市町村に被保険者へのサービス提供に要した費用を請求する場合（居宅サービス費等の介護給付費の請求）
- 市町村が，不正請求である介護報酬を過払いした場合の返還請求権

解説

1＝×　被保険者が市町村に対して償還払いの形で介護給付費等を請求する権利の時効は**2年**である。

2＝○　法定代理受領方式によりサービス提供事業者が市町村に被保険者へのサービス提供に要した費用を請求する権利の時効は**2年**である。

3＝×　滞納した介護保険料の徴収権が時効によって消滅した場合であっても，**保険給付の減額対象となる**。

4＝○　介護保険料を督促することによって，**時効の更新の効力が生ずる**。

5＝○　介護保険審査会への審査請求は，時効の完成猶予及び更新に関しては，**裁判上の請求とみなされる**。

解答＝2・4・5

問題 18 要介護認定の申請について正しいものはどれか。2つ選べ。

1 被保険者は，介護認定審査会に申請しなければならない。

2 地域包括支援センターは，申請に関する手続を代行することができる。

3 介護保険施設は，入所者の更新認定の申請に限って代行することができる。

4 要介護状態区分の変更申請には，医師の診断書を添付しなければならない。

5 更新認定の申請は，有効期間満了の日の60日前から行うことができる。

ポイント

【キーワード】 要介護認定

【出題回－問題番号】 26回－18・19，25回－8・16・17・18，24回－16・17・18，23回－17・18・19，22回－4・21・22・23

認定について出題されやすい数字についてまとめておく。

- 認定は原則申請の日から30日以内に行われる。
- 認定が遅れる場合は，申請日から30日以内に，その理由と見込期間が被保険者に通知される。
- 認定有効期間中に住民票が移転した場合，保険者が変わることとなるが，転入日から14日以内に申請をすれば，認定調査等を受けることなく，移転前の認定を受けることができる。

解説

1＝× 被保険者は，保険者である市町村に申請しなければならない。

2＝○ 地域包括支援センターは，介護保険の申請に関する手続を代行することができる。

3＝× 介護保険施設は，新規であるか更新であるかにかかわらず，認定の申請を代行することができる。

4＝× 要介護状態区分の変更申請においては，医師の診断書を添付する必要はない。

5＝○ 更新認定の申請は，有効期間満了の日の60日前から満了日までの間に行うことができる。

解答＝2・5

ときテク

申請は保険者に対して行うこと，申請の際に必要なものを覚えておけば1×4×はわかると思う。3×は注意する必要がある。

問題 19　要介護認定について正しいものはどれか。２つ選べ。

1　認定調査は申請者と面接して行わなければならないと，介護保険法に規定されている。

2　申請者が遠隔地に居住する場合には，認定調査を他の市町村に嘱託することができる。

3　新規認定の調査は，指定市町村事務受託法人に委託することができない。

4　一次判定は，認定調査票の基本調査の結果及び特記事項と主治医意見書に基づいて行う。

5　審査及び判定の基準は，市町村が定める。

ポイント

【キーワード】要介護認定

【出題回－問題番号】26回－18・19，25回－8・16・17・18，24回－16・17・18，23回－17・18・19，22回－4・21・22・23

　一次判定で用いられる基本調査項目についてまとめておく。

①身体機能・起居動作に関連する項目

②生活機能に関連する項目

③認知機能に関連する項目

④精神・行動障害に関連する項目

⑤社会生活への適応に関連する項目

⑥特別な医療に関連する項目

⑦日常生活自立度に関連する項目

解説

1＝○　認定調査については，認定調査員が申請者と**面接して行わなければならない**。

2＝○　申請者が遠隔地に居住する場合，認定調査をその申請者が現に居住する市町村など，**他の市町村に嘱託することができる**。

3＝×　新規認定の調査は，指定市町村事務受託法人に**委託することができる**。

4＝×　一次判定は，基本調査項目から算出された**要介護認定等基準時間を算定する**ことで行われる。

5＝×　審査及び判定の基準は，国が定める。

解答＝1・2

問題 20 指定居宅介護支援について正しいものはどれか。3つ選べ。

1 介護支援専門員は，居宅サービス計画書の作成に当たっては，地域の住民による自発的な活動によるサービス等の利用も含めて居宅サービス計画上に位置付けるよう努めなければならない。

2 事業者は，利用者の人権の擁護，虐待の防止等のため必要な体制の整備を行わなければならない。

3 指定居宅介護支援の提供に当たっては，公正中立に行われなければならない。

4 介護支援専門員の連絡調整の対象は，指定居宅サービス事業者に限定される。

5 事業者の連携の対象には，障害者総合支援法の指定特定相談支援事業者は含まれない。

ポイント

【キーワード】居宅介護支援事業者 **【出題回－問題番号】**26回－20，25回－19・20・21，24回－19，23回－20・21，22回－6・15

居宅介護支援事業者の基本方針についてまとめておく。

・要介護状態となった場合においても，その利用者が可能な限りその居宅においてその有する能力に応じ自立した日常生活を営むことができるよう配慮する。

・常に利用者の立場に立って，利用者に提供されるサービスが，特定の種類や事業者に不当に偏することのないよう，公正中立に行う。

・市町村，地域包括支援センター，指定特定相談支援事業者等との連携に努める。

解説

1＝○ 介護支援専門員は，居宅サービス計画書の作成に当たって，介護保険の給付サービス以外に，地域の住民による自発的な活動によるサービス等の利用も含めて居宅サービス計画上に**位置付けるよう努めなければならない**。

2＝○ 指定居宅介護支援事業者は，利用者の人権の擁護，虐待の防止等のため，**必要な体制の整備を行わなければならない**。

3＝○ 利用者に提供される指定居宅サービス等が特定の種類又は特定の指定居宅サービス事業者等に不当に偏することのないよう，**公正中立に行われなければならない**。

4＝× 介護支援専門員の連絡調整の対象は，指定居宅サービス事業者等となっており，指定居宅サービス事業者に**限定されない**。

5＝× 指定居宅介護支援事業者は，事業運営において，市町村，地域包括支援センター，老人介護支援センター，他の指定居宅介護支援事業者，指定介護予防支援事業者，介護保険施設，指定特定相談支援事業者等との**連携に努めなければならない**。

解答＝1・2・3

問題 21 居宅サービス計画の作成について適切なものはどれか。3つ選べ。

1 課題分析の結果は，居宅サービス計画書に記載しない。

2 総合的な援助の方針は，利用者及び家族を含むケアチームが確認，検討の上，居宅サービス計画書に記載する。

3 居宅サービス計画の長期目標は，基本的に個々の解決すべき課題に対応して設定するものである。

4 週間サービス計画表には，提供されるサービス以外に主な日常生活上の活動も記載する。

5 サービス担当者会議の要点には，出席できないサービス担当者に対して行った照会の内容について記載しなくてよい。

ポイント

【キーワード】 居宅サービス計画

【出題回－問題番号】 26回－21，24回－20・21，22回－17

居宅サービス計画のアセスメントとモニタリングについてまとめておく。

・アセスメント：情報収集を行い，解決すべき生活課題（ニーズ）を把握する。アセスメントの結果については，居宅サービス計画に位置づける必要がある。

・モニタリング：居宅サービス計画に沿ってサービスが提供されているか，目標が達成できているか，新たなニーズが発生していないか，などのチェックを行う。

解説

1＝× 居宅サービス計画書には，課題分析の結果も**記載する**。

2＝○ 居宅サービス計画書には，利用者及び家族を含むケアチームが確認，検討した総合的な援助の方針を**記載する**。

3＝○ 居宅サービス計画の「長期目標」は，基本的には**個々の解決すべき課題に対応して設定する**ものである。

4＝○ 週間サービス計画表には，利用者の起床や就寝，食事，排泄などの平均的な一日の過ごし方などの「主な日常生活上の活動」について**記載する**。

5＝× サービス担当者会議の要点には，サービス担当者会議を開催しない場合や会議に出席できない場合に，サービス担当者に対して行った照会の内容等についても**記載する**。

解答＝2・3・4

問題 22　指定介護老人福祉施設の施設サービス計画について正しいものはどれか。2つ選べ。

1　モニタリングは，少なくとも月に1回行わなければならない。

2　アセスメントは，入所者及びその家族に面接して行わなければならない。

3　計画の交付は，家族に行えばよい。

4　地域の住民による自発的な活動によるサービス等の利用も含めて位置付けるよう努めなければならない。

5　介護支援専門員以外の者も作成できる。

ポイント

【キーワード】 施設サービス計画

【出題回－問題番号】 26回－22，24回－22，22回－18

施設サービス計画の作成についてまとめておく。

・アセスメントに当たっては，入所者及びその家族に面接して行わなければならない。この場合において，計画担当介護支援専門員は，面接の趣旨を入所者及びその家族に対して十分に説明し，理解を得なければならない。

・モニタリングに当たっては，入所者及びその家族並びに担当者との連絡を継続的に行うこととし，特段の事情のない限り，次に定めるところにより行わなければならない。

①定期的に入所者に面接すること。

②定期的にモニタリングの結果を記録すること。

解説

1＝× 指定介護老人福祉施設の施設サービス計画について，モニタリングは**定期的**に入所者に面接し，**定期的**にモニタリングの結果を記録することとされている。

2＝○ 指定介護老人福祉施設の施設サービス計画を作成するに当たり，アセスメントは，入所者及びその家族に**面接して行わなければならない**。

3＝× 指定介護老人福祉施設の施設サービス計画は，**入所者に交付しなければならない**。

4＝○ 指定介護老人福祉施設の施設サービス計画の作成に当たっては，入所者の日常生活全般を支援する観点から，当該地域の住民による自発的な活動によるサービス等の利用も含めて施設サービス計画上に位置付けるよう**努めなければならない**。

5＝× 指定介護老人福祉施設の施設サービス計画は，**介護支援専門員が作成しなければならない**。

解答＝2・4

問題 23　A さん（72 歳，男性，要介護２，認知症高齢者の日常生活自立度Ⅱ a）は，妻（63 歳）と二人暮らしで，小規模多機能型居宅介護事業所に登録し，週２回の通いサービスと週３回の訪問サービスを利用している。A さんは，若い頃より散歩が趣味であったが，最近，散歩に出かけると自宅に戻れなくなることが増え，警察に保護されることがあった。妻は日中就労（週５日）のため，見守ることができずに困っている。この時点における計画作成担当者である介護支援専門員の対応として，より適切なものはどれか。**３つ選べ。**

1　徘徊感知機器の情報を収集し，A さんと妻に情報提供を行う。

2　A さんや妻の同意を得ないで，A さんの立ち寄りそうな店舗などに，A さんの写真と妻の携帯電話番号を掲示してもらう。

3　A さんの心身の状況や自宅周辺の環境をアセスメントし，自宅に戻れなかった理由を探る。

4　通いサービスの利用日以外は外出をしないように，A さんを説得する。

5　近隣住民等による見守り体制が取れるかどうか民生委員に相談する。

ポイント

【キーワード】事例　**【出題回－問題番号】**26 回－ 23・24・25，25 回－ 23・24・25，24 回－ 23・24・25，23 回－ 24・25，22 回－ 24・25

本事例の着目ポイントをまとめておく。

① A さんは認知症で，自宅に戻れなくなることがあり，警察に保護されることもある。

②妻は日中就労しているため，A さんを見守ることができず，何らかの支援が必要である。

解説

1 =○　A さんは徘徊感知機器が必要な状態であると考えられるため，その情報を提供することは**適切である。**

2 =×　同意を得ず A さんの写真や妻の携帯電話番号を掲示することは，個人情報が守られていない状態となるため**適切ではない。**

3 =○　なぜ自宅に戻れなくなるのかなど，その原因を考えていくためにアセスメントをすることは**適切である。**

4 =×　A さんに対して外出制限をしてしまうことは，身体拘束に該当してしまうおそれがあるため**適切ではない。**

5 =○　A さんが散歩に出かけたときなど，地域で見守りをしてもらう状況であると安心である。このような体制をつくるのに民生委員に相談することは**適切である。**

解答＝１・３・５

問題 24　A さん（80 歳，女性）は，最近，閉じこもりがちになり，体力が低下してきた。同居する娘は心配になって市役所に相談し，要支援 1 の認定を受けた。地域包括支援センターから委託を受けて，介護支援専門員が訪問したところ，娘は「母にはいつまでも元気でいてもらいたいが特に希望するサービスはない」と言う。介護支援専門員の対応として，より適切なものはどれか。**2つ選べ。**

1　特に希望するサービスがないので，今のところ支援の必要がないと考え，しばらく様子を見るよう娘に伝える。
2　指定訪問介護の生活援助を紹介する。
3　指定認知症対応型共同生活介護を紹介する。
4　A さんの社会参加の状況や対人関係を把握する。
5　地域ケア会議などにおいて生活機能の改善のために必要な支援を検討する。

ポイント

【キーワード】事例
【出題回－問題番号】26 回－ 23・24・25，25 回－ 23・24・25，24 回－ 23・24・25，23 回－ 24・25，22 回－ 24・25

本事例の着目ポイントをまとめておく。
①Aさんは最近閉じこもりがちで体力低下がみられるため，何らかの支援が必要である可能性がある。
②娘は希望するサービスはないと言っているが，母には元気でいてもらいたいと思っている。

解説

1 = ×　特に希望するサービスはないとはいえ，A さんは，閉じこもりがちで体力低下がみられる。何もせず，しばらく様子を見るよう娘に伝えるのは**適切ではない**。
2 = ×　特に希望するサービスがないという状態で，指定訪問介護の生活援助を紹介することは**適切ではない**。
3 = ×　特に希望するサービスはなく，また，A さんが認知症と診断されていない状態で，指定認知症対応型共同生活介護を紹介することは**適切ではない**。
4 = ○　A さんの現状を把握するため，社会参加の状況や対人関係を聴き取ることは**適切である**。
5 = ○　A さんには，閉じこもりがちで体力低下がみられるため，地域ケア会議などにおいて生活機能の改善のために必要な支援を検討することは**適切である**。

解答＝4・5

問題 25　特別養護老人ホームに入所しているＡさん（80歳，女性，要介護４）は，がんの末期で余命１か月程度と医師から告げられている。Ａさんは自宅で最期を迎えたいと希望している。自宅で一人暮らしをしている夫は，Ａさんの希望に沿いたいと考えているが，自宅での介護や看取りに不安を抱いている。Ａさんの居宅介護支援の依頼を受けた介護支援専門員がＡさんや夫との面談を進めるに当たっての対応として，より適切なものはどれか。**3つ選べ。**

1　夫が何を不安に感じているのかを聴き取る。
2　施設の嘱託医に居宅療養管理指導を依頼する。
3　夫の負担を考慮し，施設での看取りを依頼する。
4　Ａさんが自宅でどのように過ごしたいのかを聴き取る。
5　Ａさんの自宅がある地域で看取りに対応している診療所の情報を収集する。

ポイント

【キーワード】事例**【出題回－問題番号】**26回－23・24・25，25回－23・24・25，24回－23・24・25，23回－24・25，22回－24・25

本事例の着目ポイントをまとめておく。

①Ａさんは特別養護老人ホームに入所しているが，自宅で最期を迎えたいという希望がある。

②Ａさんの夫はＡさんの希望をかなえたいと思っているが，不安を抱えている。

③Ａさんの希望をかなえるために，Ａさんの夫の不安解消についても考えなければならない。

解説

1 = ○　余命１か月程度と医師から告げられ，夫は不安を感じていると思われる。夫が何を不安に感じているのかを聴き取ることは**適切である**。

2 = ×　居宅療養管理指導は居宅サービスであるため，施設の嘱託医に依頼するのは**適切ではない**。

3 = ×　Ａさんは自宅で最期を迎えたいと希望しているため，施設での看取りを依頼することは**適切ではない**。

4 = ○　Ａさんは自宅で最期を迎えたいと希望しており，自宅でどのように過ごしたいのかをＡさんから聴き取ることは**適切である**。

5 = ○　Ａさんは自宅で最期を迎えたいと希望しているため，在宅医を探す必要がある。よって，Ａさんの自宅がある地域で看取りに対応している診療所の情報を収集することは**適切である**。

解答＝1・4・5

【保健医療サービスの知識等】

問題 26　次の記述のうち適切なものはどれか。**3つ選べ。**

1　「指輪っかテスト」は，サルコペニア（筋肉減弱症）の簡便な評価法である。

2　フレイルとは，健康な状態と介護を要する状態の中間的な状態である。

3　ロコモティブシンドロームとは，認知機能の低下によって起こるフレイルである。

4　要支援と認定された者では，介護が必要となった原因の第１位は認知症である。

5　配偶者との死別による心理的苦痛を和らげるには，ソーシャルサポートが有効である。

ポイント

【キーワード】 さまざまな疾病・症状・障害 **【出題回－問題番号】** 26回－26，25回－26・39，24回－26・34・38・39，23回－26・28，22回－31・40

指輪っかテストについてまとめておく。

＜方法＞

①膝を直角にして足のうらが，しっかりと地面に付く状態で座れる高さの椅子，台に座る。

②親指と人差し指で「指輪っか」をつくり，ふくらはぎの一番太いところを囲む。

＜結果＞

・指輪っかで囲めない，もしくはちょうど囲める場合，筋肉量が十分である可能性が高い。

・指輪っかで隙間ができる場合，筋肉量が少ない可能性がある。

参考：西東京市役所「やってみよう！指輪っかテスト」https://www.city.nishitokyo.lg.jp/kenko_hukusi/koreisyasien/frailyobo/yubiwakka.html

解説

1＝○　「指輪っかテスト」を実施することで，**サルコペニア（筋肉減弱症）の発症リスクがわかる。**

2＝○　フレイルとは，高齢になって筋力や活動が低下している状態で，**健康な状態と介護を要する状態の中間的な状態**である。

3＝×　ロコモティブシンドロームは，運動器症候群といい，**加齢による筋力の低下や運動器の機能低下**をいう。

4＝×　令和４年国民生活基礎調査によると，要支援と認定された者で，介護が必要となった原因の第１位は**関節疾患**である。

5＝○　ソーシャルサポートとは「社会的関係の中でやりとりされる支援のこと」であり，配偶者との死別による心理的苦痛を和らげるのに**有効**である。

解答＝１・２・５

問題 27　次の記述のうち正しいものはどれか。3つ選べ。

1　脈拍数と心拍数は，常に一致する。

2　高体温とは，体温が36.5度以上である場合をいう。

3　一般的に動脈壁にかかる圧力を血圧という。

4　血圧には日内変動がある。

5　ジャパン・コーマ・スケール（JCS）は，意識レベルの評価に用いられる。

ポイント

【キーワード】バイタルサイン

【出題回－問題番号】26回－27・36，25回－28，24回－27，23回－29，22回－26・36

ジャパン・コーマ・スケール（JCS）の評価についてまとめておく。

Ⅰ　刺激しないでも覚醒している
- 1　だいたい意識清明だが，いまひとつはっきりとしない
- 2　見当識障害がある（日時，場所等がわからない）
- 3　自分の名前，生年月日が言えない

Ⅱ　刺激すると覚醒するが刺激をやめると眠り込む
- 10　呼びかけで容易に開眼する
- 20　痛み刺激で開眼する
- 30　強い刺激を続けてかろうじて開眼する

Ⅲ　刺激をしても覚醒しない
- 100　痛み刺激に対し，払いのける動作をする
- 200　痛み刺激に対し，少し手足を動かしたり，顔をしかめたりする
- 300　痛み刺激に反応しない

解説

1＝×　心臓機能障害などがあると，脈拍数と心拍数が一致しないことがある。

2＝×　高体温とは，体温が37度以上である場合をいう。

3＝○　一般的には，動脈壁にかかる圧力を血圧という。

4＝○　血圧は，個人差が大きく，日内変動もある。

5＝○　ジャパン・コーマ・スケール（JCS）は，3-3-9度方式とも呼ばれ，意識レベルの評価に用いられる。

解答＝3・4・5

問題 28　検査について適切なものはどれか。３つ選べ。

1　腹囲が男性 85cm以上，女性 90cm以上の場合は，メタボリックシンドロームの診断において腹部型の肥満とされる。
2　AST（GOT）は，肝臓以外の臓器の疾患でも上昇する。
3　ヘモグロビン A1c は，採血時の血糖レベルを評価するのに適している。
4　尿検査は，尿路感染症の診断に有効である。
5　CRP（C 反応性たんぱく質）は，体内で炎症が起きているときに低下する。

ポイント

【キーワード】検査
【出題回－問題番号】26 回－ 28，25 回－ 29，24 回－ 28，23 回－ 30，22 回－ 37

検査値についてまとめておく。
・AST（GOT）：肝機能について重要な検査となる。肝臓以外に，心臓，筋肉などの疾患や溶血系疾患で上昇するという特徴を持つ。
・尿検査：尿糖や尿たんぱくの検出に使われ，糖尿病や腎臓病のスクリーニング検査として重要となる。
・CRP（C 反応性たんぱく質）：感染症などの炎症性疾患における炎症の程度を判定する検査である。悪性腫瘍や膠原病などでも上昇するが，上昇が発症 12 時間後以降になるため，発症直後から上昇する白血球数との解離がみられる。

解説

1 = ○　腹囲はメタボリックシンドロームの診断に使われ，男性 85cm 以上，女性 90cm 以上の場合，**腹部型の肥満**とされる。
2 = ○　AST（GOT）は肝臓・胆道疾患の指標であるが，心臓，筋肉などの疾患など，**肝臓以外の臓器の疾患でも上昇する**。
3 = ×　ヘモグロビン A1c の値は，**過去１～２か月の平均的な血糖レベルを評価**するのに適している。
4 = ○　尿検査については，高齢者の場合**尿路感染症の診断に有効**である。
5 = ×　CRP（C 反応性たんぱく質）は，体内で炎症が起きているときに**上昇**する。

解答＝１・２・４

問題 29 褥瘡《じょくそう》について適切なものはどれか。３つ選べ。

1　しびれや麻《ま》痺《ひ》は，原因となる。
2　細菌感染の原因となる。
3　寝たきりになると腹部にできやすい。
4　予防方法の一つに，栄養管理がある。
5　寝返りができない人に，体位変換は不要である。

ポイント

【キーワード】 介護技術の展開
【出題回－問題番号】 26回－29，25回－30・31，24回－29・30，23回－31・32・33，22回－27・28・29

褥瘡《じょくそう》への対応についてまとめておく。

・利用者の局所と全身への対応：褥瘡《じょくそう》のできやすい部位は全身に及ぶため，利用者の状態に応じてリスクの高い部位を予防的に保護する必要がある。また，同時に栄養管理，皮膚の清潔などの全身への対応も必要である。
・用具・機器の活用：臥《が》位《い》時には特殊ベッドやマットレスなどがあり，また，座位時にはいすや車いすに敷いて使用するクッションおよび姿勢を整えるパッドを利用する。
・家族や介護者への支援：家族や介護者の過度の負担にならないよう留意しつつ，介護の知識や技術手法を助言・指導したり，必要なサービスや資源を導入したりする支援が必要である。
・保健医療福祉サービスとの連携：褥瘡《じょくそう》は，全身的，局所的，社会的要因から発生することから，その予防や管理には，医師や看護師，薬剤師，栄養士，理学療法士，作業療法士，介護福祉士，社会福祉士等，多職種の連携が必要である。

解説

1 = ○　しびれや麻《ま》痺《ひ》があると，体圧に気付きにくくなるため，**褥瘡《じょくそう》発生の原因**となる。
2 = ○　褥瘡《じょくそう》が発生すると，その部分から感染しやすくなるため，**細菌感染の原因**となる。
3 = ×　褥瘡《じょくそう》は，体圧がかかる場所にできやすいため，寝たきりになると**肩甲骨《けんこうこつ》部《ぶ》や仙骨《せんこつ》部《ぶ》にできやすい**。
4 = ○　褥瘡《じょくそう》の発症要因には，低栄養が含まれているため，栄養管理は**予防方法の一つ**である。
5 = ×　寝返りができない人には，体圧除去のための**体位変換が必要**である。

解答＝１・２・４

問題30 リハビリテーションについて適切なものはどれか。3つ選べ。

1 多職種が連携して行う。
2 高齢者のケアは，リハビリテーション後置主義にのっとっている。
3 運動に伴って低血糖発作が起こることがある。
4 急性期病床は，急性期リハビリテーションの提供の場である。
5 回復が見込めない要介護高齢者に対しては，実施しない。

ポイント

【キーワード】 リハビリテーション
【出題回－問題番号】 26回－30，25回－33，24回－42

・急性期病床：病気を発症して間もない時期など患者の状態が急速に悪化する時期（急性期）に、状態の早期安定化に向けて、必要な医療を提供するための病床。
・リハビリテーション前置主義：心身の機能が低下したことによって万一介護を必要とするような状態になった場合には，できる限り早い段階から適切なリハビリテーションを提供する必要があるという考え方。

解説

1＝○ リハビリテーションは，専門職のみが対応するのではなく，**多職種が連携して行う**必要がある。
2＝× 高齢者のケアは，**リハビリテーション前置主義**にのっとっている。
3＝○ 糖尿病患者などは，運動することで，**低血糖発作を引き起こすことがある**。
4＝○ 急性期病床では，**急性期リハビリテーションが提供される**。
5＝× リハビリテーションは，単に機能障害の回復のみにこだわらないため，回復が見込めない要介護高齢者に対しても，**リハビリテーションは必要**となる。

解答＝1・3・4

ときテク

2については初めて聞く受験生が多かったかもしれないが，1○（多職種連携が必要），3○（語尾「～することがある」は○が多い），4○（文字通り）で，正解することができる問題である。

問題 31　認知症について適切なものはどれか。３つ選べ。

1　認知症施策推進大綱においては，発症を遅らせることを目指している。

2　運動不足の改善は，認知症の予防につながらない。

3　自分の意思で決定できるように支援することが大切である。

4　MCI（軽度認知障害）は，すべて認知症に移行する。

5　前頭側頭型認知症の症状の一つとして，物品の名前が出てこない意味性認知症の症状がある。

ポイント

【キーワード】 認知症

【出題回－問題番号】 26回－31，25回－32，24回－31，22回－30

認知症施策推進大綱の目指すべき「共生」と「予防」についてまとめておく。

・「共生」：認知症の人が，尊厳と希望を持って認知症とともに生きる，また，認知症があってもなくても同じ社会でともに生きること

・「予防」：「認知症にならない」という意味ではなく，「認知症になるのを遅らせる」「認知症になっても進行を緩やかにする」という意味である。

解説

1＝○　認知症施策推進大綱においては，「予防」という観点で，認知症の**発症を遅らせることを目指していることが示されている。**

2＝×　運動不足の改善を実施することにより，認知症になる原因疾患への罹患が予防できるため，**認知症の予防につながる**と考えられる。

3＝○　**自分の意思で決定できるように支援すること**が大切である。

4＝×　MCI（軽度認知障害）は，年間約１割が認知症に移行するが，一部はMCIから健常に戻るといわれており，**すべてが認知症に移行するわけではない。**

5＝○　前頭側頭型認知症には，物品の名前が出てこない**意味性認知症の症状**がある。

解答＝１・３・５

ときテク

認知症施策推進大綱について学んでいなくても，運動不足の改善によって認知症予防につながること（２×）や，MCIはすべて認知症に移行するわけではないこと（４×）がわかれば，消去法でも解ける問題である。

問題 32 次の記述のうち，より適切なものはどれか。３つ選べ。

1 高齢者は，急激な環境の変化があっても，環境への適応力は高い。
2 せん妄の有病率は，年齢とともに上昇する。
3 せん妄については，その発症に至ったきっかけで除去可能な要因がないか検討する。
4 身体疾患の治療薬の中には，うつなどの精神症状を引き起こすものがある。
5 統合失調症の陰性症状とは，妄想や幻覚をいう。

ポイント

【キーワード】 精神疾患

【出題回－問題番号】 26回－32，25回－27，24回－32，23回－35，22回－35

高齢者が意識障害や意識レベルの低下を引き起こしやすい要因をまとめておく。

①加齢により脳の予備能力が低下しており，軽度の障害でも意識レベルに影響を与えることが多い。
②脳卒中など意識障害を起こす疾患罹患へのリスクが高い。
③転倒による頭部打撲の頻度が高い。
④睡眠導入薬，抗うつ薬，抗不安薬などの向精神薬や血糖降下薬の使用により，副作用で意識障害を起こす可能性が高い。

解説

1＝× 高齢者の場合，急激な環境の変化があると，リロケーションダメージなどを引き起こしてしまうことがあるため，**環境への適応力は低い**と考えられる。

2＝○ せん妄の有病率については，**年齢とともに上昇する**と考えられる。

3＝○ せん妄については，その原因や病気の治療を行うことによって改善するため，その**発症に至ったきっかけで除去可能な要因がないか検討**し，対応する。

4＝○ 身体疾患の治療薬の中には，副作用によって，うつなどの**精神症状を引き起こすものがある。**

5＝× 統合失調症で，妄想や幻覚を引き起こすことがあるが，それは**陽性症状に分類される。**

解答＝２・３・４

問題 33　傷病に関する次の記述のうち，より適切なものはどれか。3つ選べ。

1　診察や検査は，医師の負担が少ないものから行う。
2　診断は，医師又は歯科医師が行う。
3　患者は，自分の傷病の内容を知り，どのような治療を受けるか，自己決定する権利を有している。
4　予後に関する説明では，患者の理解力なども考慮し，必要に応じて家族の立ちあいを求める。
5　介護サービスの選択を助言するに当たり，予後は考慮しなくてよい。

ポイント

【キーワード】 医学的診断・予後《よご》予測・医療との連携

【出題回ー問題番号】 26回ー33・34，25回ー35，24回ー33，23回ー36

予後《よご》についてまとめておく。

・予後《よご》とは，疾患が今後たどり得る経過のことである。
・基本的に，疾患の予後《よご》に関する情報は，本人に説明されるべきであるが，認知機能や理解力の低下，心理状態なども考慮し，家族の立ち会いを求めることも必要になることがある。
・診断された疾患とその予後《よご》の説明に基づいて，患者はどのような治療を受けるかを決定する。

解説

1＝× 診察や検査は，原則として，患者の負担が少ないものから行う。

2＝○ 診断については，医師又は歯科医師が行う。

3＝○ 患者は，自分の傷病の内容を知り，それに対してどのような治療を受けるか受けないかを自己決定する権利を有している。

4＝○ 予後《よご》に関する説明では，患者の理解力なども考慮し，必要に応じて家族の立ち会いを求めることも必要である。

5＝× 介護サービスの選択を助言するに当たっては，本人または家族の負担も考える必要があるため，予後《よご》を考慮する必要がある。

解答＝2・3・4

ときテク

難しい選択肢が並んでいるが，1×については過去に出題されたことがある。また，5×も文章から考えて消すことができるため，結果，消去法で正解できる問題である。

問題 34 次の記述のうち適切なものはどれか。3つ選べ。

1 介護支援専門員は，利用者の入院時に，退院後の利用者・家族の生活について医療機関に伝えることが重要である。

2 退院後の居宅サービス計画の立案に役立つ情報には，入院期間中に介護支援専門員に共有される情報が含まれる。

3 退院前カンファレンスに家族が参加する場合もある。

4 退院後の訪問看護は，介護支援専門員が指示する。

5 退院当日は，介護保険サービスを利用できない。

ポイント

【キーワード】 医学的診断・予後《よご》予測・医療との連携

【出題回－問題番号】 26回－33・34，25回－35，24回－33，23回－36

入院時に実施する病院への情報提供について，主な内容をまとめておく。

①入院時連携情報シート（基本情報，受診状況，介護保険認定情報，現病歴，受診医療機関，生活や療養についての利用者・家族の意向，健康状態，ADL，IADL，社会とのかかわり，食事，排せつ，コミュニケーション能力，認知，認知症の行動・心理症状（BPSD），介護力，居住環境，特別な状況）

②本人の思い・希望

③生活史，大切にしていること

④退院後の利用者・家族を取り巻く状況

⑤成年後見制度，日常生活自立支援事業などの利用状況

解説

1＝○ 介護支援専門員は，利用者の入院時に，入院時連携情報シートなどとともに，退院後の利用者・家族の生活について**医療機関に伝えることが重要**である。

2＝○ 退院後の居宅サービス計画の立案に役立つ情報には，入院期間中に介護支援専門員に共有される情報が**含まれている**。

3＝○ 退院前カンファレンスには，病院チーム（病院主治医や病棟看護師，セラピストなど）や在宅チーム（在宅主治医や介護支援専門員，訪問看護師など）に加え，**家族が参加する場合もある**。

4＝× 退院後に訪問看護を利用する場合，**医師が訪問看護指示書を交付する**。

5＝× 退院当日についても，**介護保険サービスを利用することができる**。

解答＝1・2・3

問題 35　高齢者の栄養・食生活について適切なものはどれか。3つ選べ。

1　低栄養状態では，筋力の低下により転倒しやすい。

2　男性では，加齢とともに低栄養傾向の者の割合は減少する。

3　骨粗鬆症予防には，アルコールを摂取することが大切である。

4　使用している薬剤によっては，摂取してはならない食品がある。

5　一方的な指導ではなく，双方向的なコミュニケーションを重視した相談の場を設ける。

ポイント

【キーワード】栄養・食生活からの支援と介護

【出題回－問題番号】26回－35・39，25回－36，24回－35，23回－38

高齢者の低栄養状態に関する要因についてまとめておく。

- 社会的要因：独居・介護力不足・ネグレクトなど
- 精神的心理的要因：認知機能障害・うつなど
- 加齢の関与：嗅覚・味覚障害・食欲低下など
- 疾病《しっぺい》要因：臓器不全・炎症・悪性腫瘍《あくせいしゅよう》・疼痛《とうつう》・義歯《ぎし》などの口腔《こうくう》の問題・咀嚼《そしゃく》・嚥《えん》下《げ》障害・薬物の副作用など

解説

1 = ○　低栄養状態になると，筋力が低下することが多く，それによって**転倒しやすくなる**。

2 = ×　男性・女性に関わらず，加齢とともにさまざまな原因から日常的な食事摂取量が低下し，エネルギーやたんぱく質が欠乏して低栄養状態に陥りやすいため，低栄養傾向の者の割合は**増加する**。

3 = ×　骨粗鬆症《こつそしょうしょう》予防では，**アルコールではなく、カルシウムやビタミンD，ビタミンK**などを多く含む食品を摂取することが大切である。

4 = ○　使用している薬剤によっては，食品との相互作用を引き起こすことがあるため，**摂取してはならない食品がある**。

5 = ○　高齢者の食生活では，「食べてはならない」などと一方的な指導ではなく，「何を食べたいか」「どうすれば食べられるか」など，**双方向的なコミュニケーションを重視した相談の場を設ける**必要がある。

解答＝1・4・5

問題 36 次の記述のうち適切なものはどれか。２つ選べ。

1　重症の糖尿病性ケトアシドーシスの患者では，異常な呼吸がみられることがある。

2　起座呼吸は，気管支喘息の患者にもみられる。

3　高齢者の肺活量の低下の一因として，肺の残気量の低下がある。

4　在宅酸素療法において，携帯用酸素ボンベの使用に慣れれば，介護支援専門員の判断で酸素流量を設定してよい。

5　簡易酸素マスクで酸素流量が不足する場合は，鼻カニューレに交換する。

ポイント

【キーワード】バイタルサイン

【出題回－問題番号】26回－27・36，25回－28，24回－27，23回－29，22回－26・36

特徴的な呼吸についてまとめておく。

・チェーンストークス呼吸：小さい呼吸から徐々に大きな呼吸となった後，しだいに呼吸が小さくなり一時的に呼吸停止となるような呼吸を30秒から２分くらいの周期で繰り返す呼吸

・クスマウル呼吸：異常に深大な呼吸が規則正しく続く呼吸で，吸気のほうが呼気より長くなる。

・ビオー呼吸：不規則な周期で，無呼吸の状態から急に4，5回の呼吸を行い，再び無呼吸になる呼吸

・起座《きざ》呼吸：呼吸困難が臥位《がい》で増強し，起座位《きざい》または半座位になると軽減するという呼吸

解説

1＝○　重症の糖尿病性ケトアシドーシスの患者では，クスマウル呼吸と呼ばれる**異常な呼吸がみられることがある。**

2＝○　起座《きざ》呼吸は，呼吸困難が臥位《がい》で増強し，起座位《きざい》または半座位になると軽減するという呼吸であり，呼吸困難が生じる**気管支喘息の患者にもみられる。**

3＝×　高齢者の肺活量の低下の一因として，**肺の残気量の増加がある。**

4＝×　在宅酸素療法では，携帯用酸素ボンベの使用に慣れたとしても，医師の指示が必要であり，**介護支援専門員の判断で酸素流量を設定することはできない。**

5＝×　簡易酸素マスクで酸素流量が不足する場合は，**リザーバー付きマスクに交換する。**

解答＝1・2

問題 37　感染症と主な感染経路の組合せについて，より適切なものはどれか。3つ選べ。

1　季節性インフルエンザ — 飛沫感染
2　腸管出血性大腸菌感染症 — 接触感染
3　結核 — 空気感染
4　疥癬 — 飛沫感染
5　MRSA（メチシリン耐性黄色ブドウ球菌）感染症 — 空気感染

ポイント

【キーワード】感染症
【出題回－問題番号】26回－37，24回－36，23回－39，22回－39

問題文にある感染症についてまとめておく。

・腸管出血性大腸菌感染症：ベロ毒素を発生させる大腸菌を原因菌とする感染症であり，大腸菌O-157やO-1が有名である。状況によっては死に至る。これは接触感染である。
・結核：結核菌によって引き起こされる呼吸器感染症である。肺などの呼吸器官で発生することが多く，多くは空気感染である。
・疥癬《かいせん》：ヒゼンダニが皮膚表面の角層に寄生して起こる。一般的な症状としては，腋窩《えきか》，外陰部，手，手首に好発する激しいかゆみを伴うボツボツとした発疹で，手や手首にできる疥癬《かいせん》トンネルと呼ばれる発疹が特徴的である。接触感染となる。

解説

1＝○　季節性インフルエンザは**飛沫感染**である。
2＝○　腸管出血性大腸菌感染症は**接触感染**である。
3＝○　結核は**空気感染**である。
4＝×　疥癬《かいせん》は**接触感染**である。
5＝×　MRSA（メチシリン耐性黄色ブドウ球菌）感染症は**接触感染**である。

解答＝1・2・3

ときテク

MRSA（メチシリン耐性黄色ブドウ球菌）感染症の5×はわからなかったかもしれないが，他の4つは感染経路を覚えておかなければならない。

問題 38　高齢者に起こりやすい急変や急変時の対応について適切なものはどれか。3つ選べ。

1　衣類の下の皮膚をやけどしたときは，衣類を脱がしてから冷やすようにする。
2　異物をのどに詰まらせたときは，前かがみにさせて背中を強く叩くと排出することがある。
3　心肺蘇生時の胸骨圧迫は，1分間に 60 回を目安に行う。
4　寝たきりの高齢者が嘔吐した場合には，側臥位にする方がよい。
5　せん妄の原因の一つに薬剤の投与がある。

ポイント

【キーワード】 急変時の対応
【出題回－問題番号】 26 回－ 38，25 回－ 38，23 回－ 27，22 回－ 32・33
心肺蘇生・AED についてまとめておく。
・胸骨圧迫
①傷病者の胸骨の下半分の位置に，自分の一方の手の平の付け根を当てて，その手の上にもう一方の手を重ねる。
②肘をまっすぐに伸ばし，身体に対し自分の腕が垂直になるような姿勢をとる。
③胸が 5 cm くらい沈み込むように垂直に強く圧迫を行い，1 分間に 100 ～ 120 回繰り返す。
・AED
① AED の用意ができたら，要介護者の頭部の近くに置き，電源を入れる。
②使用は AED の音声案内のとおりに行う。
③傷病者がふだんどおりの息をしだしたり，動き出したりしても，AED の電極パッドは剥がさずに，電源も入れたままで救急隊の到着を待つ。
④救急隊到着時に，傷病者が倒れていた状況，実施した応急手当，AED による電気ショックの回数を伝える。

解説

1 = ×　衣類の下の皮膚をやけどしたときは，皮膚が衣服に張り付いている場合があるため，**衣類を脱がさず冷やすようにする**。
2 = ○　異物をのどに詰まらせたときは，前かがみにさせ，頭を胸の位置より低くし，**背中を強く叩くと排出することがある**。
3 = ×　心肺蘇生時の胸骨圧迫は，**1 分間に 100 ～ 120 回**を目安に行う。
4 = ○　寝たきりの高齢者が嘔吐した場合，気道を確保するため，**側《そく》臥《が》位《い》にする方がよい**。
5 = ○　せん妄の原因の一つに**薬剤の投与による副作用**がある。

解答＝2・4・5

問題 39 次の記述のうち適切なものはどれか。3つ選べ。

1　筋力トレーニングは，糖尿病の予防につながる。

2　大きな負荷で行う筋力トレーニングは，息を止めて行うと安全である。

3　冬の寒い時期の運動中は，汗をかかなくても水分補給が必要である。

4　疾病によるたんぱく質摂取に制限のない高齢者では，その摂取の目標量は1日30 gである。

5　喫煙は，脳卒中のリスク因子である。

ポイント

【キーワード】 栄養・食生活からの支援と介護

【出題回－問題番号】 26回－35・39，25回－36，24回－35，23回－38

厚生労働省公表の「日本人の食事摂取基準（2020年版）」策定検討会報告書より高齢者の栄養摂取量についてまとめておく。

・たんぱく質：男性60 g / 日・女性50g/ 日（推奨量）

・脂質：男性女性ともに20～30%エネルギー（目標量）

・炭水化物：男性女性ともに50～65%エネルギー（目標量）

・ビタミンD：男性女性ともに8.5 μg/ 日（目安量）

解説

1＝○　糖尿病を予防するために，運動は重要であるため，筋力トレーニングは，**糖尿病の予防につながる**。

2＝×　大きな負荷で行う筋力トレーニングは，息を止めて行うと血圧上昇につながるため，**息をしながら行う方が安全**である。

3＝○　冬の寒い時期の運動中であっても，水分は放出されているため，**汗をかかなくても水分補給が必要**である。

4＝×　疾病によるたんぱく質摂取に制限のない高齢者では，その摂取の推奨量は**男性1日60g，女性1日50 gであり，目標量が1日30gでは少なすぎる**。

5＝○　喫煙は，**脳卒中のリスク因子**の一つとされている。

解答＝1・3・5

問題 40 ターミナルケアについて，より適切なものはどれか。3つ選べ。

1 人生の最終段階を穏やかに過ごすことができる環境の整備は，法律に基づく政府の努力義務とされている。

2 介護保険の特定施設は，看取りの場となり得る。

3 看護師は，死亡診断書を作成することができる。

4 痛みの訴えは，身体的な要因によるものであるため，医療処置で対応できる。

5 グリーフケアとは，遺族の悲嘆への配慮や対応を行うことである。

ポイント

【キーワード】 終末期ケア

【出題回－問題番号】 26回－40，25回－40，24回－40，23回－41，22回－41

「持続可能な社会保障制度の確立を図るための改革の推進に関する法律」第4条（医療制度）の第4項および第5項についてまとめておく（一部略）。

4「政府は，医療従事者，医療施設等の確保及び有効活用等を図り，効率的かつ質の高い医療提供体制を構築するとともに，今後の高齢化の進展に対応して地域包括ケアシステムを構築することを通じ，地域で必要な医療を確保するため，次に掲げる事項及び診療報酬に係る適切な対応の在り方その他の必要な事項について検討を加え，その結果に基づいて必要な措置を講ずるものとする」

5「政府は，前項の医療提供体制及び地域包括ケアシステムの構築に当たっては，個人の尊厳が重んぜられ，患者の意思がより尊重され，人生の最終段階を穏やかに過ごすことができる環境の整備を行うよう努めるものとする」

解説

1＝○ 「持続可能な社会保障制度の確立を図るための改革の推進に関する法律」において，人生の最終段階を穏やかに過ごすことができる環境の整備は，**政府の努力義務**とされている。

2＝○ 有料老人ホームや軽費老人ホーム，養護老人ホームなどの介護保険の特定施設は，**看取りの場となり得る**。

3＝× 死亡診断書を作成することができるのは，**医師または歯科医師**である。

4＝× 痛みの訴えは，身体的な要因以外でも起こる可能性があるため，**医療処置で対応できないものもある**。

5＝○ グリーフケアとは，遺族などの**悲嘆への配慮や対応を行うこと**である。

解答＝1・2・5

□□□

問題 41　指定通所リハビリテーションについて正しいものはどれか。3つ選べ。

1　要介護認定を受けた若年性認知症患者は，利用できる。

2　通所リハビリテーション計画は，介護支援専門員が作成しなければならない。

3　介護職員は，リハビリテーション会議の構成員になれない。

4　介護老人保健施設は，提供することができる。

5　心身機能の維持回復を図り，日常生活の自立を助けるために行われる。

ポイント

【キーワード】 通所リハビリテーション

【出題回－問題番号】 26回－41，25回－42，23回－37

通所リハビリテーションの内容についてまとめておく。

・基本方針：要介護状態となった場合においても，その利用者が可能な限りその居宅において，その有する能力に応じ自立した日常生活を営むことができるよう生活機能の維持または向上を目指し，理学療法，作業療法その他必要なリハビリテーションを行うことにより，利用者の心身の機能の維持回復を図るものでなければならない。

・目的：利用者の心身の機能の維持回復（身体機能の維持回復，認知症高齢者および若年性認知症患者にあっては認知症の症状軽減と落ち着きのある日常生活の回復，ADLの維持回復，IADLの維持回復など）

解説

1＝○　要介護認定を受けた若年性認知症患者は，指定通所リハビリテーションを利用することができる。

2＝×　通所リハビリテーション計画は，医師および理学療法士，作業療法士，言語聴覚士等の従業者が共同で作成しなければならない。

3＝×　リハビリテーション会議は，利用者およびその家族の参加を基本とし，医師，理学療法士，作業療法士，言語聴覚士，介護支援専門員，居宅サービス計画の原案に位置づけた指定居宅サービス等の担当者などにより構成される会議であり，介護職員もリハビリテーション会議の構成員になることができる。

4＝○　指定通所リハビリテーション事業について，介護老人保健施設は提供することができる。

5＝○　指定通所リハビリテーションは，心身機能の維持回復を図り，日常生活の自立を助けるために行われる。

解答＝1・4・5

問題 42　指定短期入所療養介護について正しいものはどれか。2つ選べ。

1　検査，投薬，注射，処置等は，利用者の病状に照らして妥当適切に行うものとされている。

2　おむつ代は，利用者が負担するものとされている。

3　胃ろうがある場合には，利用できない。

4　日帰りの利用はできない。

5　短期入所療養介護計画は，既に居宅サービス計画が作成されている場合は，当該計画の内容に沿って作成しなければならない。

ポイント

【キーワード】短期入所療養介護

【出題回－問題番号】26回－42，25回－43，22回－42

短期入所療養介護についてまとめておく。

・短期入所療養介護では，①疾病に対する医学的管理，②装着された医療機器の調整・交換，③リハビリテーション，④認知症患者への対応，⑤緊急時の受け入れ，⑥急変時の対応，⑦ターミナルケアなどを実施する。

・利用期間がおおむね4日以上入所することが予定される利用者について，短期入所療養介護計画を作成しなければならない。

・難病などのある中重度者やがん末期の要介護者を対象に，日中のみ提供される日帰りのサービスとして，特定短期入所療養介護がある。

解説

1＝○　指定短期入所療養介護では，検査，投薬，注射，処置等は，利用者の病状に照らして妥当適切に行うものとされている。

2＝×　指定短期入所療養介護のおむつ代は，保険給付の対象とされており，利用者がおむつ代を負担する必要はない。

3＝×　胃ろうがある利用者は，指定短期入所療養介護を利用することができる。

4＝×　難病などのある中重度者などは，日帰りのサービスとして特定短期入所療養介護を利用することができる。

5＝○　短期入所療養介護計画は，既に居宅サービス計画が作成されている場合，当該計画の内容に沿って作成しなければならない。

解答＝1・5

問題 43　指定看護小規模多機能型居宅介護について正しいものはどれか。3つ選べ。

1　居宅で生活している要支援者も利用できる。

2　看護小規模多機能型居宅介護計画の作成に当たっては，利用者の多様な活動が確保されるものとなるように努めなければならない。

3　看護サービスの提供開始時は，主治の医師による指示を口頭で受けなければならない。

4　サテライト型指定看護小規模多機能型居宅介護事業所の登録定員は，18人以下である。

5　看護小規模多機能型居宅介護費は，月単位で設定されている。

ポイント

【キーワード】 看護小規模多機能型居宅介護

【出題回－問題番号】 26回－43，24回－43，23回－43，22回－43

看護小規模多機能型居宅介護の内容についてまとめておく。

・通いサービス：登録者が日中事業所に通所する。

・訪問（介護・看護）サービス：登録者の居宅に訪問し，日常生活上の世話および訪問看護・訪問介護サービスを提供する。

・宿泊サービス：登録者が事業所に宿泊する。

なお，看護小規模多機能型居宅介護事業所に登録した者は，訪問リハビリテーション・居宅療養管理指導・福祉用具貸与以外の居宅サービスなどは利用できない（住宅改修・特定福祉用具販売は利用できる）。

解説

1＝✕　指定看護小規模多機能型居宅介護は，居宅で生活している要支援者は**利用できない**。

2＝○　看護小規模多機能型居宅介護計画の作成に当たって，当該計画を作成する介護支援専門員は，利用者の多様な活動が確保されるものとなるように**努めなければならない**。

3＝✕　看護サービスの提供開始時は，主治の医師による指示を**文書で受けなければならない**。

4＝○　サテライト型指定看護小規模多機能型居宅介護事業所の登録定員は**18人以下**となっている。

5＝○　看護小規模多機能型居宅介護費は，**月単位の定額報酬**で設定されている。

解答＝2・4・5

問題 44 介護老人保健施設について正しいものはどれか。3つ選べ。

1 入所者は，病状が安定し入院治療の必要がない要介護3以上の認定を受けた者である。

2 保健医療サービス又は福祉サービスを提供する者との密接な連携に努めなければならない。

3 口腔衛生の管理体制を整備し，各入所者の状態に応じた口腔衛生の管理を計画的に行わなければならない。

4 理学療法士，作業療法士又は言語聴覚士を置かなければならない。

5 看取り等を行う際のターミナルケア加算は，算定できない。

ポイント

【キーワード】介護老人保健施設

【出題回－問題番号】26回－44，25回－45，24回－44，23回－44

介護老人保健施設の役割をまとめておく。

- 包括的ケアサービス施設：利用者に応じた施設サービス計画を作成し，必要な医療，看護や介護，リハビリテーションを提供。
- リハビリテーション施設：家庭環境の調整など生活機能向上を目的に，集中的な維持期リハビリテーションを実施。
- 在宅復帰施設：多職種からなるチームケアを行い，早期の在宅復帰に努める。
- 在宅生活支援施設：自立した在宅生活が継続できるよう，介護予防に努め，入所や通所・訪問リハビリテーションなどのサービスを提供するとともに，他のサービス機関と連携して総合的に支援し，家族の介護負担の軽減に努める。
- 地域に根ざした施設：家族や地域住民と交流し情報提供を行い，さまざまなケアの相談に対応。かつ，市町村や各種事業者，保健・医療・福祉機関などと連携し，地域と一体となったケアを積極的に担う。

解説

1＝× 入所者は，病状が安定し入院治療の必要がない**要介護1以上**の者である。

2＝○ 介護老人保健施設は，保健医療サービス又は福祉サービスを提供する者との**密接な連携に努めなければならない**。

3＝○ 介護老人保健施設では，口腔《こうくう》衛生の管理体制を整備し，各入所者の状態に応じた**口《こう》腔《くう》衛生の管理を計画的に実施しなければならない**。

4＝○ 介護老人保健施設には，理学療法士，作業療法士又は言語聴覚士を入所者100人に対し，常勤換算で1人以上**置かなければならない**。

5＝× 介護老人保健施設でケアを実施した場合，ターミナルケア加算を**算定できる**。

解答＝2・3・4

問題 45　介護医療院について適切なものはどれか。2つ選べ。

1　住まいと生活を医療が支える新たなモデルとして創設された。

2　開設者は，医療法人でなければならない。

3　療養床には，Ⅰ型療養床とⅡ型療養床がある。

4　併設型小規模介護医療院の入所定員は，25 人以下である。

5　療養室入所者1人当たりの床面積は，5.0㎡以上とされている。

ポイント

【キーワード】 介護医療院

【出題回－問題番号】 26 回－ 45，24 回－ 45，23 回－ 45，22 回－ 45

介護医療院についてまとめておく。

・定義：要介護者で，主に長期にわたり療養が必要である者に対し，施設サービス計画に基づいて，療養上の管理，看護，医学的管理の下における介護及び機能訓練その他必要な医療並びに日常生活上の世話を行うことを目的とする施設。

・対象者

①Ⅰ型療養床：病状が比較的安定期にあり，重篤な身体疾患を有する者，身体合併症を有する認知症高齢者等であって，介護医療院において，療養上の管理，看護，医学的管理の下における介護及び機能訓練その他必要な医療を要する要介護者

②Ⅱ型療養床：Ⅰ型療養床の対象者以外で，病状が比較的安定期にあり，介護医療院において，療養上の管理，看護，医学的管理の下における介護及び機能訓練その他必要な医療を要する要介護者

解説

1 =○　介護医療院は，住まいと生活を医療が支える**新たなモデルとして創設**された。

2 =×　介護医療院の開設者は，**医療法人のみならず，地方公共団体，社会福祉法人その他厚生労働大臣が定める者**が開設することができる。

3 =○　介護医療院の療養床には，病状が比較的安定期にあり，重篤な身体疾患を有する者，身体合併症を有する認知症高齢者等が入所する**Ⅰ型療養床**と，Ⅰ型療養床の対象者以外で，病状が比較的安定期にある者が入所する**Ⅱ型療養床**がある。

4 =×　併設型小規模介護医療院の入所定員は **19 人以下**である。

5 =×　療養室入所者1人当たりの床面積は，**8.0㎡以上**とされている。

解答＝1・3

【福祉サービスの知識等】

問題 46　面接場面におけるコミュニケーション技術について，より適切なものはどれか。3つ選べ。

1　面接を行う部屋の雰囲気や相談援助者の服装などの外的条件は，円滑なコミュニケーションのために重要である。

2　相談援助者とクライエントの双方が事態を明確にしていくことが必要である。

3　クライエントが長く沈黙している場合には，話し始めるまで待たなければならない。

4　面接の焦点を的確に定めることは，面接を効果的に実施する上で重要である。

5　傾聴とは，クライエントの支援計画を立てることである。

ポイント

【キーワード】基礎相談面接技術

【出題回－問題番号】26回－46，25回－46・47，24回－46，23回－46，22回－46

コミュニケーションの果たす機能についてまとめておく。

①情報の伝達：他者から送られてくる情報に受け身的に従うというのではなく，その情報を自分で意味づけし，解釈し，新たなものへと再構成していく過程となる。

②共同の世界の構築：異なった人生を歩み，相違する意見や考え方をもつ生活主体が，互いの話や表現を受け止め，気持ちを通わせ，共感に基づく信頼関係を築くこと。

解説

1＝○　面接を行う部屋の雰囲気や相談援助者の服装などの外的条件は，**円滑なコミュニケーションを実施していくために重要**である。

2＝○　相談援助者とクライエントの双方が情報を共有し，**事態を明確にしていくことが必要**である。

3＝×　クライエントが長く沈黙している場合，じっくり待つということも必要であるが，回答に困っている場合もあるため，答えやすい質問をするなど，**言葉を引き出すアプローチなどをするとよい**。

4＝○　面接の焦点を的確に定めることは，ゴールの共有化となり，**面接を効果的に実施する上で重要**である。

5＝×　傾聴とは，クライエントの話に対して**耳を傾けて聴くこと**である。

解答＝1・2・4

□□□

問題 47　ソーシャルワークに関する次の記述のうち，より適切なものはどれか。2つ選べ。

1　個人の問題解決力や対処能力を強化する役割がある。

2　支援の終結と事後評価の後のアフターケアが含まれる。

3　ラポールとは，特定領域の専門家から助言・指導を受けることである。

4　アドボカシーとは，クライエントが相談した機関では必要な援助ができないとき，他機関へ紹介することである。

5　送致とは，自己の権利を表明することが困難なクライエントに代わり，援助者が代理としてその権利獲得を行うことである。

ポイント

【キーワード】 ソーシャルワーク

【出題回－問題番号】 26回－47・48・49，25回－48・49，24回－48・49，23回－47・48・49，22回－47・48・49

　ソーシャルワークの機能についてまとめておく。

①アセスメント　②問題発見・アウトリーチ　③支持・支援　④助言・相談　⑤アドボカシー（権利擁護）　⑥運営・管理　⑦プログラム開発　⑧スーパービジョン　⑨コンサルテーション　⑩評価　⑪ 教育・研修　⑫照会・送致　⑬組織化　⑭交渉　⑮連携　⑯政策分析　⑰プランニング　⑱政策立案　⑲ソーシャルアクション　など

解説

1＝○　ソーシャルワークには，個人の問題解決力や対処能力を強化するという役割がある。

2＝○　ソーシャルワークには，支援の終結と事後評価の後のアフターケアが含まれる。

3＝×　ラポールとは，ソーシャルワーカーとクライエントとの信頼関係を指す。

4＝×　アドボカシーとは，弱い立場にある人たちの権利を擁護して，それらを代弁することである。

5＝×　送致とは，必要に応じて，他機関を紹介し，責任を持ってつなぐことである。

解答＝1・2

問題 48 ソーシャルワークにおける相談援助者の基本姿勢として，より適切なものはどれか。3つ選べ。

1　統制された情緒的関与とは，個々の人間の状況は独自なものであり，一つとして同じ問題はないと捉え，支援することである。

2　サービスについて様々な情報提供を行い，利用するサービスや事業者をクライエントが決定できるようにする。

3　非審判的態度で関わる必要がある。

4　クライエントを画一的に分類して，援助計画を立てることが必要である。

5　意図的な感情表出とは，クライエントが感情を自由に表現できるように，意識してクライエントに接することである。

ポイント

【キーワード】ソーシャルワーク　**【出題回－問題番号】**26回－47・48・49，25回－48・49，24回－48・49，23回－47・48・49，22回－47・48・49

バイステックの7原則についてまとめておく。

①クライエントを個人としてとらえる（個別化）
②クライエントの感情表現を大切にする（意図的な感情の表出）
③援助者は自分の感情を自覚して吟味する（統制された情緒的関与）
④クライエントの全人間像の受容
⑤時と場を超えてクライエントに対する非審判的態度
⑥クライエントの自己決定の最大限の尊重
⑦秘密保持

解説

1＝× 統制された情緒的関与とは，ソーシャルワーカーがクライエント感情に巻き込まれることなく，**ソーシャルワーカー自身の感情をコントロールして支援すること**である。

2＝○ 自己決定の原則があるため，サービスについて様々な情報提供を行い，利用するサービスや事業者を**クライエントが決定できるようにする**。

3＝○ ソーシャルワーカーはクライエントに対して，**非審判的態度で関わる**必要がある。

4＝× クライエントの**個別性に着目**し，援助計画を立てることが必要である。

5＝○ 意図的な感情表出とは，**クライエントが感情を自由に表現できるように**，ソーシャルワーカーはそれを意識して**クライエントに接する**ことである。

解答＝2・3・5

問題 49 ソーシャルワークにおける集団援助について，より適切なものはどれか。２つ選べ。

1　グループで生じるメンバーの相互作用を意図的に活用する。

2　プログラム活動は，ソーシャルワーカーの興味や関心事から開始して，そのリーダーシップの下で展開する。

3　メンバーの個別課題と結びつけて支援するよりも，メンバーに共通する課題の解決を優先する。

4　他のメンバーの行動を観察することは，自分の問題について新たな見方を獲得する機会にはならない。

5　生きがいを喪失しているような心理的ニーズの高い高齢者に対しては，セルフヘルプグループのミーティングを活用することも効果的である。

ポイント

【キーワード】ソーシャルワーク　**【出題回－問題番号】**26 回－47・48・49，25 回－48・49，24 回－48・49，23 回－47・48・49，22 回－47・48・49

集団に対するソーシャルワークは，家族や地域社会における多様な人々とのつながりを通して，自分の存在意義を確認し，自己実現を図る社会的存在である人々が集団的に力強く活動することで，一人ひとりの成長・発達や抱えている問題の解決を目指すことである。セルフヘルプ・グループを活用するのも効果的である。

・セルフヘルプ・グループ：自助グループともいう。同じ悩みを持つ者同士が当事者しか理解できない悩みなどの相談に応じたりするグループである。

解説

1＝○　集団援助では，グループで生じるメンバーの**相互作用を意図的に活用する**。

2＝×　プログラム活動は，**参加メンバー**の興味や関心事から開始して，**メンバーのリーダーシップの下で展開する**。

3＝×　集団援助では，人々や人と身近な組織との力動を活用して，メンバーの成長や個別課題の解決を目指すため，メンバーに共通する課題の解決は**優先されない**。

4＝×　集団援助では，他のメンバーの行動を観察することによって，自分の問題について**新たな見方を獲得する機会**となる。

5＝○　生きがいを喪失しているような心理的ニーズの高い高齢者に対しては，メンバー間の相互支援作用をもつ**セルフヘルプ・グループのミーティングを活用することも効果的**である。

解答＝1・5

問題 50　介護保険における訪問介護について正しいものはどれか。3つ選べ。

1　掃除の際に特別な手間をかけて行う床のワックスがけは，生活援助として算定できる。

2　手助けや声かけ及び見守りしながら，利用者と一緒に行うシーツ交換は，身体介護として算定できる。

3　夏服と冬服を入れ替えるなどの衣類の整理は，生活援助として算定できる。

4　訪問介護員が車いす等での移動介助を行って店に行き，利用者本人が自ら品物を選べるようにする援助は，身体介護として算定できる。

5　安否確認を主たる目的とする訪問は，生活援助として算定できる。

ポイント

【キーワード】訪問介護

【出題回－問題番号】26回－50，25回－50，24回－50，23回－52，22回－50

自立生活支援・重度化防止のための見守り的援助（一部）についてまとめておく。

・認知症等の高齢者が自らリハビリパンツやパット交換を行う際，見守り・声かけを行うことにより，一人でできるだけ交換し後始末ができるように支援する。

・ゴミの分別がわからない利用者と一緒に分別をしてゴミ出しのルールを理解してもらう又は思い出してもらうよう援助する。

・衣類の整理・被服の補修は利用者と一緒に手助けや声かけ及び見守りしながら行う。

解説

1＝×　掃除の際に特別な手間をかけて行う床のワックスがけは，日常生活援助に該当しない行為とされ，**生活援助として算定することはできない。**

2＝○　手助けや声かけ及び見守りしながら，利用者と一緒に行うシーツ交換は，自立生活支援・重度化防止のための見守り的援助であるため，**身体介護として算定できる。**

3＝○　夏服と冬服を入れ替えるなどの衣類の整理は，**生活援助として算定できる。**

4＝○　訪問介護員が車いす等での移動介助を行って店に行き，利用者本人が自ら品物を選べるようにする援助は，自立生活支援・重度化防止のための見守り的援助であるため，**身体介護として算定できる。**

5＝×　安否確認を主たる目的とする訪問は，健康チェックであるため，生活援助としては算定できず，**身体介護として算定**する。

解答＝2・3・4

問題 51 介護保険における訪問入浴介護について正しいものはどれか。2つ選べ。

1 訪問入浴介護従業者として，看護職員又は介護職員のうち１人以上は，常勤でなければならない。

2 指定訪問入浴介護事業者は，機能訓練指導員を配置しなければならない。

3 サービスの提供の責任者は，看護職員でなければならない。

4 サービスの提供方法等の説明には，入浴方法等の内容，作業手順，入浴後の留意点などが含まれる。

5 指定訪問入浴介護事業者は，協力医療機関を事業の通常の実施地域内と実施地域外に，それぞれ定めなければならない。

ポイント

【キーワード】訪問入浴介護

【出題回－問題番号】26回－51，25回－52，24回－52，23回－54，22回－52

訪問入浴介護の人員基準についてまとめておく。

・管理者：特段の専門的資格は不要。
事業所ごとに常勤専従で１人以上（兼務可）。

・看護職員：看護師または准看護師　１人以上。

・介護職員：２人以上（介護予防訪問入浴介護は１人以上）。

（看護職員・介護職員のうち，１人以上は常勤でなければならない。また，サービス提供の責任者を１人定めなければならない）

解説

1＝○ 訪問入浴介護において，看護職員又は介護職員の従業者のうち１人以上は，常勤でなければならない。

2＝× 指定訪問入浴介護事業者には，機能訓練指導員を配置する必要はない。

3＝× サービスの提供の責任者は，看護職員または介護職員が務めることとなる。

4＝○ サービスの提供方法等の説明には，入浴方法等の内容，作業手順，入浴後の留意点などが含まれている。

5＝× 指定訪問入浴介護事業者は，協力医療機関を事業の通常の実施地域内に定めることが望ましいとされている。

解答＝１・４

問題 52 介護保険における通所介護について正しいものはどれか。2つ選べ。

1 管理者は，社会福祉主事任用資格を有するものでなければならない。

2 看護職員は，看護職員としての業務に従事していない時間帯において，機能訓練指導員として勤務することができる。

3 外部のリハビリテーション専門職が事業所を訪問せず，テレビ電話を用いて利用者の状態を把握することは認められていない。

4 生活相談員の確保すべき勤務延時間数には，利用者の地域生活を支える取組のために必要な時間を含めることはできない。

5 指定通所介護事業者は，非常災害に関し定期的に避難，救出その他必要な訓練を行わなければならない。

ポイント

【キーワード】通所介護 **【出題回－問題番号】**26回－52，25回－51，24回－51，23回－53，22回－51

通所介護の人員基準についてまとめておく。

・管理者：特段の専門的資格は不要。事業所ごとに常勤専従で1人以上（兼務可）。
・生活相談員：専従で1人以上。
・介護職員：利用者15人までの場合専従1人以上。利用者15人を超える場合，超えた人数÷5＋1の人員以上。
（生活相談員・介護職員のどちらか1人以上は常勤でなければならない）
・看護職員：単位ごとに専従1人以上（看護師・准看護師）。
・機能訓練指導員：1人以上（兼務可）。
（機能訓練指導員は，理学療法士，作業療法士，言語聴覚士，看護職員，柔道整復師，あん摩マッサージ指圧師，はり師またはきゅう師の資格のうち，いずれかを有する者が従事することができる）

解説

1＝× 通所介護での管理者は，**特段の専門資格は不要**である。

2＝○ 看護職員の業務に従事していない時間帯には，**機能訓練指導員として勤務できる**。

3＝× 外部のリハビリテーション専門職が事業所を訪問せず，テレビ電話を用いて利用者の状態を把握することは**可能である**。

4＝× 生活相談員の確保すべき勤務延時間数には，利用者の地域生活を支える取組のために必要な時間も**含めることができる**。

5＝○ 指定通所介護事業者は，非常災害に関する具体的計画を立て，従業者に周知し，非常災害に関し定期的に避難，救出その他**必要な訓練を行わなければならない**。

解答＝2・5

問題 53　介護保険における短期入所生活介護について正しいものはどれか。3つ選べ。

1　指定短期入所生活介護は，利用者の家族の身体的及び精神的負担の軽減を図るものでなければならない。

2　指定短期入所生活介護事業所に介護支援専門員の資格を有する者がいる場合，その者が短期入所生活介護計画のとりまとめを行うことが望ましい。

3　夕食時間は，午後5時以前が望ましい。

4　食事の提供に関する業務は，指定短期入所生活介護事業者自らが行うことが望ましい。

5　いかなる場合も，利用定員を超えてサービスを行うことは認められない。

ポイント

【キーワード】短期入所生活介護　**【出題回－問題番号】**26回－53，25回－53，24回－53，23回－50，22回－53

短期入所生活介護の目的についてまとめておく。

①利用者の社会的孤立感の解消　②利用者の心身の機能の維持

③利用者の家族の身体的および精神的負担の軽減

解説

1＝○　指定短期入所生活介護の目的として，利用者の家族の身体的及び精神的負担の軽減を図るものでなければならないというものが**含まれている**。

2＝○　指定短期入所生活介護事業所において，短期入所生活介護の作成を行う者は管理者であるが，事業所に介護支援専門員の資格を有する者がいる場合，その者が短期入所生活介護計画のとりまとめを行うことが**望ましい**とされている。

3＝×　夕食時間は**午後6時以降が望ましい**とされている。

4＝○　指定短期入所生活介護において，食事の提供に関する業務は，指定短期入所生活介護事業者自らが行うことが**望ましい**とされている。

5＝×　原則，定員を超えてサービスを提供することはできないが，災害等やむを得ない場合については，利用定員を超えてサービスを行うことが**認められている**。

解答＝1・2・4

ときテク

5×は頻出であるため，覚えていた受講生は多いと思われる。夕食時間については，午後5時以前というのは違和感がある。覚えていなかったとしてもここは3×をつけたいところである。

問題 54 介護保険における住宅改修について正しいものはどれか。３つ選べ。

1 同一の住宅に複数の被保険者が居住する場合においては，住宅改修費の支給限度額の管理は被保険者ごとに行われる。

2 リフト等動力により段差を解消する機器を設置する工事は，住宅改修費の支給対象となる。

3 洋式便器等への便器の取替えには，既存の便器の位置や向きを変更する場合も含まれる。

4 浴室内すのこを置くことによる段差の解消は，住宅改修費の支給対象となる。

5 手すりの取付けのための壁の下地補強は，住宅改修費の支給対象となる。

ポイント

【キーワード】 住宅改修

【出題回－問題番号】 26回－54，24回－54，22回－54

住宅改修で認められる付帯工事についてまとめておく。

・手すりの取り付けのための壁の下地補強
・浴室の床の段差解消や便器の取り替えに伴う給排水設備工事
・スロープの設置に伴う転落や脱輪防止を目的とする柵や立ち上がりの設置
・便器の取り替えに伴う床材の変更
・床材の変更のための下地補修や根太の補強
・通路面の材料の変更のための路盤の整備
・扉の取り替えに伴う壁または柱の改修工事

解説

1＝○ 同一の住宅に複数の被保険者が居住する場合，住宅改修費の支給限度額の管理は住宅ごとでなく**被保険者ごと**に行われる。

2＝× リフト等動力により段差を解消する機器を設置する工事は，住宅改修費の**支給対象とならない**。

3＝○ 洋式便器等への便器の取り替えには，既存の便器の位置や向きを変更する場合も**含まれる**。

4＝× 浴室内すのこを置くことによる段差の解消は，住宅改修費の**支給対象とならない**。

5＝○ 手すりの取り付けのための壁の下地補強は，住宅改修に付帯して必要となる住宅改修として，住宅改修費の**支給対象**となる。

解答＝１・３・５

問題 55　介護保険における小規模多機能型居宅介護について正しいものはどれか。３つ選べ。

1　サテライト型ではない指定小規模多機能型居宅介護事業所の管理者は，介護支援専門員に小規模多機能型居宅介護計画の作成を担当させるものとする。

2　養護老人ホームの入所者が，指定小規模多機能型居宅介護を利用することは想定されていない。

3　登録定員は，12 人以下としなければならない。

4　おおむね６月に１回以上，運営推進会議に活動状況を報告し，評価を受けなければならない。

5　指定小規模多機能型居宅介護事業所は，住宅地又は住宅地と同程度に利用者の家族や地域住民との交流の機会が確保される地域にあるようにしなければならない。

ポイント

【キーワード】小規模多機能型居宅介護

【出題回－問題番号】26 回－ 55，25 回－ 55，23 回－ 55

小規模多機能型居宅介護の運営基準についてまとめておく。

・食事・宿泊に要する費用，おむつ代などを利用者から受けることができる。

・あらかじめ協力医療機関を定めておかねばならない。また，あらかじめ協力歯科医療機関を定めておくよう努めなければならない。

・おおむね２か月に１回以上，運営推進会議に対して通いサービスおよび宿泊サービスの提供回数等の活動状況を報告して評価を受けるとともに，運営推進会議から必要な要望，助言等を聴く機会を設けなければならない。

解説

1 = ○　サテライト型ではない指定小規模多機能型居宅介護事業所の管理者は，**介護支援専門員に小規模多機能型居宅介護計画の作成の業務を担当させる**ものとする。

2 = ○　養護老人ホームの入所者は，指定小規模多機能型居宅介護を利用することはできないため，その**想定はされていない**。

3 = ×　小規模多機能型居宅介護の**登録定員は 29 人以下**，**サテライト型は 18 人以下**と設定されている。

4 = ×　小規模多機能型居宅介護では，**おおむね２月に１回以上**，運営推進会議に活動状況を報告し，評価を受けなければならない。

5 = ○　指定小規模多機能型居宅介護事業所は，**住宅地のなかにあること**，または**住宅地と同程度に利用者の家族や地域住民との交流の機会が確保される地域のなかにあるように**しなければならない。

解答＝１・２・５

問題 56 介護保険における認知症対応型通所介護について正しいものはどれか。３つ選べ。

1　共用型指定認知症対応型通所介護の利用定員は，１施設１日当たり 12 人以下としなければならない。

2　サービスの提供方法等の説明には，利用日の行事及び日課等も含まれる。

3　認知症の原因となる疾患が急性の状態にある者は，対象とはならない。

4　単独型・併設型指定認知症対応型通所介護の場合，生活相談員，看護職員又は介護職員のうち２人以上は，常勤でなければならない。

5　あん摩マッサージ指圧師は，単独型・併設型指定認知症対応型通所介護事業所の機能訓練指導員になることができる。

ポイント

【キーワード】 認知症対応型通所介護

【出題回－問題番号】 26 回－ 56，24 回－ 56，22 回－ 55

認知症対応型通所介護（単独型・併設型）の人員基準についてまとめておく。

・管理者：特段の専門資格は不要。ただし，認知症対応型サービス事業管理者研修を修了している必要がある。

・生活相談員：勤務延時間数÷サービス提供時間数＝１人以上

・看護職員・介護職員：単位ごとに，看護職員または介護職員が２人以上確保されるために必要と認められる数。
（看護職員は看護師または准看護師。また，生活相談員，看護職員または介護職員のうち１人以上は常勤でなければならない）

・機能訓練指導員：１人以上。

解説

1＝× 利用定員は，指定認知症対応型共同生活介護事業所等の居間または食堂で実施する場合，**１施設１日当たり３人以下**としなければならない。

2＝○ 認知症対応型通所介護のサービスの提供方法等の説明には，具体的な内容として，利用日の行事及び日課等も**含まれる**。

3＝○ 認知症の原因となる疾患が急性の状態にある者は，認知症対応型通所介護の**対象とはならない**。

4＝× 単独型・併設型指定認知症対応型通所介護の場合，生活相談員，看護職員または介護職員のうち**１人以上**は，常勤でなければならない。

5＝○ あん摩マッサージ指圧師は，単独型・併設型指定認知症対応型通所介護事業所の**機能訓練指導員になることができる**。

解答＝2・3・5

問題 57　指定介護老人福祉施設について正しいものはどれか。３つ選べ。

1　可能な限り，居宅での生活への復帰を念頭に置いて，入所者がその有する能力に応じ自立した日常生活を営むことができるようにすることを目指さなければならない。

2　家庭的な雰囲気を保つため，廊下幅は 1.6 m以下としなければならない。

3　入所者が可能な限り離床して，食堂で食事を摂るよう支援しなければならない。

4　常勤の生活相談員を配置しなければならない。

5　食事の提供又は機能訓練に支障がない広さがあっても，食堂と機能訓練室を同一の場所とすることはできない。

ポイント

【キーワード】介護老人福祉施設　**【出題回－問題番号】**26 回－57，25 回－57，24 回－57，23 回－57，22 回－57

介護老人福祉施設の人員基準についてまとめておく。

・医師：非常勤でも可。

・生活相談員：常勤職員を入所者 100 人またはその端数を増すごとに１人以上配置。

・看護職員・介護職員：入所者対看護・介護職員は３：１（常勤換算）。看護職員は入所者数により異なる。介護職員は，夜間を含め常時１人以上の常勤職員を配置。

・栄養士または管理栄養士：１人以上。ただし，入所定員が 40 人を超えない施設で他施設と連携ができる場合など，一定の要件を満たした場合，配置しないことができる。

・機能訓練指導員：１人以上。

・介護支援専門員：１人以上。入所者 100 人またはその端数を増すごとに１人増員。

解説

1＝○　指定介護老人福祉施設は，可能な限り居宅での生活への復帰を念頭に置いて，入所者がその有する能力に応じ自立した日常生活を営むことができるようにすることを目指さなければならない。

2＝×　廊下幅は 1.8m 以上，中廊下の幅は 2.7m 以上としなければならない。

3＝○　指定介護老人福祉施設では，入所者が可能な限り離床して，食堂で食事を摂るよう支援しなければならない。

4＝○　指定介護老人福祉施設では，常勤の生活相談員を配置しなければならない。

5＝×　指定介護老人福祉施設では，食事の提供又は機能訓練に支障がない広さがあれば，食堂と機能訓練室を同一の場所とすることができる。

解答＝１・３・４

問題 58 成年後見制度について正しいものはどれか。**3**つ選べ。

1 成年後見人の職務には，身上保護（身上監護）と財産管理が含まれる。

2 後見開始の申立は，本人の所在地を管轄する地方裁判所に対し行わなければならない。

3 成年後見制度の利用の促進に関する法律では，国の責務が定められている。

4 法定後見制度は，本人の判断能力の程度に応じて，後見と補助の２類型に分かれている。

5 成年後見制度利用促進基本計画では，権利擁護支援の地域連携ネットワークづくりが必要とされている。

ポイント

【キーワード】成年後見制度

【出題回－問題番号】26回－58，25回－59，24回－60，23回－59，22回－60

成年後見制度における具体的な後見人の職務についてまとめておく。

・財産管理：本人に代わって財産を管理し，それを本人のために使用していくこと。

・身上監護：事実上の介護労働をすることではなく，介護契約や施設入所契約・病院入院手続き等の契約行為などを本人に代わって行うこと。

なお，職務には，本人の権利を擁護するため，本人のために代弁すること（アドボカシー）も含まれる。

解説

1＝○ 成年後見人の職務には，身上保護（身上監護）と財産管理が**含まれる**。

2＝× 後見開始の申立は，本人の所在地を管轄する**家庭裁判所**に対し行わなければならない。

3＝○ 成年後見制度の利用の促進に関する法律では，成年後見制度の利用の促進に関する施策を総合的に策定し，及び実施する責務を有するという**国の責務**が定められている。

4＝× 法定後見制度は，本人の判断能力の程度に応じて，**後見・保佐・補助の３類型**に分かれている。

5＝○ 成年後見制度利用促進基本計画では，権利擁護支援のために，権利擁護支援の地域連携ネットワークづくりが**必要**とされている。

解答＝1・3・5

問題 59　高齢者虐待防止法について正しいものはどれか。３つ選べ。

1　「高齢者」とは，75 歳以上の者をいう。

2　養護者が高齢者本人の財産を不当に処分することは，経済的虐待に該当する。

3　養護者が高齢者に対して著しく拒絶的な対応をすることは，心理的虐待に該当しない。

4　養介護施設には，介護老人保健施設も含まれる。

5　都道府県知事は，毎年度，養介護施設従事者等による高齢者虐待の状況等について公表するものとする。

ポイント

【キーワード】 虐待

【出題回－問題番号】 26 回－ 59，23 回－ 60

高齢者虐待の防止，高齢者の養護者に対する支援等に関する法律（以下「高齢者虐待防止法」）に定められている虐待についてまとめておく。

・身体的虐待：高齢者の身体に外傷が生じ，又は生じるおそれのある暴行を加えること。

・介護放棄（ネグレクト）：高齢者を衰弱させるような著しい減食又は長時間の放置など。

・心理的虐待：高齢者に対する著しい暴言又は著しく拒絶的な対応その他の高齢者に著しい心理的外傷を与える言動を行うこと。

・性的虐待：高齢者にわいせつな行為をすること又は高齢者をしてわいせつな行為をさせること。

・経済的虐待：高齢者の財産を不当に処分することその他当該高齢者から不当に財産上の利益を得ること。

解説

1 =✕　高齢者虐待防止法における高齢者とは，**65 歳以上**の者をいう。

2 =○　養護者が高齢者本人の財産を不当に処分することは，経済的虐待に**該当する**。

3 =✕　養護者が高齢者に対して著しく拒絶的な対応をすることは，**心理的虐待**に該当する。

4 =○　養介護施設には，介護老人保健施設も**含まれる**。

5 =○　都道府県知事は，毎年度，養介護施設従事者等による高齢者虐待の状況，養介護施設従事者等による高齢者虐待があった場合にとった措置その他厚生労働省令で定める事項を**公表する**ものとする。

解答＝2・4・5

問題 60　生活保護制度について正しいものはどれか。3つ選べ。

1　保護は，要保護者の年齢別，性別，健康状態等を考慮して行うものとする。
2　実施機関は，都道府県知事，市長及び福祉事務所を管理する町村長である。
3　生活保護費は，最低生活費に被保護者の収入額を加算して支給される。
4　福祉用具の利用は，生活扶助の対象である。
5　生活保護の申請は，要保護者，その扶養義務者又はその他の同居の親族が行うことができる。

ポイント

【キーワード】生活保護
【出題回－問題番号】26回－60，25回－58，24回－58，23回－58，22回－59

生活保護の4つの原則についてまとめておく。

・申請保護の原則：保護は，要保護者，その扶養義務者又はその他の同居の親族の申請に基づいて開始するものとする。ただし，要保護者が急迫した状況にあるときは，保護の申請がなくても，必要な保護を行うことができる。
・基準及び程度の原則：保護は，厚生労働大臣の定める基準により測定した要保護者の需要を基とし，不足分を補う程度において行うものとする。また，その基準は，要保護者の年齢別，性別，世帯構成別，所在地域別その他保護の種類に応じて必要な事情を考慮した最低限度の生活の需要を満たすに十分なものであって，かつ，これをこえないものでなければならない。
・必要即応の原則：保護は，要保護者の年齢別，性別，健康状態等その個人又は世帯の実際の必要の相違を考慮して，有効かつ適切に行うものとする。
・世帯単位の原則：保護は，世帯を単位としてその要否及び程度を定めるものとする。ただし，これによりがたいときは，個人を単位として定めることができる。

解説

1＝○　保護は，必要即応の原則に基づき，要保護者の年齢別，性別，健康状態等を考慮して行うものとする。
2＝○　保護の実施機関は，都道府県知事，市長及び福祉事務所を管理する町村長である。
3＝×　生活保護費は，最低生活費に被保護者の収入額を減算して支給される。
4＝×　福祉用具の利用は，介護扶助の対象である。
5＝○　生活保護の申請は，申請保護の原則に基づき，要保護者，その扶養義務者又はその他の同居の親族が行うことができる。

解答＝1・2・5

年度別過去問
＋
解答・解説
第 25 回
（令和 4 年度）

問題 1　介護保険制度の考え方として適切なものはどれか。3つ選べ。

1　要介護者の尊厳を保持し，自立した日常生活を営むことを目指す。

2　高齢者の介護を社会全体で支える。

3　認知症高齢者の施設入所を促進する。

4　要介護者へのサービスを画一的な内容にする。

5　保険給付は，多様な事業者又は施設から，総合的かつ効率的にサービスが提供されるよう配慮する。

ポイント

【キーワード】介護保険制度　**【出題回－問題番号】**25回－1

介護保険の考え方は，介護保険法第２条（介護保険）に定められていることが多い。ここでは介護保険法第２条の条文をまとめておく。

①介護保険は，被保険者の要介護状態等に関し，必要な保険給付を行う。

②保険給付は，要介護状態等の軽減又は悪化の防止に資するよう行われるとともに，医療との連携に十分配慮して行われなければならない。

③保険給付は，被保険者の心身の状況，その置かれている環境等に応じて，被保険者の選択に基づき，適切な保健医療サービス及び福祉サービスが，多様な事業者又は施設から，総合的かつ効率的に提供されるよう配慮して行われなければならない。

④保険給付の内容及び水準は，被保険者が要介護状態となった場合においても，可能な限り，その居宅において，その有する能力に応じ自立した日常生活を営むことができるように配慮されなければならない。

解説

1 = ○　介護保険制度は，要介護者の尊厳を保持し，自立した日常生活を営むことを目指すという**考え方である**。

2 = ○　介護保険制度は，高齢者の介護を社会全体で支えるという**考え方である**。

3 = ×　介護保険制度に，認知症高齢者の施設入所を促進するという**考え方はない**。

4 = ×　介護保険制度に，要介護者へのサービスを画一的な内容にするという**考え方はない**。

5 = ○　介護保険制度は，保険給付は，多様な事業者又は施設から，総合的かつ効率的にサービスが提供されるよう配慮するという**考え方である**。

解答＝1・2・5

問題 2　社会福祉法における「重層的支援体制整備事業」について正しいものはどれか。３つ選べ。

1　都道府県が行う。
2　地域生活課題を抱える地域住民の社会参加のための支援が含まれる。
3　地域づくりに向けた支援が含まれる。
4　地域生活課題を抱える地域住民の家族に対する包括的な相談支援が含まれる。
5　介護保険の居宅介護支援が含まれる。

ポイント

【キーワード】社会福祉法　**【出題回－問題番号】**26回－22，25回－2

社会福祉法における「重層的支援体制整備事業」の内容についてまとめておく。

①地域生活課題を抱える地域住民等からの相談に包括的に応じ，社会福祉法をはじめとする関係各法の関連事業を一体的に行う事業

②円滑な社会生活を営むことが困難な地域住民に対し，活動機会の提供，訪問による情報提供・助言等の社会参加のために必要な便宜提供を行う事業

③地域生活課題の発生防止や解決にかかる体制整備と地域住民相互の交流を行う拠点の開設等の援助を行うため，関係各法の関連事業を一体的に行う事業

④地域社会からの長期孤立者等の継続的支援を要する地域住民・世帯に対し，福祉サービス情報の提供・助言等の便宜提供を包括的かつ継続的に行う事業

⑤複数の支援関係機関相互間の連携による支援を必要とする地域住民・世帯に対し，複数の支援関係機関が，支援を一体的かつ計画的に行う体制を整備する事業

⑥複数の支援関係機関の連携体制による支援が必要と市町村が認める地域住民に対し，包括的かつ計画的な支援を行う事業

解説

1＝×　重層的支援体制整備事業は，**市町村**が実施する。

2＝○　重層的支援体制整備事業は，地域生活課題を抱える地域住民の社会参加のための支援が**含まれる**。

3＝○　重層的支援体制整備事業は，地域づくりに向けた支援が**含まれる**。

4＝○　重層的支援体制整備事業は，地域生活課題を抱える地域住民の家族に対する包括的な相談支援が**含まれる**。

5＝×　重層的支援体制整備事業は，介護保険の居宅介護支援は**含まれない**。

解答＝２・３・４

問題 3　介護保険法第５条に規定されている「国及び地方公共団体の責務」として正しいものはどれか。３つ選べ。

1　国は，保健医療サービス及び福祉サービスを提供する体制の確保に関する施策を講じなければならない。

2　国及び地方公共団体は，障害者その他の者の福祉に関する施策との有機的な連携を図るように努めなければならない。

3　都道府県は，介護保険事業の運営が健全かつ円滑に行われるように，必要な助言及び適切な援助をしなければならない。

4　市町村は，要介護者等の医療に要する費用の適正化を図るための施策を実施しなければならない。

5　市町村は，地域において医療及び介護が総合的に確保されるよう指針を定めなければならない。

ポイント

【キーワード】介護保険法条文　**【出題回－問題番号】**26回－4，25回－3，24回－5，23回－6，22回－2

介護保険法第５条についてまとめておく。

①国は，保健医療サービス及び福祉サービスを提供する体制の確保に関する施策その他の必要な各般の措置を講じなければならない。

②都道府県は，介護保険事業の運営が健全かつ円滑に行われるように，必要な助言及び適切な援助をしなければならない。

③国及び地方公共団体は，さまざまな施策を医療及び居住に関する施策との有機的な連携を図りつつ包括的に推進するよう努めなければならない。

④国及び地方公共団体は，障害者その他の者の福祉に関する施策との有機的な連携を図るよう努めるとともに，地域住民が相互に人格と個性を尊重し合いながら，参加し，共生する地域社会の実現に資するよう努めなければならない。

解説

1＝○　介護保険法第５条に規定されている。
2＝○　介護保険法第５条に規定されている。
3＝○　介護保険法第５条に規定されている。
4＝×　介護保険法第５条に規定されていない。
5＝×　介護保険法第５条に規定されていない。

解答＝１・２・３

問題 4　2019（令和元）年度の第１号被保険者の状況について正しいものはどれか。２つ選べ。

1　前期高齢者数は，後期高齢者数の３倍を超えている。
2　3,000 万人を超えている。
3　要介護及び要支援の認定者が占める割合は，40％を超えている。
4　要介護及び要支援の認定者のうち，要介護３以上の者が占める割合は，50％を超えている。
5　保険給付費のうち，居宅サービス及び地域密着型サービスが占める割合は，50％を超えている。

ポイント

【キーワード】 介護保険データ

【出題回ー問題番号】 26 回－１，25 回－１，25 回－４，24 回－２，23 －１

厚生労働省が公表している「令和元年度介護保険事業状況報告（年報）」より，第１号被保険者数と要介護（要支援）認定者数の推移を表にする。両方とも年々増加しており，今後も増加していくと予想されている。

（単位：万人）

	平成 28 年度	平成 29 年度	平成 30 年度	令和元年度
第１号被保険者数	3,440	3,488	3,525	3,555
要介護等認定者数＊	632	641	658	669

＊第１号被保険者と第２号被保険者を合わせた数値

解説

1＝✕　前期高齢者の数は 1,726 万人，後期高齢者の数は 1,829 万人で後期高齢者の 0.94 倍※である。よって，３倍を超えていない。

2＝○　第１号被保険者の数は 3,555 万人※であり，3,000 万人を超えている。

3＝✕　第１号被保険者数における要介護及び要支援の認定者数が占める割合は 18.4％※である。よって，40％を超えていない。

4＝✕　要介護及び要支援の認定者数（655.8 万人）のうち，要介護３以上の人数（225.2 万人）※が占める割合は 34.3％である。よって，50％を超えていない。

5＝○　保険給付費のうち，居宅サービス及び地域密着型サービスが占める割合は，67％※である。よって，50％ を超えている。

※「令和２年度介護保険事業状況報告（年報）」では，後期高齢者は 1833 万人，前期高齢者は 1746 万人で後期高齢者の 0.95 倍。第一号被保険者（3579 万人）のうち要介護・要支援認定者（682 万人）が占める割合は 18.7％。要介護３以上は 230 万人。保険給付費（9 兆 5960 億円）のうち居宅サービス（4 兆 7872 億円）及び地域密着型サービス（1 兆 6459 億円）が占める割合は 67％。

解答＝２・５

問題 5　介護保険の被保険者資格の取得及び喪失について正しいものはどれか。２つ選べ。

1　医療保険加入者が 40 歳に達したとき，住所を有する市町村の被保険者資格を取得する。

2　第 1 号被保険者が生活保護の被保護者となった場合は，被保険者資格を喪失する。

3　入所前の住所地とは別の市町村に所在する養護老人ホームに措置入所した者は，その養護老人ホームが所在する市町村の被保険者となる。

4　居住する市町村から転出した場合は，その翌日から，転出先の市町村の被保険者となる。

5　被保険者が死亡した場合は，その翌日から，被保険者資格を喪失する。

ポイント

【キーワード】被保険者

【出題回－問題番号】26 回－5・6，25 回－5，24 回－4，22 回－3

被保険者資格の取得・喪失についてまとめておく。

・取得：原則→その事項が発生した当日
　　　例外→満年齢到達時は誕生日の前日となる。

・喪失：原則→その事項が発生した翌日
　　　例外→第２号被保険者が医療保険を脱退した場合は当日
　　　　　　同一日に転出届と転入届を出した場合はその日

解説

1＝○　医療保険加入者が 40 歳に達したとき，住所を有する市町村の第 2 号被保険者の資格を取得することになる。ただし，**資格取得日は誕生日の前日**となる。

2＝×　第 1 号被保険者が生活保護の被保護者となった場合であっても，介護保険の被保険者資格を**喪失することはない**。

3＝×　入所前の住所地とは別の市町村に所在する養護老人ホームに措置入所した者は，住所地特例により，**入所前の住所地であった市町村の被保険者**となる。

4＝×　居住する市町村から転出した場合，その翌日に居住する市町村の被保険者資格を喪失することとなるが，転出先の市町村に転入届を提出する日によって転出先の被保険者となる日が変わるため，**必ずしもその翌日に転出先の被保険者となるとは限らない**。

5＝○　被保険者が死亡した場合，**その翌日に被保険者資格を喪失**する。

解答＝1・5

問題 6　介護支援専門員について正しいものはどれか。3つ選べ。

1　登録を受けている者が死亡した場合には，その相続人はその旨を届け出なければならない。

2　登録の申請の10年前に居宅サービスにおいて不正な行為をした者は，登録を受けることができない。

3　都道府県知事は，信用を傷つけるような行為をした介護支援専門員の登録を消除することができる。

4　介護支援専門員証の交付を受けていなくても，業務に従事することができる。

5　更新研修を受けた者は，介護支援専門員証の有効期間を更新することができる。

ポイント

【キーワード】 介護支援専門員

【出題回－問題番号】 25回－6，24回－10，22回－7・16

介護支援専門員の登録ができない者について，一部をまとめておく。

①禁錮以上の刑に処せられ，その執行を終わり，又は執行を受けることがなくなるまでの者

②介護保険法その他国民の保健医療もしくは福祉に関する法律で政令を定めるものの規定により罰金の刑に処せられ，その執行を終わり，又は執行を受けることがなくなるまでの者

③登録の申請前5年以内に居宅サービス等に関し不正又は著しく不当な行為をした者

解説

1＝○　介護支援専門員の登録を受けている者が死亡した場合，その相続人は，その日から30日以内にその旨を，登録をしている都道府県知事又は住所地を管轄する都道府県知事に**届け出なければならない。**

2＝×　介護支援専門員の登録の申請前5年以内に居宅サービス等に関し不正又は著しく不当な行為をした者は，欠格事由として登録することができないが，**10年前であれば登録をすることができる。**

3＝○　信用を傷つけるような行為をした介護支援専門員に対して，都道府県知事はその者の**登録を取り消すことができる。**

4＝×　介護支援専門員の業務を行う場合，必ず都道府県に登録をし，介護支援専門員証の交付を受ける。よって，交付を受けなければ，**業務に従事することはできない。**

5＝○　更新研修もしくは更新研修の課程に相当する研修の課程を受けた者は，介護支援専門員証の有効期間を**更新することができる。**

解答＝1・3・5

問題 7　介護保険施設について正しいものはどれか。２つ選べ。

1　介護老人福祉施設の入所定員は，50 人以上でなければならない。

2　介護老人保健施設の管理者となる医師は，都道府県知事の承認を受けなければならない。

3　2024（令和６）年３月 31 日までは，新たに指定介護療養型医療施設の指定を受けることができる。

4　入所者ごとに施設サービス計画を作成しなければならない。

5　地域密着型介護老人福祉施設は，含まれる。

ポイント

【キーワード】介護保険施設

【出題回－問題番号】25 回－７

４つの介護保険施設についてまとめておく。

①介護老人福祉施設：定員 30 人以上の特別養護老人ホームが都道府県知事の指定を受ける。

②介護老人保健施設：都道府県知事の開設許可を受けて提供される。在宅復帰を目指す。

③介護医療院：都道府県知事の開設許可を受けて提供される。長期的な医療と介護のニーズを併せ持つ高齢者を対象としている。

④介護療養型医療施設：新規の指定はなし。2024（令和６）年３月 31 日で終了する。

解説

1 ＝×　介護老人福祉施設の入所定員は，30 人以上でなければならない。

2 ＝○　介護老人保健施設の開設者は，都道府県知事の承認を受けた医師に当該介護老人保健施設を管理させなければならない。

3 ＝×　現在ある指定介護療養型医療施設について，2024（令和６）年３月 31 日まで存続させることが可能となっているが，現在は，新たに指定介護療養型医療施設の指定を受けることはできない。

4 ＝○　介護保険施設では，すべての入所者に対して，入所者ごとに施設サービス計画を作成しなければならない。

5 ＝×　地域密着型介護老人福祉施設は，定員 29 人以下の地域密着型サービスであり，介護保険施設に含まれない。

解答＝２・４

問題 8　要介護認定の仕組みについて正しいものはどれか。３つ選べ。

1　介護保険の被保険者証が交付されていない第２号被保険者が申請するときは，医療保険被保険者証等を提示する。

2　市町村は新規認定の調査について，指定市町村事務受託法人に委託することができる。

3　主治医がいない場合には，介護認定審査会が指定する医師が主治医意見書を作成する。

4　要介護者が他市町村に所在する介護老人福祉施設に入所する場合には，その施設所在地の市町村の認定を改めて受ける必要はない。

5　介護保険料を滞納している者は，認定を受けることができない。

ポイント

【キーワード】要介護認定　**【出題回－問題番号】**26回－18・19，25回－8・16・17・18，24回－16・17・18，23回－17・18・19，22回－4・21・22・23

要介護認定の流れについてまとめておく。

①申請：要介護認定申請書と介護保険被保険者証を提示する。

②認定調査：認定調査員が被保険者と面接し，調査項目について聴き取りを行う。

③主治医意見書：保険者が被保険者の主治医に対して請求する。

④介護認定審査会：一次判定の結果や主治医意見書などをもとに会議が開催される。

⑤認定：介護認定審査会の結果（二次判定）を元に，保険者が要介護度等を認定する。

解説

1＝○　介護保険の被保険者証が交付されていない第２号被保険者が介護保険の要介護等認定の申請をするときは，認定申請書に加えて，**医療保険被保険者証等を提示する。**

2＝○　新規認定の認定調査については，原則市町村職員が行うことになっているが，それに加えて**指定市町村事務受託法人に委託することができる。**

3＝×　被保険者に主治医がいない場合には，被保険者に，**市町村の指定する医師又は市町村職員で医師である者の診断を受けさせることにより**，その医師が主治医意見書を作成することとなる。

4＝○　要介護者が他市町村に所在する介護老人福祉施設に入所する場合には，**住所地特例が適用されるため保険者が変わることはない。**よって，その施設所在地の市町村の認定を改めて受ける必要はない。

5＝×　介護保険料を滞納している者であっても，**介護保険の被保険者資格を失うことはない**ため，**認定を受けることは可能**である。

解答＝1・2・4

問題 9　介護保険財政について正しいものはどれか。3つ選べ。

1　国は，介護給付及び予防給付に要する費用の30%を負担する。

2　国は，介護保険の財政の調整を行うため，市町村に対して調整交付金を交付する。

3　都道府県は，介護保険事業に要する費用に充てるため，保険料を徴収しなければならない。

4　地域支援事業支援交付金は，社会保険診療報酬支払基金が医療保険者から徴収する納付金をもって充てる。

5　第1号被保険者の保険料の賦課期日は，当該年度の初日である。

ポイント

【キーワード】 介護保険の財政・会計　**【出題回－問題番号】** 25回－9，24回－12，23回－12，22回－10

介護保険財政についてまとめておく。

①居宅給付費，介護予防・日常生活支援総合事業：国25%・都道府県と市町村各12.5%・第1号保険料23%・第2号保険料27%

②施設等給付費：国20%・都道府県17.5%・市町村12.5%・第1号保険料23%・第2号保険料27%

③包括的支援事業・任意事業：国38.5%・都道府県と市町村各19.25%・第1号保険料23%・第2号保険料0%。

①と②は，国の負担分に調整交付金を含んだ形で記載している（全国平均で5%）。

解説

1 = ×　国は，介護給付及び予防給付に要する**費用の20%（施設等給付費は15%）**に加え，市町村の財政力に応じて交付される**調整交付金（全国平均5%）**を負担する。

2 = ○　国は，介護保険の財政の調整を行うため，**市町村に対して総額で保険給付費の5%となる調整交付金を交付する**。

3 = ×　介護保険事業に要する費用に充《あ》てるための保険料を徴収するのは**市町村**である。

4 = ○　地域支援事業支援交付金は，社会保険診療報酬支払基金が医療保険者から徴収する納付金（**介護給付費・地域支援事業支援納付金**）をもって充《あ》てる。

5 = ○　介護保険法の定めにより，第1号被保険者の保険料の賦課期日（保険料を算定する基準となる日）は，**当該年度の初日（4月1日）**となっている。

解答＝2・4・5

問題 10　介護保険における第１号被保険者の保険料について正しいものはどれか。３つ選べ。

1　政令で定める基準に従い市町村が条例で定める。

2　保険料率は，おおむね５年を通じ財政の均衡を保つことができるものでなければならない。

3　普通徴収の方法によって徴収する保険料については，世帯主に連帯納付義務がある。

4　普通徴収の方法によって徴収する保険料の納期は，政令で定める。

5　条例で定めるところにより，特別の理由がある者に対し，保険料を減免し，又はその徴収を猶予することができる。

ポイント

【キーワード】保険料

【出題回－問題番号】25回－10，23回－11，22回－9

第１号被保険者の保険料についてまとめておく。

①保険料の額は，各政令で定める基準に従い，市町村が条例で定める保険料率によって算出される。

②保険料率は３年に１度算出され，保険料は，負担能力に応じた９段階の所得段階別定額保険料となっている。

③納入方法は，公的年金から天引きされて各市町村に納められる特別徴収と，納入通知書を被保険者に送付し，保険料の納付を求め徴収する普通徴収の２つの方法がある。また，特別徴収に該当する被保険者は，年額18万円以上の公的年金を受給している者である。

解説

1＝○　第１号被保険者の保険料は，**政令で定める基準に従い市町村条例で定める**ところにより算定された保険料率により算出される。

2＝×　市町村条例で定める保険料率については，**おおむね３年を通じ財政の均衡を保つ**ことができるものでなければならないとされている。

3＝○　第１号被保険者の保険料について，普通徴収の方法によって徴収する保険料については，**世帯主に連帯納付義務**がある。

4＝×　第１号被保険者の保険料について，普通徴収の方法によって徴収する保険料の納期は，**市町村条例で定める**。

5＝○　第１号被保険者の保険料については，市町村条例で定めるところにより，特別の理由がある者に対し，保険料を**減免又はその徴収を猶予すること**ができる。

解答＝1・3・5

問題 11 介護予防・生活支援サービス事業について正しいものはどれか。2つ選べ。

1 居宅要支援被保険者は，利用できる。
2 利用者の負担額は，都道府県が設定する。
3 住所地特例適用被保険者に係る費用は，施設所在地の市町村が負担する。
4 介護老人保健施設の入所者は，利用できない。
5 第2号被保険者は，利用できない。

ポイント

【キーワード】 地域支援事業

【出題回－問題番号】 26回－13・14，25回－11・12，24回－14，23回－14，22回－12・19

介護予防・生活支援サービス事業についてまとめておく。

・実施主体：市町村
・利用対象者：居宅要支援者および基本チェックリスト該当者
・事業内容：①訪問型サービス（第1号訪問事業）
②通所型サービス（第1号通所事業）
③その他生活支援サービス（第1号生活支援事業）
④介護予防ケアマネジメント（第1号介護予防支援事業）
（④に関しては包括的支援事業と一体的に実施）

解説

1＝○ 居宅要支援被保険者は，介護予防・生活支援サービス事業を**利用することができる**。

2＝× 介護予防・生活支援サービス事業の利用者の負担額については，**市町村**が設定する。

3＝× 住所地特例適用被保険者に係る費用については，保険者である**市町村**が負担する。

4＝○ 介護老人保健施設の入所者を含め，**介護保険施設に入所している者**は，介護予防・生活支援サービス事業を**利用することができない**。

5＝× 第2号被保険者であっても，居宅要支援被保険者など対象者に該当すれば，介護予防・生活支援サービス事業を**利用することができる**。

解答＝1・4

ときテク

ポイントに記載した内容を理解していれば，1○4○5×がわかるはずである。また，住所地特例適用被保険者の費用は保険者が負担する（施設所在地の市町村でない）ことは，他でも出題される可能性があるため，覚えておくこと。

問題 12　包括的支援事業の各事業において配置することとされている者として正しいものはどれか。3つ選べ。

1　生活支援コーディネーター（地域支え合い推進員）
2　介護サービス相談員
3　認知症地域支援推進員
4　チームオレンジコーディネーター
5　福祉用具専門相談員

ポイント

【キーワード】地域支援事業　**【出題回－問題番号】**26回－13・14，25回－11・12，24回－14，23回－14，22回－12・19

出題されている職種の業務内容についてまとめておく。

・生活支援コーディネーター：高齢者の生活支援・介護予防サービスの提供体制の構築に向けたコーディネートを行う。
・介護サービス相談員：研修を修了し，各市区町村長の任命を受けた人。介護保険法の事業者・施設や特定施設に指定されていない有料老人ホームやサービス付き高齢者向け住宅を訪問し，相談に応じる。
・認知症地域支援推進員：認知症に関する相談があった際に，その専門知識を生かして相談業務に応じる，地域のネットワークづくりに関わるなどの活動を行う。
・チームオレンジコーディネーター：地域の認知症の人やその家族の支援ニーズと認知症サポーターを中心とした支援をつなぐ仕組み（チームオレンジ）を構築し，運営の支援を行う。
・福祉用具専門相談員：指定福祉用具貸与事業者などに配置され，被保険者の福祉用具に関する選定などに関わる。

解説

1＝○　生活支援コーディネーター（地域支え合い推進員）は，包括的支援事業の「生活支援体制整備事業」で**配置することとされている**。

2＝×　介護サービス相談員は，包括的支援事業において**配置することとされていない**。

3＝○　認知症地域支援推進員は，包括的支援事業の「認知症総合支援事業」で**配置することとされている**。

4＝○　チームオレンジコーディネーターは，包括的支援事業の「認知症総合支援事業」で**配置することとされている**。

5＝×　福祉用具専門相談員は，包括的支援事業において**配置することとされていない**。

解答＝1・3・4

問題 13　介護保険法で定める国民健康保険団体連合会が行う業務として正しいものはどれか。3つ選べ。

1　介護給付費交付金の交付
2　市町村から委託を受けて行う介護予防・日常生活支援総合事業に関する費用の審査及び支払
3　介護給付費等審査委員会の設置
4　指定居宅介護支援事業所への強制権限を伴う立入検査
5　市町村から委託を受けて行う第三者行為求償事務

ポイント

【キーワード】国民健康保険団体連合会（国保連）
【出題回－問題番号】25回－13

介護保険法で定める国民健康保険団体連合会が行う業務についてまとめておく。

①介護報酬の審査・支払（市町村から委託を受けて行う）
②介護予防・日常生活支援総合事業に要する費用の審査・支払（市町村から委託を受けて行う）
③介護給付費等審査委員会（市町村から委託を受けて行う）
④苦情処理等の業務（独自で行う）
⑤第三者行為求償事務（市町村から委託を受けて行う）
⑥介護保険施設等の運営（独自で行う）

解説

1＝× 国民健康保険団体連合会が行う業務として定められていない。
2＝○ 国民健康保険団体連合会が行う業務として定められている。
3＝○ 国民健康保険団体連合会が行う業務として定められている。
4＝× 国民健康保険団体連合会が行う業務として定められていない。
5＝○ 国民健康保険団体連合会が行う業務として定められている。

解答＝2・3・5

ときテク

国民健康保険団体連合会の業務は覚えておきたい。また，介護給付費交付金の交付が社会保険診療報酬支払基金の業務であることを覚えていれば消去法で解くことも可能である。

問題 14 介護サービス情報の公表制度について正しいものはどれか。**3つ選べ。**

1 原則として，介護サービス事業者は，毎年，介護サービス情報を報告する。

2 指定居宅介護支援事業者は，介護サービス情報をその事業所の所在地の市町村長に報告する。

3 介護サービス情報の公表は，事業所又は施設の所在地の国民健康保険団体連合会が行う。

4 職種別の従業者の数は，公表すべき事項に含まれる。

5 指定居宅サービス事業者が報告内容の是正命令に従わないときには，指定を取り消されることがある。

ポイント

【キーワード】介護サービス情報の公表制度

【出題回－問題番号】26回－15，25回－14，24回－15，22回－13

介護サービス情報の公表制度についてまとめておく。

①介護サービス事業者は，提供を開始しようとするとき，その提供する介護サービスに係る介護サービス情報を，都道府県知事に報告しなければならない。

②都道府県知事は，報告を受けた後，当該報告の内容を公表しなければならない。

③都道府県知事は，必要があると認めるときは，介護サービス事業者に対し，調査を行うことができる。

④都道府県知事は，介護サービス事業者が報告をせず，もしくは虚偽の報告をし，又は調査を受けず，もしくは調査の実施を妨げたときは，期間を定めて，その報告を行い，もしくはその報告の内容を是正し，又はその調査を受けることを命ずることができる。

解説

1＝○ 介護サービス事業者は，原則として，介護サービス情報を**毎年報告することとなっている。**

2＝× 指定居宅介護支援事業者は，介護サービス情報をその事業所の所在地の**都道府県知事に報告することとなっている。**

3＝× 介護サービス情報の公表は，事業所又は施設の所在地の**都道府県知事**が行う。

4＝○ 介護サービス情報の公表制度において職種別の従業者の数は**公表すべき事項に含まれる。**

5＝○ 介護サービス情報の公表について，指定居宅サービス事業者が報告内容の是正命令に従わないときには，**指定を取り消されることがある。**

解答＝1・4・5

問題 15 介護サービスに関する苦情処理について正しいものはどれか。3つ選べ。

1　利用者が国民健康保険団体連合会に苦情を申し立てる場合，指定居宅介護支援事業者は，利用者に対して必要な援助を行わなくてもよい。

2　国民健康保険団体連合会は，都道府県から委託を受けて苦情処理を行う。

3　国民健康保険団体連合会は，事業者に対する必要な指導及び助言を行う。

4　指定訪問看護事業者は，受け付けた苦情の内容等を記録しなければならない。

5　指定訪問介護事業者は，苦情受付窓口の設置等の必要な措置を講じなければならない。

ポイント

【キーワード】 苦情処理　**【出題回－問題番号】** 25回－15

居宅サービスにおいて事業者が行う苦情処理等の業務についてまとめておく。

①利用者及びその家族からの苦情に迅速かつ適切に対応するために，苦情を受け付けるための窓口を設置する等の必要措置を講じなければならない。

②苦情を受け付けた場合は，苦情の内容等を記録しなければならない。

③提供したサービスに関し，市町村が行う文書その他の物件の提出もしくは提示の求め又は当該市町村の職員からの質問もしくは照会に応じ，及び利用者からの苦情に関して市町村が行う調査に協力するとともに，市町村から指導又は助言を受けた場合は，当該指導又は助言に従って必要な改善を行わなければならない。

④市町村からの求めがあった場合，改善の内容を市町村に報告しなければならない。

⑤利用者からの苦情に関して国民健康保険団体連合会が行う調査に協力するとともに，指導又は助言を受けた場合は，必要な改善を行わなければならない。

⑥国民健康保険団体連合会からの求めがあった場合，改善の内容を国民健康保険団体連合会に報告しなければならない。

解説

1＝× 利用者が国民健康保険団体連合会に苦情を申し立てる場合，指定居宅介護支援事業者は，利用者に対して**必要な援助を行わなければならない**。

2＝× 国民健康保険団体連合会は，**委託ではなく独自の事業**として苦情処理を行う。

3＝○ 国民健康保険団体連合会は，質の向上に関する調査ならびに事業者に対する**必要な指導及び助言を行う**。

4＝○ 指定訪問看護事業者を含む指定居宅サービス事業者は，受け付けた苦情の内容等を**記録しなければならない**。

5＝○ 指定訪問介護事業者を含む指定居宅サービス事業者は，苦情受付窓口の設置等の**必要な措置を講じなければならない**。

解答＝3・4・5

問題 16　要介護認定に係る主治医意見書における「認知症の中核症状」の項目として正しいものはどれか。２つ選べ。

1　自分の意思の伝達能力
2　徘徊
3　幻視・幻聴
4　短期記憶
5　妄想

ポイント

【キーワード】要介護認定　**【出題回－問題番号】**26回－18・19，25回－8・16・17・18，24回－16・17・18，23回－17・18・19，22回－4・21・22・23

要介護認定に係る主治医意見書に定められている，認知症の症状に関する項目についてまとめておく。

- 認知症の中核症状：短期記憶，日常の意思決定を行うための認知能力，自分の意思の伝達能力
- 認知症の行動・心理症状（BPSD）：幻視・幻聴，妄想，昼夜逆転，暴言，暴行，介護への抵抗，徘徊，火の不始末，不潔行為，異食行動，性的問題行動

解説

1＝○　自分の意思の伝達能力は，主治医意見書における「認知症の中核症状」の項目に含まれる。
2＝×　徘徊は，主治医意見書における「認知症の中核症状」の項目に含まれない。
3＝×　幻視・幻聴は，主治医意見書における「認知症の中核症状」の項目に含まれない。
4＝○　短期記憶は，主治医意見書における「認知症の中核症状」の項目に含まれる。
5＝×　妄想は，主治医意見書における「認知症の中核症状」の項目に含まれない。

解答＝1・4

ときテク

主治医意見書に関する問題であるが，実質は認知症の中核症状を選択する問題となっている。4○はわかりやすく，1○がでてこない場合であっても，2×3×5×が認知症の行動・心理症状とわかれば消すことができる。主治医意見書の問題と捉えてしまうと難しく感じてしまうため，視点を変えて，認知症の問題と割り切って考えるとよい。

問題 17　介護保険における特定疾病として正しいものはどれか。3つ選べ。

1　関節リウマチ
2　慢性肝疾患
3　潰瘍性大腸炎
4　脳血管疾患
5　骨折を伴う骨粗鬆症

ポイント

【キーワード】要介護認定　**【出題回－問題番号】**26回－18・19，25回－8・16・17・18，24回－16・17・18，23回－17・18・19，22回－4・21・22・23

　介護保険における16の特定疾病《しっぺい》についてまとめておく。

①がん（がん末期）　②関節リウマチ　③筋萎縮《きんいしゅく》性側索《そくさく》硬化症　④後縦靭帯《こうじゅうじんたい》骨化症　⑤骨折を伴う骨粗鬆症《こつそしょうしょう》　⑥初老期における認知症　⑦進行性核上性麻痺《かくじょうせいまひ》／大脳皮質基底核《きていかく》変性症／パーキンソン病　⑧脊髄《せきずい》小脳変性症　⑨脊柱管狭窄症《せききゅうかんきょうさくしょう》　⑩早老症　⑪多系統萎縮症　⑫糖尿病性神経障害／糖尿病性腎症／糖尿病性網膜症《もうまくしょう》　⑬脳血管疾患《しっかん》　⑭閉塞《へいそく》性動脈硬化症　⑮慢性閉塞《へいそく》性肺疾患　⑯両側の膝《しつ》関節または股《こ》関節に著しい変形を伴う変形性関節症

解説

1＝○　関節リウマチは，介護保険における特定疾病《しっぺい》に含まれる。
2＝×　慢性肝疾患《しっかん》は，介護保険における特定疾病《しっぺい》に含まれない。
3＝×　潰瘍《かいよう》性大腸炎は，介護保険における特定疾病《しっぺい》に含まれない。
4＝○　脳血管疾患《しっかん》は，介護保険における特定疾病《しっぺい》に含まれる。
5＝○　骨折を伴う骨粗鬆症《こつそしょうしょう》は，介護保険における特定疾病《しっぺい》に含まれる。

解答＝1・4・5

ときテク

　特定疾病《しっぺい》については，すべて覚えるのは難しいかもしれないが，ここで出題されている特定疾病《しっぺい》は代表的な疾病《しっぺい》であり，確実に覚えておきたいところである。今回出題されたところを起点に覚えやすい疾病《しっぺい》から覚えていくようにするとよい。

問題 18　要介護認定について正しいものはどれか。２つ選べ。

1　要介護認定等基準時間は，実際の介護時間とは異なる。

2　要介護認定等基準時間は，同居家族の有無によって異なる。

3　要介護認定等基準時間の算出根拠は，１分間タイムスタディである。

4　指定居宅介護支援事業者は，新規認定の調査を行える。

5　認定調査票の特記事項は，一次判定で使用する。

ポイント

【キーワード】要介護認定　**【出題回－問題番号】**26回－18・19，25回－8・16・17・18，24回－16・17・18，23回－17・18・19，22回－4・21・22・23

要介護認定等基準時間についてまとめておく。

①認定調査における基本調査項目を５つの行為に区分し，それぞれの行為に要する１日あたりの時間として推計される。

②全国一律の客観的な認定基準に基づいている。

③介護の手間（介護の必要の程度）を判断する指標となるものであり，実際の介護サービスの提供時間や家庭での介護の時間を表すものではない。

解説

1＝○　要介護認定等基準時間は，介護の手間を判断する指標になるものであり，**実際の介護時間とは異なるものである**。

2＝×　要介護認定等基準時間は，介護の手間を判断する指標であるため，**同居家族の有無によって異なるものではない**。

3＝○　要介護認定等基準時間の算出根拠は，調査票の個別の調査項目による分岐と，**１分間タイムスタディによるデータが元となっている**。

4＝×　新規認定の調査は，原則市町村職員が行うこととなっており，**指定居宅介護支援事業者は行うことができない**。

5＝×　認定調査票の特記事項は，介護認定審査会で行われる**二次判定で使用される**こととなる。

解答＝1・3

ときテク

要介護認定等基準時間の内容について深く学習している受験生は多くないと思う。この問題は４×５×を先にかためておきたい（これらの知識は必須である）。また，１○は過去に出題実績があるため，過去問を解いていた受験生は解けただろう。

問題 19 指定居宅介護支援等の事業の人員及び運営に関する基準第 13 条の具体的取扱方針のうち，介護支援専門員に係るものとして正しいものはどれか。３つ選べ。

1　利用者の心身又は家族の状況等に応じ，継続的かつ計画的に指定居宅サービス等の利用が行われるようにしなければならない。

2　その地域における指定居宅サービス事業者等に関するサービスの内容，利用料等の情報を適正に利用者又はその家族に対して提供するものとする。

3　居宅サービス計画の原案の内容について利用者やその家族に対して説明し，口頭で利用者の同意を得るものとする。

4　作成した居宅サービス計画は，利用者から求めがなければ，利用者に交付しなくてもよい。

5　介護保険施設等から退院又は退所しようとする要介護者から依頼があった場合には，あらかじめ，居宅サービス計画の作成等の援助を行うものとする。

ポイント

【キーワード】居宅介護支援事業者　**【出題回－問題番号】**26 回－ 20，25 回－ 19・20・21，24 回－ 19，23 回－ 20・21，22 回－ 6・15

第 13 条の内容について，出題されているもの以外で重要なものをまとめておく。

・介護支援専門員は，アセスメントに当たっては，利用者の居宅を訪問し，利用者及びその家族に面接して行わなければならない。この場合において，面接の趣旨を利用者及びその家族に対して十分に説明し，理解を得なければならない。

・介護支援専門員は，居宅サービス計画に厚生労働大臣が定める回数以上の訪問介護を位置付ける場合には，その利用の妥当性を検討し，当該居宅サービス計画に訪問介護が必要な理由を記載し，当該計画を市町村に届け出なければならない。

解説

1 = ○　介護支援専門員は，利用者の自立した日常生活の支援を効果的に行うため，利用者の心身又は家族の状況等に応じ，**継続的かつ計画的に指定居宅サービス等の利用が行われるようにしなければならない**。

2 = ○　介護支援専門員は，利用者によるサービスの選択に資するよう，当該地域における指定居宅サービス事業者等に関する**サービスの内容，利用料等の情報を適正に利用者又はその家族に対して提供する**。

3 = ×　口頭ではなく，**文書により同意を得なければならない**。

4 = ×　居宅サービス計画は，利用者の求めの有無にかかわらず，**交付しなければならない**。

5 = ○　介護保険施設等から退院・退所しようとする要介護者から依頼があった場合，居宅生活への円滑な移行のため，あらかじめ**居宅サービス計画の作成等の援助を行う**。

解答＝１・２・５

問題 20　指定居宅介護支援事業者の記録の整備について正しいものはどれか。3つ選べ。

1　居宅介護支援台帳は，書面による記録と電磁的記録の両方を整備しなければならない。

2　事故の状況及び事故に際して採った処置についての記録を整備しなければならない。

3　従業者に関する記録を整備しておかなければならない。

4　会計に関する記録を整備しておかなければならない。

5　サービス担当者会議等の記録は，その完結の日から５年間保存しなければならない。

ポイント

【キーワード】居宅介護支援事業者　**【出題回－問題番号】**26回－20，25回－19・20・21，24回－19，23回－20・21，22回－6・15

指定居宅介護支援における記録の整備についてまとめておく。

①指定居宅介護支援事業者は，従業者，設備，備品及び会計に関する諸記録を整備しておかなければならない。

②指定居宅介護支援事業者は，利用者に対する指定居宅介護支援の提供に関する記録を整備し，その完結の日から２年間保存しなければならない。

解説

1＝×　指定居宅介護支援における記録については，電磁的記録によるものが認められており，**書面による記録と電磁的記録の両方を整備する必要はない。**

2＝○　指定居宅介護支援事業者は，事故が起こった場合，**事故の状況及び事故に際して採った処置について記録しなければならない。**

3＝○　指定居宅介護支援事業者は，**従業者に関する諸記録を整備しておかなければならない。**

4＝○　指定居宅介護支援事業者は，**会計に関する諸記録を整備しておかなければならない。**

5＝×　サービス担当者会議等の記録は，その完結の日から**２年間**保存しなければならない。

解答＝2・3・4

ときテク

記録については「完結の日から２年」（5×）はすべてにおいて共通なので，必ず覚えておくこと。また，電磁的記録については認められているだけで必須とはなっていないため，1×を答えたいところである。

問題 21 指定居宅介護支援に係るモニタリングについて正しいものはどれか。3つ選べ。

1 利用者についての継続的なアセスメントは，含まれる。

2 目標の達成度の把握は，含まれる。

3 指定居宅サービス事業者等との連絡を継続的に行う。

4 少なくとも1月に1回，主治の医師に意見を求めなければならない。

5 地域ケア会議に結果を提出しなければならない。

ポイント

【キーワード】 居宅介護支援事業者 **【出題回－問題番号】** 26回－20，25回－19・20・21，24回－19，23回－20・21，22回－6・15

指定居宅介護支援に係るモニタリングについてまとめておく。

①居宅サービス計画の作成後，居宅サービス計画の実施状況の把握（利用者についての継続的なアセスメントを含む）を行い，必要に応じて居宅サービス計画の変更，指定居宅サービス事業者等との連絡調整その他の便宜の提供を行うものとする。

②モニタリングに当たっては，利用者及びその家族，指定居宅サービス事業者等との連絡を継続的に行うこととし，特段の事情のない限り，次に定めるところにより行わなければならない。

・少なくとも1か月に1回，利用者の居宅を訪問し，利用者に面接すること。

・少なくとも1か月に1回，モニタリングの結果を記録すること。

解説

1＝○ 指定居宅介護支援に係るモニタリングに，**利用者についての継続的なアセスメントは含まれる。**

2＝○ 指定居宅介護支援に係るモニタリングに，**目標の達成度の把握は含まれる。**

3＝○ 介護支援専門員は，指定居宅介護支援に係るモニタリングに当たり，利用者及びその家族，**指定居宅サービス事業者との連絡を継続的に行うこととされている。**

4＝× 指定居宅介護支援に係るモニタリングについては，少なくとも1月に1回，利用者の居宅を訪問し，利用者に面接することとされているが，**主治の医師に意見を求めなければならないという規定はない。**

5＝× 指定居宅介護支援に係るモニタリングの記録・結果を，**地域ケア会議に提出しなければならないという規定はない。**

解答＝1・2・3

問題 22 介護予防サービス計画について正しいものはどれか。3つ選べ。

1 地域の住民による自発的な活動によるサービス等の利用も含めて位置付けるよう努めなければならない。

2 計画に位置付けた指定介護予防サービス事業者から，利用者の状態等に関する報告を少なくとも3月に1回，聴取しなければならない。

3 介護予防福祉用具貸与を位置付ける場合には，貸与が必要な理由を記載しなければならない。

4 計画に位置付けた期間が終了するときは，当該計画の目標の達成状況について評価しなければならない。

5 介護予防通所リハビリテーションを位置付ける場合には，理学療法士の指示が必要である。

ポイント

【キーワード】 介護予防支援事業者

【出題回－問題番号】 25回－22，22回－20

介護予防サービス計画作成にかかる具体的取扱方針についてまとめておく。

・利用者の希望やアセスメントの結果，目標達成のための支援内容・期間等を記載した介護予防サービス計画の原案を作成しなければならない。

・指定介護予防サービス事業者等から利用者に係る情報の提供を受けたときなどは，利用者の心身又は生活の状況に係る情報のうち必要と認めるものを，利用者の同意を得て主治の医師もしくは歯科医師又は薬剤師に提供するものとする。

解説

1＝○ 介護予防サービス計画には，予防給付の対象となるサービス以外の保健医療サービス又は福祉サービス，当該地域の住民による自発的な活動によるサービス等の利用も含めて**位置付けるよう努めなければならない**。

2＝× 介護予防サービス計画を作成した担当職員は，指定介護予防サービス事業者から，利用者の状態等に関する報告を**少なくとも1月に1回，聴取しなければならない**。

3＝○ 介護予防サービス計画を作成した担当職員は，介護予防サービス計画に介護予防福祉用具貸与を位置付ける場合にあっては，その利用の妥当性を検討し，介護予防サービス計画に**介護予防福祉用具貸与が必要な理由を記載しなければならない**。

4＝○ 介護予防サービス計画を作成した担当職員は，計画に位置付けた期間が終了するときは，**当該計画の目標の達成状況について評価しなければならない**。

5＝× 介護予防サービス計画を作成した担当職員は，計画に介護予防通所リハビリテーションを位置付ける場合，当該医療サービスに係る**主治の医師等の指示が必要である**。

解答＝1・3・4

問題 23　Ａさん（58 歳，男性）は，会社の管理職をしていたが，仕事中に突然怒り出すことが多くなり，受診の結果，若年性認知症と診断された。Ａさんは，まだ働けるという認識はあったが，退職せざるを得なくなった。夫婦二人暮らしで，妻（55 歳）はパートで働いている。Ａさんは要介護１の認定を受け，通所介護を週２回利用することとなった。サービス利用開始１か月後に介護支援専門員がＡさん夫婦と面談したところ，Ａさんは，高齢者ばかりの環境に馴染めないことと，妻のために我慢して通っていることが分かった。介護支援専門員の対応として，より適切なものはどれか。**3つ選べ。**

1　妻からＡさんに我慢して通所介護に通うよう説得してもらう。

2　通所介護の場でＡさんが役割を実感できるように，通所介護事業所に通所介護計画を再検討してもらう。

3　地域の中でＡさんが参加したいと思うような活動や場所を探す。

4　通所介護の利用をやめて，Ａさんが一人で自宅で過ごすことを夫婦に勧める。

5　若年性認知症に対応する社会資源開発を地域ケア会議で提案する。

ポイント

【キーワード】事例　**【出題回－問題番号】**26 回－ 23・24・25，25 回－ 23・24・25，24 回－ 23・24・25，23 回－ 24・25，22 回－ 24・25

本事例の着目ポイントをまとめておく。

①Ａさんは若年性認知症であるため，利用者が高齢者中心の通所介護に行くことは本意ではない。

②そのため，Ａさんが通いやすいと思われる通所介護を探す必要がある。

③「まだ働ける」という認識があり，通所介護以外での生きがい作りも重要である。

解説

1 = ×　通所介護に馴染めないＡさんに対して我慢して通所介護に通うよう説得してもらうのは，**利用者本位の視点から適切でない。**

2 = ○　役割を持ってもらうなど，Ａさんが馴染めるよう工夫するという点において，通所介護事業所に通所介護計画を再検討してもらうことは**適切である。**

3 = ○　Ａさんに確認しつつ，通所介護以外に地域や場所を探すなど，Ａさんの生きがいを探していくことは**適切である。**

4 = ×　通所介護の利用をやめてしまうと，Ａさんと社会のつながりを途切れさせてしまうことになるため**適切でない。**

5 = ○　高齢者に馴染めないというＡさんに，若年性認知症のサポートをしてくれる社会資源開発は有効と考えられるため，地域ケア会議で提案することは**適切である。**

解答＝２・３・５

問題 24　Aさん（80歳，女性，要介護２）は，長女（50歳，障害支援区分３）との二人暮らしである。Aさんは，変形性股関節症の悪化に伴い，自宅の浴槽で入浴することが難しくなり，通所介護での入浴を希望している。しかし，長女はAさんの姿が見えなくなると不穏になるので，「長女を一人にするのが不安だ」とAさんから介護支援専門員に相談があった。この時点における介護支援専門員の対応として，より適切なものはどれか。**３つ選べ。**

1　Aさんと長女の同意を得て，長女を担当する相談支援専門員に現状を伝える。
2　浴室の改修のため，直ちに施工業者を訪問させる。
3　Aさんと長女が一緒に通所利用できる共生型サービス事業所の情報を収集する。
4　Aさんがすぐに入所できる特別養護老人ホームを探す。
5　Aさんの変形性股関節症の症状の改善の可能性について，本人の同意を得て主治医に意見を求める。

ポイント

【キーワード】事例　**【出題回－問題番号】**26回－23・24・25，25回－23・24・25，24回－23・24・25，23回－24・25，22回－24・25

本事例の着目ポイントをまとめておく。

①Aさんの変形性股《こ》関節症の悪化に伴いできないことが増えてきており，適切な支援のため，現状把握の必要がある。
②Aさんは通所介護を利用したいというニーズがあり，手配する必要がある。
③ただし，同居している長女が，Aさんが不在であると不穏になるため，それを取り除く必要がある。

解説

1＝○　Aさんと長女の同意を得ることは必要であり，また長女を担当する相談支援専門員に現状を伝えることは**多職種連携の視点で適切である。**

2＝×　Aさんと長女の同意なしに，直ちに施工業者を訪問させることは**適切でない。**

3＝○　「長女を一人にするのが不安だ」というAさんに対して，Aさんと長女が一緒に通所利用できる共生型サービス事業所の情報を収集し，今後につなげていくことは，Aさんや長女の不安解消になると考えられるため**適切である。**

4＝×　Aさんは特別養護老人ホームへの入所を希望していないため，すぐに入所できる施設を探すことは**適切でない。**また，特別養護老人ホームの入所要件は原則要介護３以上であるため，現状ではAさんは条件にも該当していない。

5＝○　Aさんの変形性股《こ》関節症の症状の改善の可能性について，Aさんの同意を得て主治医に意見を求めることは居宅サービス計画の作成に必要であり，**適切である。**

解答＝1・3・5

問題 25　一人暮らしのＡさん（84 歳，男性，要介護１）は，訪問介護を週１回利用している。認知症と診断されており，片付けができなくなったことに加え，先日は外出先で道に迷って警察に保護された。遠方に住む妹からは，「迷惑をかけるようなら施設に入るよう説得してほしい」との要望があった。Ａさんは，「このまま家で気楽に暮らし続けたいが，銀行手続等の金銭管理が不安なので，介護支援専門員に管理をお願いしたい」と話している。この時点における介護支援専門員の対応として，より適切なものはどれか。**３つ選べ。**

1　Ａさんとの信頼関係を大切にするため，金銭管理を引き受ける。
2　Ａさんと妹の同意を得て，民生委員にＡさんの最近の状況を説明し，見守りに関する対応を相談する。
3　Ａさんに日常生活自立支援事業についての情報提供を行う。
4　妹の要望に応え，施設サービスの利用手続を始める。
5　Ａさんの認知症の状態や生活状況についての再アセスメントを行う。

ポイント

【キーワード】事例　**【出題回－問題番号】**26 回－23・24・25，25 回－23・24・25，24 回－23・24・25，23 回－24・25，22 回－24・25

本事例の着目ポイントをまとめておく。

①Ａさんと妹の想いが異なっている。
②Ａさんのニーズである「銀行手続等の金銭管理をお願いしたい」という点をいかにして解決するか。
③認知症の症状が増えてきており，在宅生活を継続するためにはどのような支援が必要であるか。

解説

1＝×　Ａさんとの信頼関係を大切にするためであっても，介護支援専門員がＡさんの金銭管理を行うのは**適切でない。**

2＝○　Ａさんと妹の同意を得て，住民の生活に関する相談に応じ，援助する職務がある民生委員に見守りに関する対応を相談することは**適切である。**

3＝○　日常生活自立支援事業では，金銭管理を行ってくれるため，銀行手続等の金銭管理を不安と感じているＡさんにこの事業を紹介することは**適切である。**

4＝×　妹の要望ではあるかもしれないが，Ａさんは「このまま家で気楽に暮らし続けたい」という意思であるため，施設サービスの利用手続を始めることは**適切でない。**

5＝○　Ａさんの状態に変化がないかどうか確認するために，認知症の状態や生活状況についての再アセスメントを行うことは**適切である。**

解答＝２・３・５

問題 26 次の疾病の特徴として，より適切なものはどれか。3つ選べ。

1 狭心症では，前胸部の圧迫感が生じることはない。

2 心不全による呼吸困難時には，起座位にすると症状が改善することがある。

3 慢性腎不全では，水分やカリウムの摂取量に注意する必要がある。

4 高齢者の糖尿病では，口渇，多飲，多尿の症状が出現しにくい。

5 帯状疱疹は，細菌性感染症である。

ポイント

【キーワード】 さまざまな疾病・症状・障害

【出題回－問題番号】 26回－26，25回－26・39，24回－26・34・38・39，23回－26・28，22回－31・40

疾患《しっかん》についてまとめておく。

- 狭心症：冠動脈の狭窄《きょうさく》により，心筋が必要とする酸素（血流）需要に対して供給が不足する病態である。
- 慢性腎不全：腎機能の不可逆的な低下により，体液の恒常性を維持できなくなる状態である。原因としては，糖尿病や高血圧，糸球体疾患《しきゅうたいしっかん》などが多い。症状としては，全身倦怠《けんたい》感，浮腫《ふしゅ》，動悸《どうき》，頭痛などがある。
- 糖尿病：インスリンのはたらきが不足することで血液中に糖があふれ，慢性の高血糖状態となる。

解説

1＝× 狭心症には，冠動脈の動脈硬化を基礎とし，労作《ろうさ》・運動時の心拍数の増加とともに起こる「労作《ろうさ》性狭心症」と、冠動脈が攣縮《れんしゅく》して起こる「異型狭心症」があり，ともに，**前胸部の圧迫感が症状として出現する**。

2＝○ 心不全による呼吸困難時には，仰臥位《ぎょうがい》ではなく，**身体を起こして座った状態**（**起座《きざ》位《い》**）にすることで**症状が改善することがある**。

3＝○ 慢性腎不全の治療は，腎不全の進行を抑え自覚症状を改善することが中心となり，具体的には，食事の管理（カロリーは維持したまま，**水分，たんぱく質を制限する**），電解質の管理（**カリウムを制限する**）などを行うこととなる。

4＝○ 糖尿病の症状には口渇《こうかつ》，多飲，多尿などがあるが，**高齢者では症状がはっきりしないことも多く**，見過ごされると，かなり進行した状態で発見されることがある。

5＝× 帯状疱疹《たいじょうほうしん》は，水痘《すいとう》・帯状疱疹《たいじょうほうしん》ウイルスの再活性化による**ウイルス性の疾患《しっかん》**である。

解答＝2・3・4

問題 27 高齢者の精神障害について，より適切なものはどれか。2つ選べ。

1 老年期うつ病では，妄想の症状が発現することはない。

2 老年期うつ病では，自死を図ることはない。

3 高齢者の妄想性障害への対応では，共感が大切な要素である。

4 神経症は，病気ではなく，気のもちようである。

5 アルコール依存症のケアには，自助グループなどの地域の社会資源の活用も有用である。

ポイント

【キーワード】 精神疾患 **【出題回－問題番号】** 26回－32，25回－27，24回－32，23回－35，22回－35

高齢者の精神障害への対応についてまとめておく。

- 老年期うつ病：薬物療法に加え，必要に応じて支持的な精神療法（医療者が患者の不安などによく耳を傾け，受容的な態度で接すること）と家族調整を行う。
- 妄想性障害：治療関係における柔らかな対応と温かい人間関係の構築が，高齢者の妄想の消失に寄与するといわれている。
- 神経症：できるだけ本人の話に耳を傾け，「つらさ」を受け止める必要がある。
- アルコール依存症：自助グループなどへの継続参加や，楽しみを持てる生活を支援する。また，身体疾患《しっかん》に対する適切な治療を受けるよう勧めることも大切である。

解説

1＝× 老年期うつ病では，自分を責める内容の妄想（罪業妄想）や，お金がなくなり生活ができないという妄想（貧困妄想），不治の病にかかったという内容の**妄想（心気妄想）をもつことがある**。

2＝× 老年期うつ病では，**ひどくなると自死を図ることがある**。

3＝○ 高齢者の妄想性障害への対応では，高齢者の心理および高齢者のおかれた状況への**洞察と共感が治療の第一歩となる**。

4＝× 神経症は，気のもちようではなく，**病気であると認識する**ことが重要である。

5＝○ アルコール依存症の中には，老いへの不安に直面させられていることや周囲の人たちが飲んでいることが引き金になっている場合があり，そのため，ケアとしては，断酒会などの**自助グループなどの地域の社会資源の活用**も有用である。

解答＝3・5

問題 28 次の記述のうち適切なものはどれか。３つ選べ。

1 起立性低血圧は，降圧薬，利尿薬などの薬剤の使用も原因になる。
2 加齢とともに血管の弾力が失われるため，収縮期血圧が低くなる傾向がある。
3 橈骨《とうこつ》動脈で脈が触れない場合には，頸動脈や股動脈で脈拍をみる。
4 重度の徐脈は，失神を伴うことがある。
5 昏睡とは，刺激がないと眠ってしまう状態である。

ポイント

【キーワード】バイタルサイン**【出題回－問題番号】**26回－27・36，25回－28，24回－27，23回－29，22回－26・36

意識障害についてまとめておく。

- 清明《せいめい》：正常な意識状態
- 傾眠《けいみん》：刺激がないと眠ってしまう状態
- 昏迷《こんめい》：強い刺激でかろうじて開眼する状態
- 半昏睡《はんこんすい》：時々体動がみられるのみの状態
- 昏睡《こんすい》：自発的運動がなく，痛覚刺激にも反応しない状態

解説

1＝○ 起立性低血圧はパーキンソン病などでみられるが，降圧薬，利尿薬などの薬剤の使用も原因になる。

2＝× 加齢とともに動脈硬化性の変化が進み，血管の弾力が失われるため，収縮期血圧が高くなり，拡張期血圧が低くなる傾向がある。

3＝○ 血圧が低く拍動が触れないなど，橈骨動脈《とうこつどうみゃく》での血圧測定が困難な場合は頸動脈《けいどうみゃく》や股《こ》動脈《どうみゃく》などでの血圧測定も行われる。

4＝○ 徐脈《じょみゃく》は脳出血による頭蓋内圧亢進《こうしん》に伴う迷走神経刺激，ジギタリス剤などの薬剤の副作用，甲状腺機能低下症，洞《どう》不全症候群，房室ブロックなど心臓の刺激伝達系の異常でみられることがあり，重度の徐脈《じょみゃく》は意識障害や失神を伴うこともある。

5＝× 昏睡《こんすい》とは，自発的運動がなく痛覚刺激にも反応しないことである。

解答＝1・3・4

ときテク

昏睡《こんすい》は初出であり，意味を覚えていない受講生も多かったかもしれないが，起立性低血圧の原因・収縮期血圧の特徴・血圧測定の場所などの知識で正解したい問題である。

問題 29 検査項目について適切なものはどれか。3つ選べ。

1 BMI（Body Mass Index）は，身長（m）を体重（kg）の２乗で除したものである。

2 血清アルブミンの値は，高齢者の長期にわたる栄養状態をみる指標として有用である。

3 AST（GOT）・ALT（GPT）の値は，肝・胆道疾患の指標となる。

4 血清クレアチニンの値は，腎機能の指標となる。

5 ヘモグロビン A1c の値は，過去１週間の平均的な血糖レベルを反映する。

ポイント

【キーワード】検査 **【出題回－問題番号】**26回－28，25回－29，24回－28，23回－30，22回－37

検査項目についてまとめておく。

・血清《けっせい》アルブミン：アルブミンは，肝臓で合成されている。他のたんぱく質に比べ分子量が小さく，血液の浸透圧の維持，調整に役立つとされている。

・血清《けっせい》クレアチニン：クレアチニンは，筋肉内のクレアチンの異化によって生じ、腎臓からのみ排せつされる。よって，腎機能が悪くなると高値になる。しかし，寝たきりの高齢者のように筋肉量が低下している場合には，低値になるので注意が必要である。

・ヘモグロビン A1c：糖がヘモグロビンと結合している割合を示す。

解説

1＝✕ BMI（Body Mass Index）は，**体重（kg）を身長（m）の２乗で除したものである。**18.5未満が低体重（やせ），25以上が肥満とされている。

2＝○ 血清《けっせい》アルブミンは，高齢者の長期にわたる栄養状態をみる指標として**最も有用なもの**とされている。

3＝○ AST（GOT）・ALT（GPT）は，**肝・胆道疾患《たんどうしっかん》の指標**となる重要な検査項目である。また，AST は肝臓以外に心臓，筋肉などの疾患《しっかん》や溶血性疾患《しっかん》で上昇する。

4＝○ 血清《けっせい》クレアチニンの値は，腎機能が悪くなると高値になり，**腎機能の指標**となる。

5＝✕ ヘモグロビン A1c の値は，**過去１～２か月の平均的な血糖レベルを反映する。**

解答＝２・３・４

ときテク

すべての検査値が過去に出題されたものであり，検査項目について基礎的なことが問われている問題である。AST（GOT）・ALT（GPT）＝肝，血清《けっせい》クレアチニン＝腎は重要である。

問題 30　次の記述のうち適切なものはどれか。３つ選べ。

1　介護を行うときには，利用者の残存能力をできる限り活かす。

2　入浴は，全身の保清を図り，血液循環や新陳代謝を促進する。

3　清拭をするときには，その部屋の温度を確認する。

4　尿失禁とは，尿を全部出しきれず，膀胱の中に尿が残ることをいう。

5　ボディメカニクスとは，起床，食事，排泄など，利用者の生活リズムを取り戻すことをいう。

ポイント

【キーワード】介護技術の展開　**【出題回－問題番号】**26回－29，25回－30・31，24回－29・30，23回－31・32・33，22回－27・28・29

尿失禁についてまとめておく。

- 腹圧性尿失禁：咳《せき》，くしゃみなどで漏れる。蓄尿障害（溜められずに漏れる）の一つである。
- 切迫性尿失禁：我慢ができなくて漏れる。蓄尿障害の一つである。
- 溢流性《いつりゅうせい》尿失禁：尿がうまく出ないことによって漏れてしまう。排尿障害（出にくいため漏れる）の一つである。
- 機能性尿失禁：尿意はあるが，手足の麻痺《まひ》や認知症などによって適切な排尿行為ができずに漏れる。環境障害（環境により漏れる）の一つである。

解説

1＝○　自立支援のためには，できる限り**利用者本人の残存する身体能力（残存機能）を活かし**，時にはそれを引き出して，それでも足りない部分を介護することが基本である。

2＝○　入浴は，**全身の保清を図り，血液循環や新陳代謝を促進する**とともに，リラクゼーション効果を得たり，心身を爽快にしたりする。その一方，全身の血液循環の状態への影響が大きい点に留意する必要がある。

3＝○　清拭《せいしき》は，清拭《せいしき》範囲の保清を図り，血液循環や新陳代謝を促進するとともに，心身を爽快にすることが期待できる一方，**清拭《せいしき》を行う居室等の温度や環境調整，清拭《せいしき》している間に，利用者の身体を冷やさないなどの配慮が必要**である。

4＝×　尿失禁とは，さまざまな理由によって**尿が漏れてしまうこと**をいう。

5＝×　ボディメカニクスとは，**身体的な特性を理解し，その力学的な相互関係を利用して行う姿勢や動作**をいう。介護でもこの概念を応用し，身体的特性を活かし，無駄な動作を省いた最小限の力で最大限の効果を上げることを目指している。

解答＝１・２・３

問題 31　次の記述のうち適切なものはどれか。3つ選べ。

1　味覚は，舌や口蓋等にある味蕾《みらい》が刺激されて起こる。

2　誤嚥とは，飲食物や唾液，胃の内容物が気管内に入ることをいう。

3　薬の PTP 包装シート（プラスチックにアルミなどを貼り付けたもの）を誤って飲み込んだ場合，排泄されるため心配はない。

4　認知症と口腔環境とは，無関係である。

5　口腔内・口腔周囲を動かすことは，オーラルフレイル予防につながる。

ポイント

【キーワード】 介護技術の展開　**【出題回－問題番号】** 26 回－ 29，25 回－ 30・31，24 回－ 29・30，23 回－ 31・32・33，22 回－ 27・28・29

口腔《こうくう》の機能およびその全身への影響についてまとめておく。

・味覚：酸味，塩味，苦味，甘味とうま味で構成されており，これに視覚，嗅覚《きゅうかく》，口腔《こうくう》の触覚等も関係している。また，口腔《こうくう》内では食物を味わうとともに，危険と感じる味を判別する。

・オーラルフレイル予防：口腔《こうくう》内・口腔《こうくう》周囲を動かすこと，嚥下《えんげ》反射を促すことで廃用を防ぎ，口腔《こうくう》機能を維持・向上させる。口腔《こうくう》内・口腔《こうくう》周囲を自《みずか》ら動かすことが難しい場合には，介助者により刺激を与え，動かすようにする。

解説

1 =○　味覚は，唾液に溶けた味の刺激物質が舌や口蓋《こうがい》等にある**味蕾《みらい》を刺激して起こる**。

2 =○　誤嚥《ごえん》とは，飲食物や唾液，胃の内容物が**気管内に入ること**をいう。

3 =×　薬の PTP 包装シートを飲み込んでしまった場合には，内視鏡で取り除くことが必要になることもあるため，**医療機関を受診する必要**がある。

4 =×　口腔《こうくう》環境と心疾患《しっかん》，脳血管疾患《しっかん》，**認知症との関係性**があるといわれている。

5 =○　オーラルフレイルとは，口腔《こうくう》機能の軽微な低下や食の偏りなど，身体の衰えの一つであるとされる。口腔《こうくう》内・口腔《こうくう》周囲を動かすこと，嚥下《えんげ》反射を促すことで**廃用を防ぎ，口腔《こうくう》機能を維持・向上させる**。

解答＝1・2・5

問題 32　認知症について適切なものはどれか。２つ選べ。

1　BPSD（認知症の行動・心理症状）は，住環境などの環境因子の影響は受けない。

2　若年性認知症は，うつ病など，他の精神疾患と疑われることがある。

3　前頭側頭型認知症では，リアルな幻視やパーキンソニズムが特徴である。

4　パーソン・センタード・ケアは，介護者本位で効率よく行うケアである。

5　介護支援専門員が，利用者本人の同意を得て，心身の変化などを主治医に伝えることは，よりよい医療につながる。

ポイント

【キーワード】認知症

【出題回－問題番号】26回－31，25回－32，24回－31，22回－30

前頭側頭型認知症についてまとめておく。

・前頭葉や側頭葉に限局性の萎縮がみられる。

・主に前頭葉が萎縮するタイプ：独特の行動障害（脱抑制，易怒《いど》性などの前頭葉症状）を示し，行動障害型前頭側頭型認知症といわれる。

・主に側頭葉が萎縮するタイプ：物品の名前が出てこないため（語義失語，意味記憶障害），意味性認知症といわれる。

解説

1＝× BPSD（認知症の行動・心理症状）は，生い立ちや職歴などの個人因子や，住環境やケアの状況などの**環境因子の影響を強く受ける症状**とされている。

2＝○ 若年性《じゃくねんせい》認知症は，**うつ病や統合失調症などの精神疾患《しっかん》と思われ**て診断が遅れる傾向がある。

3＝× 前頭側頭型認知症では，社会人としての人間らしさが損なわれ，**野性的・幼児的な行動が特徴的**である。例えば，我慢ができない，すぐに怒る，思い立ったらじっとしていられない，同じ行動を繰り返すなどの症状が出現する。

4＝× パーソン・センタード・ケアは，**その人らしさをケアの中心に据えて**，自分の気持ちや考えをうまく表現できない認知症の人の気持ちを介護者が汲み取り，本人の意向に沿い，本人の尊厳を傷つけないようにするケアである。

5＝○ 自分では症状をうまく伝えられない認知症の人を代弁して，介護支援専門員がモニタリングの報告をしたり，診療に付き添ったりすることで，**利用者の現在の状況を医師に伝えることがよりよい医療につながる**とされている。

解答＝2・5

問題 33 リハビリテーションについて，より適切なものはどれか。3つ選べ。

1　代償的アプローチには，残存機能の活用が含まれる。

2　急性期リハビリテーションは，一般に，廃用症候群の予防と早期からのセルフケアの自立を目標とする。

3　回復期リハビリテーション病棟では，多職種による集中的なリハビリテーションが提供される。

4　終末期にある者は，対象とならない。

5　指定訪問リハビリテーションは，バス等の公共交通機関への乗降の支援を対象としない。

ポイント

【キーワード】 リハビリテーション

【出題回－問題番号】 26回－30，25回－33，24回－42

リハビリテーションのプロセスについてまとめておく。

予防的リハビリテーション		罹患《りかん》者や生活機能低下のリスクが高い高齢者に対し，障害の発生や悪化を予防するリハビリテーション
治療的リハビリテーション	急性期リハビリテーション	発症直後から行う廃用《はいよう》症候群予防と早期からのセルフケアの自立を目指すリハビリテーション
	回復期リハビリテーション	急性期に続き，機能回復，ADLの向上，早期の社会復帰を目指すリハビリテーション
維持的リハビリテーション		急性期・回復期に獲得した機能をできるだけ長く維持するために行うリハビリテーション

解説

1＝○　代償的アプローチには，①**残存機能の活用**（利き手交換により書字，箸の使用を可能にするなど），②補助具の活用（装具により歩行を可能にするなど），③環境の調整（手すりの設置によりトイレ動作を可能にするなど）**が含まれる**。

2＝○　急性期リハビリテーションは，発症（手術）直後からベッドサイドで開始され，**廃《はい》用《よう》症候群の予防と早期からのセルフケアの自立を目標とする**。

3＝○　回復期リハビリテーションは，急性期に続き，**多職種リハビリテーションチームにより行われる集中的かつ包括的なリハビリテーション**である。

4＝×　終末期にある者も，**リハビリテーションの対象となる**。

5＝×　指定訪問リハビリテーションは，目標として社会参加があげられる場合，**バス等の公共交通機関への乗降の支援も対象となる**。

解答＝1・2・3

問題 34 次の記述のうち適切なものはどれか。3つ選べ。

1 薬剤師は，薬剤を処方してはならない。
2 介護職員は，服薬介助を行ってはならない。
3 医療用医薬品と健康食品の併用による有害な相互作用の可能性について注意が必要である。
4 薬の変更や中止で重篤な症状が起こることはない。
5 内服薬は，通常，水又はぬるま湯で飲む。

ポイント

【キーワード】 薬の知識
【出題回－問題番号】 25 回－ 34

薬剤の副作用についてまとめておく。

・すべての利用者に出るものではない：医師の指示通り服薬しても，副作用が出ることがある。
・副作用は薬剤によって異なる：具体的な症状としては，下痢や便秘，発疹《ほっしん》，眠気，胃痛や胃の不快感，頭痛や吐き気，咳《せき》などがあるが，薬剤によって異なる。
・重篤《じゅうとく》な症状が出る場合がある：服薬を続けてもほとんど問題にならない副作用もあるが，重篤《じゅうとく》な下痢や発疹《ほっしん》など，薬剤の変更や中止が必要な副作用が起こる可能性もある。

解説

1＝○ 薬剤の処方を行うのは医師または歯科医師であり，薬剤師は，**処方された薬剤を調剤する**。
2＝× 介護職員は，一包化された薬剤等の**服薬介助を行うことができる**。
3＝○ 相互作用は，薬だけで起こるとは限らず，ふだん摂取している食品や嗜好《しこう》品，**健康食品などとの併用でも起こる可能性がある**。
4＝× ステロイド薬を長期あるいは大量に服用している人は，急に服用を中止すると身体がそれに順応できず，離脱症状（倦怠《けんたい》感，関節痛，吐き気，頭痛など）などの**重篤《じゅうとく》な症状を引き起こすことがある**。
5＝○ 内用薬（内服薬）は，通常は約 100mL の**水またはぬるま湯で飲む**ものである。

解答＝1・3・5

ときテク

1○は間違いやすいので注意する。薬剤師の仕事は「調剤」である。また，2×も勘違いしやすいが，介護職員であっても一部服薬介助は可能である。

問題 35　次の記述のうち適切なものはどれか。3つ選べ。

1　居宅介護支援事業所から病院への情報提供のため，入院時情報提供書が使われることがある。

2　エビデンス・ベースド・メディスン（Evidence Based Medicine：EBM）は，根拠に基づく医療のことである。

3　介護支援専門員は，患者自身が治療法を選択する際に，第三者的な立場から助言してはならない。

4　介護支援専門員は，退院前カンファレンスに参加することが望ましい。

5　チームアプローチでは，住民によるボランティア活動を含まない。

ポイント

【キーワード】 医学的診断・予後予測・医療との連携

【出題回－問題番号】 26回－33・34，25回－35，24回－33，23回－36

EBMとNBMについてまとめておく。

・EBM（Evidence Based Medicine）：数多くの医師の経験や調査の結果を統計学的に解析した資料に基づく医療で，診断や治療が独断的な過ちに陥《おちい》らないための方法である。

・NBM（Narrative Based Medicine）：個々の人間の感じ方や考え方に耳を傾けて自己決定を促す医療である。

解説

1 =○　居宅介護支援事業所から病院への情報提供を行うために，**入院時情報提供書などの情報シートが使われることがある。**

2 =○　エビデンス・ベースド・メディスン（Evidence Based Medicine: EBM）は，医師個人の経験に頼るのではなく，科学的な診断や治療を行っていく，**根拠に基づく医療**のことである。

3 =×　介護支援専門員も，治療法の選択を患者自身に促すために，**第三者的な立場からアドバイスをすることができる。**

4 =○　介護支援専門員は，在宅チームの一員として，**退院前カンファレンスに参加することが望ましい。**

5 =×　チームアプローチでは，**住民によるボランティア活動も含む。**

解答＝1・2・4

問題 36 高齢者の栄養・食生活について適切なものはどれか。3つ選べ。

1 必要な栄養を食事では摂りきれない場合でも，間食で補うことは適当でない。

2 咀嚼能力や唾液分泌の低下などから，摂食・嚥下障害を起こしやすい。

3 食事中に口から食べ物をこぼす場合，口腔・嚥下機能評価を行うとよい。

4 食べることを通じて尊厳ある自己実現を目指す。

5 食事支援では，介護する家族の状況を考える必要はない。

ポイント

【キーワード】 栄養・食生活からの支援と介護

【出題回－問題番号】 26回－35・39，25回－36，24回－35，23回－38

高齢者にみられる口腔《こうくう》の問題についてまとめておく。

・咀嚼《そしゃく》能力について：咀嚼《そしゃく》能力は歯数が21本以上では維持されるが，20本以下になると義歯の有無にかかわらず減少するといわれている。

・摂食《せっしょく》・嚥下《えんげ》障害の弊害《へいがい》：食事を食べる楽しみを失うばかりでなく，誤嚥《ごえん》による肺炎や窒息《ちっそく》，脱水，低栄養状態を引き起こす。また，食事摂取量を低下させるとともに，摂食《せっしょく》行動にかかわる随意筋や神経の活動も低下させ，廃用性に摂食《せっしょく》・嚥下《えんげ》機能も低下することから，さらに摂食《せっしょく》・嚥下《えんげ》障害が悪化する悪循環に陥《おちい》る。

解説

1＝× 一度にたくさん食べられず，1日に必要な栄養が摂り切れない場合には，**間食（おやつ）で補ってもよい。**

2＝○ 歯の欠損や口腔《こうくう》などの筋力低下，咀嚼《そしゃく》能力や唾液分泌《だえきぶんぴつ》の低下によって，**摂食《せっしょく》・嚥下《えんげ》障害を起こしやすくなる。**

3＝○ 食事中に口から食べ物をこぼす場合，摂食《せっしょく》・嚥下《えんげ》障害に陥《おちい》っている可能性がある。その見極めのために，**口腔《こうくう》・嚥下《えんげ》機能評価を行うとよい。**

4＝○ 高齢者の「食べること」を支援することは，高齢者のQOLを維持・向上させることにつながるため，食べることを通じて**尊厳ある自己実現を目指す**こととなる。

5＝× 食事支援においては，その方法について，**介護する家族の状況も含めて考慮する必要がある。**

解答＝2・3・4

問題 37 次の記述のうち適切なものはどれか。3つ選べ。

1 中心静脈栄養法では，静脈炎にならないように末梢静脈を用いる。
2 経鼻胃管の種類には，バルーン型とバンパー型がある。
3 血液透析のためのシャントは，動脈と静脈をつなぎ合わせた部位のことである。
4 ネブライザーは，気道を加湿して痰を出しやすくするために用いる機器である。
5 パルスオキシメーターは，血液中の酸素飽和度を測定する機器である。

ポイント

【キーワード】在宅での医療管理 **【出題回－問題番号】**25回－37，24回－37，23回－40，22回－34

在宅医療管理の留意点やポイントについてまとめておく。

・中心静脈栄養法：太い静脈から点滴を行うため，カテーテルが抜けることによる出血や，カテーテル刺入部の汚染などが起こらないように注意する。
・経鼻《けいび》胃管：利用者に不快感や苦痛が伴うことがあるため，注意する。また，1か月をめどに交換を行う。
・血液透析：シャントをぶつけたり，傷つけたりしないように扱う。シャント側の腕で血圧を測らないようにする。
・ネブライザー：在宅ではコンプレッサー式と超音波式が主に使用されている。
・パルスオキシメーター：利用者が気管切開をしている場合や人工呼吸器を装着している場合には，呼吸の苦しさを訴えることができないため，酸素飽和度の測定により，喀痰《かくたん》吸引の必要性や緊急連絡の必要性などを知ることができる。

解説

1＝× 中心静脈栄養法は，点滴栄養剤を血管に直接入れる方法である。十分な栄養が入った点滴は浸透圧が高いため，静脈炎にならないよう，**太い静脈である中心静脈から入れる**。

2＝× 経鼻《けいび》胃管は，カテーテルが常時鼻から胃に留置された状態である。**バルーン型やバンパー型は胃ろうカテーテルの種類**である。

3＝○ 血液透析のためには，血管から血液をある程度の流量で透析装置に取り込み，老廃物を除去した血液を血管に送り返す必要があり，そのために，**静脈と動脈を自己血管もしくは人工血管でつなぎ合わせた部位**（シャント）をどちらかの腕につくる。

4＝○ ネブライザーとは，呼吸器疾患の利用者が霧状の薬を気管等に吸い込むことで症状を抑えたり，**気道を加湿して痰《たん》を出しやすくしたりするために用いる機器**である。

5＝○ パルスオキシメーターとは，手足の指先に光センサーを装着し，血液中にどの程度の酸素が含まれているか（**酸素飽和度：SpO_2**）を**測定する機器**である。

解答＝3・4・5

問題 38 次の記述のうち，より適切なものはどれか。3つ選べ。

1　手の甲の皮膚をつまみ上げて離したとき，すぐには元に戻らない場合は，脱水を疑う。

2　薬の服用時間における食間とは，食事中に服用することである。

3　言葉が出てこない，又はろれつが回らないという症状が突然生じた場合は，脳卒中の可能性がある。

4　転倒による頭部打撲後，すぐに意識障害が起こらなければ問題はない。

5　前立腺肥大症の場合，尿意を感じたら，早めにトイレに行くよう心がける。

ポイント

【キーワード】 急変時の対応

【出題回－問題番号】 26回－38，25回－38，23回－27，22回－32・33

出題されている急変の内容についてまとめておく。

- 脱水：ふらつき，めまい，だるさ，顔が赤くなるなどの症状があり，舌の乾燥，排尿回数の減少，体重減少，血圧低下，微熱，頻脈《ひんみゃく》などもみられる。
- 脳卒中：脳血流を保つためにベッド等に横にならせる。また，意識がないときには，吐いたものが喉《のど》につまらないように側臥位《そくがい》にさせ，救急隊を待つ。
- 転倒による頭部打撲：両手足に力が入らない，しびれがある，首の後ろに触れると痛がるなどの症状がある場合には，頸椎《けいつい》損傷の可能性があり，動かすと損傷が悪化するので，極力動かさないようにする。

解説

1＝○　手の甲の皮膚をつまみ上げると，すぐには元に戻らないという**皮膚の緊張の低下も脱水の特徴的な所見**である。

2＝×　薬の服用時間における食間とは，朝食と昼食の間に服用するなど，**食事と食事の間に服用すること**である。

3＝○　言葉が出てこない，又はろれつが回らない場合は，**脳卒中の可能性がある**ため，すぐに救急車を呼ぶなどの対応が必要である。

4＝×　転倒による頭部打撲後は，意識障害の有無にかかわらず，すぐに医療機関に連絡し，**頭部CT検査などの検査をすることが必要**である。

5＝○　前立腺肥大症の場合，溢流《いつりゅう》性尿失禁を引き起こす可能性があるため，**尿意を感じたら，早めにトイレに行くよう心がける**。

解答＝1・3・5

問題 39 次の記述のうち適切なものはどれか。3つ選べ。

1 健康日本21（第二次）では，健康寿命を延ばすことを目指している。
2 就労，ボランティアなどの社会参加は，フレイル予防に役立たない。
3 パーキンソン病の場合，転倒しやすいため，運動療法は禁忌である。
4 膝関節症による痛みや腫脹を抑えるには，定期的な運動が効果的である。
5 高齢者においては，無症状であっても骨粗鬆症の検査を受けることが推奨される。

ポイント

【キーワード】 さまざまな疾病・症状・障害
【出題回－問題番号】 26回－26，25回－26・39，24回－26・34・38・39，23回－26・28，22回－31・40

健康日本21（第二次）で目指しているものについてまとめておく。
①健康寿命の延伸と健康格差の縮小
②生活習慣病の発症予防と重症化予防の徹底（非感染性疾患《しっかん》の予防）
③社会生活を営むために必要な機能の維持および向上
④健康を支え，守るための社会環境の整備（地域の絆による社会づくり）
⑤栄養・食生活，身体活動・運動，休養，飲酒，喫煙および歯・口腔《こうくう》の健康に関する生活習慣および社会環境の改善

解説

1＝○ 健康日本21（第二次）では，**健康寿命を延ばすこと（健康寿命の延伸）を目指している**。

2＝× 就労，ボランティアなどの社会参加は，心身の活動につながるため，**フレイル予防に役立つ**とされている。

3＝× パーキンソン病は，動きにくくなる疾患《しっかん》であるが，運動しないでいると，廃用《はいよう》症候群を加速させ，より機能が低下しやすくなるため，下肢《かし》の筋力や平衡《へいこう》機能の維持のための**運動療法は大切**である。

4＝○ 膝《しつ》関節症において，定期的な運動は，**筋肉の強化を促し，痛みや腫脹《しゅちょう》を抑える効果があり**，特に水中での運動や筋力強化のためのストレッチなどが有効であるとされている。

5＝○ 骨粗鬆症《こつそしょうしょう》においては，８割程度が無治療であり，骨脆弱《ぜいじゃく》化《か》による骨折のリスクを抱えているという。よって，**無症状のうちに骨粗鬆症《こつそしょうしょう》のチェックを受け**，必要であれば治療することによって，**将来的な骨の健康を保つことが重要**と考えられている。

解答＝1・4・5

問題 40　臨死期について適切なものはどれか。3つ選べ。

1　家族に対して，今後予想される状況に即した病状説明が行われるよう配慮する。

2　在宅で看取る場合，呼吸停止の瞬間に，医師が立ち会う必要がある。

3　呼吸をするたびに，喉元でゴロゴロと音がする状態（死前喘鳴）になることがある。

4　臨終が近づき，応答がなくなった場合には，本人への語りかけをやめる。

5　死後のケアであるエンゼルケアは，身体を清潔にし，その人らしい外見に整えるためのものである。

ポイント

【キーワード】終末期ケア

【出題回－問題番号】26回－40，25回－40，24回－40，23回－41，22回－41

エンゼルケアについてまとめておく。

①実施する内容

・器具（医療用カテーテルなど）の抜去

・体液や排せつ物が漏れ出ないための処置（体液の流出を防止する処置や傷の手当てなど感染症予防の側面もある）

・身体を清潔にするためのケア

・その人らしい外見に整えるためのケア

②その後に関して

・遺族の悲嘆への配慮や対応（グリーフケア）を行うこともある。

解説

1＝○　家族に対しては，今後予想される状況に即した病状説明が行われるよう**配慮する必要がある**。

2＝×　在宅の場合，呼吸が止まる瞬間に医師が立ち会っている状況を想定することは**現実的ではないため，呼吸が止まったことを確認し，主治医へ連絡をする**。連絡を受けた主治医は，死亡診断のために往診に赴くことになる。

3＝○　身体が弱って眠りが深くなると，唾液をうまく飲み込めなくなるため，呼吸をするたびに，**喉《のど》元でゴロゴロと音がする状態（死前喘鳴《ぜんめい》）になることがある**。

4＝×　反応がなくなっても，耳は最期まで聞こえるといわれており，**いつも通り声をかけることが重要である**。

5＝○　エンゼルケアでは，**身体を清潔にするためのケア，その人らしい外見に整えるためのケアなどを行う**。

解答＝1・3・5

問題 41　訪問看護について正しいものはどれか。３つ選べ。

1　急性増悪時に主治医から特別指示書が交付された場合，介護保険から給付が行われる。

2　介護保険の指定訪問看護ステーションの管理者は，原則として，常勤の保健師又は看護師でなければならない。

3　提供に当たっては，常に利用者の病状，心身の状況及びその置かれている環境の的確な把握に努める。

4　保険医療機関の指定を受けている病院は，介護保険の指定訪問看護事業者とみなされる。

5　24 時間 365 日，サービスを提供しなければならない。

ポイント

【キーワード】訪問看護

【出題回－問題番号】25 回－ 41，24 回－ 41，23 回－ 42

緊急時訪問看護加算と特別訪問看護指示書についてまとめておく。

- 緊急時訪問看護加算：利用者または家族からの電話などで看護に関する意見を求められた場合，24 時間 365 日常時連絡できる体制にあり，計画にない緊急時の訪問を必要に応じて行う。
- 特別訪問看護指示書：急性増悪《ぞうあく》のときなどに交付される指示書となる。1 か月に 1 回（14 日間）に限り，毎日医療保険による訪問看護を提供することができる（ただし，厚生労働大臣が定める状態の者には 1 か月に 2 回まで交付される）。

解説

1 = ×　急性増悪《ぞうあく》時に主治医から特別指示書が交付された場合，14 日間に限り，医療保険による訪問看護が提供され，**介護保険からの給付は行われない**。

2 = ○　介護保険の指定訪問看護ステーションの管理者は，原則として，**常勤の保健師又は看護師でなければならない**。

3 = ○　訪問看護を提供するに当たっては，常に利用者の病状，心身の状況及びその置かれている環境の**的確な把握に努めなければならない**。

4 = ○　保険医療機関の指定を受けている病院については，指定申請を行うことなく，介護保険の**指定訪問看護事業者とみなされる**。

5 = ×　緊急時訪問看護加算を取得している訪問看護事業者については 24 時間 365 日サービスを提供しなければならないが，取得していない訪問看護事業者は**提供する必要はない**。

解答＝２・３・４

問題 42 指定通所リハビリテーションについて正しいものはどれか。3つ選べ。

1 利用者の生活機能の維持又は向上を目指し，心身の機能の維持回復を図るものでなければならない。

2 介護老人福祉施設で提供される。

3 事業所には，生活相談員を配置しなければならない。

4 通所リハビリテーション計画は，医師及び理学療法士，作業療法士等の従業者が，共同して作成する。

5 通所リハビリテーション計画の進捗状況を定期的に評価し，必要に応じて当該計画を見直す。

ポイント

【キーワード】 通所リハビリテーション

【出題回－問題番号】 26回－41，25回－42，23回－37

通所リハビリテーション計画についてまとめておく。

・医師及び理学療法士，作業療法士その他専ら指定通所リハビリテーションの提供に当たる通所リハビリテーション従業者は，診療又は運動機能検査，作業能力検査等を基に，共同して，利用者の心身の状況，希望及びその置かれている環境を踏まえて，リハビリテーションの目標，当該目標を達成するための具体的なサービスの内容等を記載した通所リハビリテーション計画を作成しなければならない。

・従業者は，通所リハビリテーション計画の作成に当たっては，当該計画の内容を利用者・家族に説明し，利用者の同意を得たうえ，利用者に交付する。

解説

1＝○ 通所リハビリテーションでは，利用者が可能な限りその居宅において，その有する能力に応じ自立した日常生活を営むことができるよう，**生活機能の維持または向上を目指し，かつ心身機能の維持回復を図るために必要なリハビリテーションが行われる。**

2＝× 通所リハビリテーションは，病院・診療所・介護老人保健施設・介護医療院などで提供されるサービスであり，**介護老人福祉施設は提供することができない。**

3＝× 通所リハビリテーション事業所には，**生活相談員を配置する必要はない。**

4＝○ 通所リハビリテーション計画の作成は，医師及び理学療法士，作業療法士その他専ら指定通所リハビリテーションの提供に当たる通所リハビリテーション従業者が**共同して作成しなければならない。**

5＝○ 通所リハビリテーション計画については，その進捗状況を定期的に評価し，**必要に応じて当該計画を見直さなければならない。**

解答＝1・4・5

問題 43　指定短期入所療養介護について正しいものはどれか。3つ選べ。

1　家族の身体的及び精神的な負担軽減を図るために利用できる。

2　看護，医学的管理の下における介護及び機能訓練その他必要な医療並びに日常生活上の世話を行う。

3　居宅サービス計画において，あらかじめ位置付けられていない場合には，利用することができない。

4　短期入所療養介護計画は，おおむね4日以上連続して利用する場合に作成する必要がある。

5　ターミナルケアは，行われない。

ポイント

【キーワード】短期入所療養介護

【出題回－問題番号】26回－42，25回－43，22回－42

短期入所療養介護の基本方針についてまとめておく。

・要介護状態となった場合においても，その利用者が可能な限りその居宅において，その有する能力に応じ自立した日常生活を営むことができるよう，看護，医学的管理の下における介護及び機能訓練その他必要な医療並びに日常生活上の世話を行うことにより，療養生活の質の向上及び利用者の家族の身体的及び精神的負担の軽減を図るものでなければならない。

解説

1＝○　短期入所療養介護は，生活の質の向上及び**利用者の家族の身体的及び精神的負担の軽減を図るものでなければならない**とされている。

2＝○　短期入所療養介護は，その有する能力に応じ自立した日常生活を営むことができるよう，**看護，医学的管理の下における介護及び機能訓練その他必要な医療並びに日常生活上の世話を行う**とされている。

3＝×　短期入所療養介護は，緊急時の受け入れにも対応しており，居宅サービス計画において，あらかじめ位置付けられていない場合であっても，**利用することができる**。

4＝○　短期入所療養介護計画は，**おおむね4日以上連続して利用する場合**に作成しなければならない。

5＝×　短期入所療養介護では，**ターミナルケアが行われる**。

解答＝1・2・4

問題 44　指定定期巡回・随時対応型訪問介護看護について正しいものはどれか。3つ選べ。

1　利用者が尊厳を保持し，可能な限りその居宅において，その有する能力に応じ自立した日常生活を営むことができるよう援助を行う。

2　要支援者も利用できる。

3　利用者の心身の状況にかかわらず，毎日，訪問しなければならない。

4　随時対応サービスについては，利用者のみならずその家族等からの在宅介護における相談等にも適切に対応する。

5　介護・医療連携推進会議は，おおむね6月に1回以上，開催しなければならない。

ポイント

【キーワード】定期巡回・随時対応型訪問介護看護

【出題回－問題番号】25回－44

定期巡回・随時対応型訪問介護看護における基本方針についてまとめておく。

・定期巡回サービスの訪問時間については，短時間に限らず，必要なケアの内容に応じて柔軟に設定する。

・随時対応サービスについて，随時の訪問の必要性が同一時間帯に頻回に生じる場合には，利用者の心身の状況を適切に把握し，定期巡回サービスに組み替える等の対応を行う。

・随時訪問サービスについては，随時の通報があってから，おおむね30分以内の間に駆けつけられるような体制確保に努めるものとする。

・訪問看護サービスについては，医師の指示に基づき実施されるものであり，すべての利用者が対象になるものではない。

解説

1＝○　利用者が要介護状態となった場合においても，利用者が尊厳を保持し，可能な限りその居宅において，その有する能力に応じ自立した日常生活を営むことができるよう**援助を行わなければならない**。

2＝×　要介護者が対象であるため，**要支援者は利用することができない**。

3＝×　定期巡回サービスについては，1日複数回の訪問を行うことを想定しているが，訪問回数および訪問時間等については利用者との合意のもとに決定されるべきもので，**訪問を行わない日があってもよい**。

4＝○　随時対応サービスについては，利用者のみならず利用者の**家族等からの在宅介護における相談等にも適切に対応すること**とされている。

5＝○　介護・医療連携推進会議は，**おおむね6月に1回以上開催しなければならない**。

解答＝1・4・5

問題 45　介護老人保健施設について正しいものはどれか。2つ選べ。

1　社会福祉法人は，開設できる。

2　ユニット型では，一のユニットの定員は，15 人を超えることが認められている。

3　入所定員が 100 人以上の場合には，栄養士又は管理栄養士を置かなければならない。

4　処置室を設けなければならない。

5　全国では，全入所者のうち要介護 4 及び要介護 5 の者が占める割合は，80% 以上である。

ポイント

【キーワード】 介護老人保健施設

【出題回－問題番号】 26 回－ 44，25 回－ 45，24 回－ 44，23 回－ 44

介護老人保健施設の人員基準についてまとめておく。

・医師：常勤換算 1 人以上。

・薬剤師：実情に応じた適当数。

・看護職員：入所者の数 ÷ 3 以上のうち 7 分の 2 程度（常勤換算）。

・介護職員：入所者の数 ÷ 3 以上のうち 7 分の 5 程度（常勤換算）。

・支援相談員：1 人以上。

・理学療法士等：入所者の数 ÷ 100 以上の人数（常勤換算）。

・栄養士または管理栄養士：入所定員 100 人以上の施設は常勤で 1 人以上。

・介護支援専門員：1 人以上。

・管理者：常勤専従。原則として都道府県知事の認可を受けた医師。

解説

1 = ○　介護老人保健施設の開設者は非営利団体である必要があり，**社会福祉法人は開設することができる。**

2 = ×　介護老人保健施設におけるユニット型では，一のユニットの定員は，原則として 10 人以下とし，**15 人を超えないものとされている。**

3 = ○　介護老人保健施設では，入所定員が 100 人以上の施設は常勤で 1 人以上**栄養士または管理栄養士を配置しなければならない。**

4 = ×　介護老人保健施設では，**処置室を設ける必要はない。**

5 = ×　介護老人保健施設では，全国における全入所者のうち要介護 4 及び要介護 5 の者が占める割合は**約 44%** である。

解答＝1・3

問題 46 面接場面におけるコミュニケーション技術について，より適切なものはどれか。３つ選べ。

1　イラストや写真などの表現方法の利用は，クライエントを混乱させるので控える。

2　直面化とは，クライエントが否認していることによって生じている話の矛盾点を指摘することをいう。

3　援助者は，クライエントの主訴の把握に当たっては，言語的な手段だけでなく，非言語的な手段も用いることが望ましい。

4　共感とは，クライエントの言動に対して，援助者自身の過去の重要な人との関係を投影することをいう。

5　クローズドクエスチョンは，明確な回答を得たいときに用いる。

ポイント

【キーワード】基礎相談面接技術　**【出題回－問題番号】**26回－46，25回－46・47，24回－46，23回－46，22回－46

相談面接技術のキーワードについてまとめておく。

・非言語的コミュニケーション：ジェスチャーや表情などの，言葉以外のコミュニケーション

・クローズドクエスチョン（閉じられた質問）：「はい」「いいえ」で答えられる質問および限られた数語で返答ができてしまう質問。頻回に使いすぎるとクライエントの世界を狭めてしまうおそれがあるが，有効に用いるとその人自身が話を自分の方向に展開していく手助けとなる。

解説

1＝× 非言語的コミュニケーションとして，イラストや写真などの表現方法の利用をすることで，**クライエントに伝わることがある。**

2＝○ 直面化とは相手の話について，**矛盾点を指摘すること**をいう。

3＝○ 言語と非言語には，両者が相異なるメッセージを伝える時が多くあるため，クライエントの主《しゅ》訴《そ》の把握に当たっては，言語的な手段だけでなく，**非言語的な手段も用いることが望ましい。**

4＝× 共感とは，援助者がクライエントの世界を，**クライエント自身がとらえるように理解すること**である。

5＝○ クローズドクエスチョンは，**明確な回答を得たいときに用いる**質問である。

解答＝2・3・5

問題 47　インテーク面接について，より適切なものはどれか。3つ選べ。

1　地域援助技術の一つである。
2　支援過程の後期に実施する面接である。
3　面接の終わりには，問題解決に向けて一定の方向性を確認することが重要である。
4　必ずしも1回で終了させる必要はない。
5　クライエントが訪れた支援機関の機能や提供可能なサービスを説明する。

ポイント

【キーワード】基礎相談面接技術　**【出題回－問題番号】**26回－46，25回－46・47，24回－46，23回－46，22回－46

インテーク面接についてまとめておく。

・クライエントと援助者のラポール形成を基にした協働作業の過程の始まりである。
・面接者が把握する必要のある重要事項の内容をどれだけ把握できたかということだけではなく，面接者に寄せるクライエントの親近感や信頼感がどれだけ醸成され，ラポール形成が展開しているかを判断する力が必要である。

解説

1＝×　インテークとは，クライエントと援助者のラポール形成を基にした**協働作業の過程の始まり**を指す。

2＝×　インテークは，支援過程の**始めに位置する**ものである。

3＝○　インテークでは，ラポール形成が重要であるが，次回面談に進むにあたり，問題解決に向けて**一定の方向性を確認することが重要である**。

4＝○　インテークは，**必ずしも1回で終了させる必要はない**。

5＝○　インテークでは，クライエントの主訴《しゅそ》を把握しつつ，それをすべて解決するのではなく，まずはクライエントが訪れた**支援機関の機能や提供可能なサービスを説明する必要がある**。

解答＝3・4・5

ときテク

インテーク面接については過去にも出題実績がある。「最初の面接である」「1回で終える必要はない」などを覚えておくとよい。

問題 48　ソーシャルワークに関する次の記述のうち，より適切なものはどれか。２つ選べ。

1　クライエントの視点から，人生観や価値観等についての理解をより深めることが重要である。

2　家族や地域住民は，アウトリーチの対象に含まれない。

3　利用できる社会資源が不足している場合，新たな社会資源の開発が求められる。

4　不衛生な環境に居住している認知症高齢者が，サービスの利用を拒否したため，本人の意向に従い，支援を中止する。

5　「無断で家族に年金をすべて使われている」と高齢者からの訴えがあったが，家族間の問題であるため，「支援できない」と本人に伝える。

ポイント

【キーワード】ソーシャルワーク　**【出題回－問題番号】**26回－47・48・49，25回－48・49，24回－48・49，23回－47・48・49，22回－47・48・49

ソーシャルワークで使われる用語についてまとめておく。

・アウトリーチ：支援を必要としている者に対して，求めてくるのを待つのではなく，支援者側から積極的に関わっていく方法。

・社会資源：地域で生活していく中で必要な制度やサービスを指す。公的に提供されるフォーマルサービスとボランティアなどのインフォーマルサポートなどがある。

解説

1＝○　ソーシャルワークの観点として，クライエントの視点から，**人生観や価値観等についての理解をより深めることが重要である。**

2＝×　アウトリーチの対象としては，本人のみならず，**家族や地域住民も含まれる。**

3＝○　社会資源が不足する場合，必要な資源や制度を**創出する必要がある。**

4＝×　不衛生な環境に居住している認知症高齢者が，サービスの利用を拒否した場合，それが本人の意向であっても，**必要性が認められる場合は支援を中止すべきではない。**

5＝×　「無断で家族に年金をすべて使われている」と高齢者からの訴えがあった場合，経済的虐待の可能性があるため，市町村に通報するなどの**対応が必要**である。

解答＝1・3

問題 49　ソーシャルワークにおける集団援助として，より適切なものはどれか。3つ選べ。

1　地域包括支援センターの主任介護支援専門員による認知症高齢者の家族を対象とした交流活動

2　民生委員による地域の認知症高齢者の見守り活動

3　医療機関で行われる，難病の当事者による分かち合いの場の体験

4　社会福祉協議会によるヤングケアラー支援のための地域ネットワークの構築

5　養護老人ホームの生活相談員による入所者グループに対する対するプログラム活動

ポイント

【キーワード】ソーシャルワーク　**【出題回－問題番号】**26回－47・48・49，25回－48・49，24回－48・49，23回－47・48・49，22回－47・48・49

ソーシャルワークの種類についてまとめておく。

・ソーシャルワークにおける集団援助：人々や人と身近な組織との力動を活用して，個人の成長や抱える問題の解決を目指す。

・ソーシャルワークにおける地域援助：地域社会，組織，国家，制度・政策，社会規範，地球環境などに働きかけ，それらの変革を通して，個人や集団のニーズの充足を目指す。

解説

1＝○　地域包括支援センターの主任介護支援専門員による認知症高齢者の家族を対象とした交流活動は，**ソーシャルワークにおける集団援助**である。

2＝×　民生委員による地域の認知症高齢者の見守り活動は，**ソーシャルワークにおける地域援助**である。

3＝○　医療機関で行われる，難病の当事者による分かち合いの場の体験は，**ソーシャルワークにおける集団援助**である。

4＝×　社会福祉協議会によるヤングケアラー支援のための地域ネットワークの構築は，**ソーシャルワークにおける地域援助**である。

5＝○　養護老人ホームの生活相談員による入所者グループに対するプログラム活動は，**ソーシャルワークにおける集団援助**である。

解答＝1・3・5

問題 50　介護保険における訪問介護について正しいものはどれか。3つ選べ。

1　訪問介護計画の作成は，管理者の業務として位置付けられている。

2　利用回数が少ない利用者であっても，訪問介護計画を作成しなければならない。

3　サービス提供責任者は，居宅介護支援事業者に対し，サービス提供に当たり把握した利用者の心身の状態及び生活の状況について必要な情報の提供を行うものとする。

4　指定訪問介護事業者は，利用者が不正な行為によって保険給付を受けたときは，遅滞なく，市町村に通知しなければならない。

5　指定訪問介護事業者は，法定代理受領サービスに該当しないサービスの利用料の支払を受けた場合には，サービス提供証明書を交付しなくてよい。

ポイント

【キーワード】訪問介護　**【出題回－問題番号】**26回－50，25回－50，24回－50，23回－52，22回－50

訪問介護の運営基準についてまとめておく。

・サービス提供責任者は，利用者の日常生活全般の状況及び希望を踏まえて，指定訪問介護の目標，当該目標を達成するための具体的なサービスの内容等を記載した訪問介護計画を作成しなければならない。

・指定訪問介護事業者は，指定訪問介護を提供するに当たっては，居宅介護支援事業者その他保健医療サービス又は福祉サービスを提供する者との密接な連携に努めなければならない。

解説

1＝× 訪問介護計画の作成は，**サービス提供責任者の業務**として位置付けられている。

2＝○ 利用回数の多少にかかわらず，**すべての利用者に対して訪問介護計画を作成しなければならない。**

3＝○ サービス提供責任者は，居宅介護支援事業者に対し，サービス提供に当たり把握した利用者の心身の状態及び生活の状況について**必要な情報の提供を行う**など，密接な連携に努めなければならない。

4＝○ 指定訪問介護事業者は，利用者が，偽りその他不正な行為によって保険給付を受け，又は受けようとしたとき，**遅滞なく，意見を付してその旨を市町村に通知しなければならない。**

5＝× 指定訪問介護事業者は，法定代理受領サービスに該当しない指定訪問介護に係る利用料の支払を受けた場合は，提供した指定訪問介護の内容，費用の額その他必要事項を記載した**サービス提供証明書を利用者に対して交付しなければならない。**

解答＝2・3・4

問題 51　介護保険における通所介護について正しいものはどれか。3つ選べ。

1　利用者の社会的孤立感の解消を図ることは，指定通所介護の事業の基本方針に含まれている。

2　通所介護計画作成後に居宅サービス計画が作成された場合，その通所介護計画が居宅サービス計画に沿ったものであるか，確認する必要はない。

3　通所介護計画の目標及び内容については，利用者又は家族に説明を行うとともに，その実施状況や評価についても説明を行うものとする。

4　利用者は，利用日ごとに異なる提供時間数のサービスを受けることができる。

5　指定通所介護事業者は，指定通所介護事業所ごとに，経理を区分しなくてもよい。

ポイント

【キーワード】通所介護　**【出題回－問題番号】**26回－52，25回－51，24回－51，23回－53，22回－51

通所介護の基本方針についてまとめておく。

・指定通所介護は，要介護状態となった場合においても，その利用者が可能な限りその居宅において，その有する能力に応じ自立した日常生活を営むことができるよう生活機能の維持又は向上を目指し，必要な日常生活上の世話及び機能訓練を行うことにより，利用者の社会的孤立感の解消及び心身の機能の維持並びに利用者の家族の身体的及び精神的負担の軽減を図るものでなければならない。

解説

1＝○　通所介護は，利用者の**社会的孤立感の解消を図るものでなければならない**。

2＝×　既に居宅サービス計画が作成されていれば，その内容に沿って作成するが，通所介護計画作成後に居宅サービス計画が作成された場合，その通所介護計画が**居宅サービス計画に沿ったものであるかを確認しなければならない**。

3＝○　通所介護計画の内容等については，利用者又はその家族に対して説明し，利用者の同意を得なければならず，さらにその**実施状況や評価についても説明を行う**。

4＝○　利用者は，状況に応じて**利用日ごとに異なる提供時間数のサービスを受けることができる**。

5＝×　指定通所介護事業者は，指定通所介護事業所ごとに，**経理を区分する必要がある**。

解答＝1・3・4

問題 52　介護保険における訪問入浴介護について正しいものはどれか。２つ選べ。

1　指定訪問入浴介護事業所ごとに，医師を１人以上置かなければならない。

2　管理者は，看護師又は准看護師でなければならない。

3　サービス提供時に使用する浴槽は，事業者が備えなければならない。

4　利用者が小規模多機能型居宅介護を利用している場合でも，訪問入浴介護費を算定できる。

5　事業者は，サービスの利用に当たっての留意事項を運営規程に定めておかなければならない。

ポイント

【キーワード】訪問入浴介護　**【出題回－問題番号】**26回－51，25回－52，24回－52，23回－54，22回－52

訪問入浴介護で定めておく運営規程をまとめておく。

①事業の目的及び運営の方針　②従業者の職種，員数及び職務の内容　③営業日及び営業時間　④指定訪問入浴介護の内容及び利用料その他の費用の額　⑤通常の事業の実施地域　⑥サービスの利用に当たっての留意事項　⑦緊急時等における対応方法　⑧虐待の防止のための措置《そち》に関する事項　⑨その他運営に関する重要事項

解説

1＝×　指定訪問入浴介護事業所には，**医師を配置する必要はない。**

2＝×　指定訪問入浴介護事業所の管理者は，**特段の専門資格は不要**である。

3＝○　指定訪問入浴介護は，浴槽《よくそう》を提供して行う入浴介護であるため，サービス提供時に使用する**浴槽《よくそう》は，事業者が備えなければならない。**

4＝×　利用者が小規模多機能型居宅介護を利用している場合，**訪問入浴介護費を算定することはできない。**

5＝○　指定訪問入浴介護事業者は，サービスの利用に当たっての留意事項を**運営規程に定めておかなければならない。**

解答＝3・5

ときテク

人員基準・設備基準・運営基準すべてについて問われている問題である。人員基準については要件まで問われているので，細かく覚えておく必要がある。また，設備基準の問題については，訪問入浴介護のサービス内容を覚えておけば正解できると思われる。

□□□

問題 53　介護保険における短期入所生活介護について正しいものはどれか。２つ選べ。

1　家族の冠婚葬祭や出張を理由とした利用はできない。

2　災害等のやむを得ない事情がある場合でも，利用定員を超えることは認められない。

3　短期入所生活介護計画の作成は，既に居宅サービス計画が作成されている場合には，当該計画の内容に沿って作成されなければならない。

4　一の居室の定員は，４人以下でなければならない。

5　居宅サービス計画上，区分支給限度基準額の範囲内であれば，利用できる日数に制限はない。

ポイント

【キーワード】短期入所生活介護　**【出題回－問題番号】**26回－53，25回－53，24回－53，23回－50，22回－53

短期入所生活介護の運営基準についてまとめておく。

・指定短期入所生活介護事業者は，利用者の心身の状況により，若しくはその家族の疾病《しっぺい》，冠婚葬祭，出張等の理由により，又は利用者の家族の身体的及び精神的な負担の軽減等を図るために，一時的に居宅において日常生活を営むのに支障がある者を対象に，提供するものとする。

・指定短期入所生活介護事業者は，定められた利用者数以上の利用者に対して同時に指定短期入所生活介護を行ってはならない。ただし，災害，虐待その他のやむを得ない事情がある場合は，この限りでない。

解説

1＝✕　短期入所生活介護は，家族の冠婚葬祭や出張を理由として**利用することができる。**

2＝✕　短期入所生活介護は，定員を超えてはならないが，災害等のやむを得ない事情がある場合は，**利用定員を超えることは認められている。**

3＝○　短期入所生活介護計画は，既に居宅サービス計画が作成されている場合は，**当該計画の内容に沿って作成しなければならないとされている。**

4＝○　短期入所生活介護では，一の居室の定員は，**４人以下でなければならない。**

5＝✕　居宅サービス計画上，短期入所生活介護の利用日数は，**要介護認定の有効期間のおおむね半数を超えないようにしなければならない。**

解答＝3・4

問題 54　介護保険における福祉用具について正しいものはどれか。3つ選べ。

1　使用目的は，利用者の自立した日常生活の支援であり，介護者の負担軽減ではない。

2　貸与する際には，福祉用具専門相談員は，具体的なサービス内容等を記載した福祉用具貸与計画を作成しなければならない。

3　複数の福祉用具を貸与する場合には，通常の貸与価格から減額して貸与することができる。

4　入浴用いすなどの入浴補助用具は，特定福祉用具販売の対象となる。

5　取付工事の有無にかかわらず，手すりは福祉用具貸与の対象となる。

ポイント

【キーワード】福祉用具　**【出題回－問題番号】**25回－54，23回－51

福祉用具貸与の基本指針についてまとめておく。

・指定福祉用具貸与の事業は，要介護状態となった場合においても，その利用者が可能な限りその居宅において，その有する能力に応じ自立した日常生活を営むことができるよう，利用者の心身の状況，希望及びその置かれている環境を踏まえた適切な福祉用具の選定の援助，取付け，調整等を行い，福祉用具を貸与することにより，利用者の日常生活上の便宜を図り，その機能訓練に資するとともに，利用者を介護する者の負担の軽減を図るものでなければならない。

解説

1＝×　福祉用具貸与及び特定福祉用具販売の基本方針では，**利用者を介護する者の負担軽減を図るものでなければならない**と定められている。

2＝○　福祉用具専門相談員は，利用者の希望，心身の状況及びその置かれている環境を踏まえ，指定福祉用具貸与の目標，当該目標を達成するための具体的なサービスの内容等を記載した**福祉用具貸与計画を作成しなければならない**。

3＝○　運営規程等に単品利用料と減額利用料の両方を記載することで，福祉用具貸与事業者は，複数の福祉用具を貸与する場合，**通常の貸与価格から減額して貸与できる**。

4＝○　入浴補助用具は，**特定福祉用具販売の対象**となる。

5＝×　**取付工事が不要の場合に限り**，手すりは福祉用具貸与の対象となる。

解答＝2・3・4

ときテク

福祉用具貸与と特定福祉用具販売の種目は覚えておきたい（4○5×）。また，減額に関する規定は初出だが，基本方針と計画を理解することで正解したい。

問題 55 介護保険における小規模多機能型居宅介護について正しいものはどれか。3つ選べ。

1　通いサービス，宿泊サービスごとに，1日当たりの同時にサービス提供を受ける利用定員の上限が定められている。

2　一の宿泊室の定員は，利用者の処遇上必要と認められる場合は，2人とすることができる。

3　訪問サービスでは，身体介護の提供に限られる。

4　宿泊サービスでは，利用者1人につき1月当たりの日数の上限が定められている。

5　指定小規模多機能型居宅介護事業所の登録者に対しては，その事業所の介護支援専門員が，居宅サービス計画を作成しなければならない。

ポイント

【キーワード】 小規模多機能型居宅介護

【出題回－問題番号】 26回－55，25回－55，23回－55

小規模多機能型居宅介護の定員についてまとめておく（サテライト型は除く）。

・登録定員：29人以下。

・通いサービス：登録定員の2分の1から15人まで。ただし，登録定員が26人または27人の場合は16人まで，28人の場合は17人まで，29人の場合は18人までとする。

・宿泊サービス：通いサービスの利用定員の3分の1から9人までとする。

解説

1＝○　小規模多機能型居宅介護では，訪問サービスに上限はないが，通いサービス，宿泊サービスごとに，1日当たりの同時にサービス提供を受ける**利用定員の上限が定められている**。

2＝○　小規模多機能型居宅介護の宿泊サービスにおいて，一の宿泊室の定員は，1人とするが，利用者の処遇上必要と認められる場合は，**2人とすることができるものとされている**。

3＝×　小規模多機能型居宅介護の訪問サービスは，**身体介護に限られたものではない**。

4＝×　小規模多機能型居宅介護の宿泊サービスについては，利用者1人につき**1月当たりの日数の上限の定めはない**。

5＝○　指定小規模多機能型居宅介護事業所の登録者に対して，その事業所の介護支援専門員が**居宅サービス計画を作成しなければならない**。

解答＝1・2・5

問題 56　介護保険における認知症対応型共同生活介護について正しいものはどれか。３つ選べ。

1　入居の際には，主治の医師の診断書等により申込者が認知症である者であることの確認をしなければならない。
2　居間及び食堂は，同一の場所とすることができる。
3　管理者は，認知症である者の介護に３年以上従事した経験を有する者であって，所定の研修を修了しているものでなければならない。
4　事業者は，利用者の食材料費，理美容代，おむつ代を負担しなければならない。
5　各事業所に設けることができる共同生活住居の数は，１以上５以下である。

ポイント

【キーワード】認知症対応型共同生活介護
【出題回－問題番号】25回－56，23回－56

認知症対応型共同生活介護の代表者及び管理者の要件についてまとめておく。

・代表者：特別養護老人ホーム等で認知症である者の介護に従事した経験を有する者又は保健医療サービスもしくは福祉サービスの提供を行う事業の経営に携わった経験を有する者であって，別に厚生労働大臣が定める研修を修了しているものでなければならない。
・管理者：適切な指定認知症対応型共同生活介護を提供するために必要な知識及び経験を有し，特別養護老人ホーム等で３年以上認知症である者の介護に従事した経験を有する者であって，別に厚生労働大臣が定める研修を修了しているものでなければならない。

解説

1＝○　指定認知症対応型共同生活介護事業者は，入居申込者の入居に際しては，主治の医師の診断書等により当該入居申込者が認知症である者であることの確認をしなければならない。

2＝○　指定認知症対応型共同生活介護において，居間及び食堂は，同一の場所とすることができる。

3＝○　指定認知症対応型共同生活介護の管理者は，３年以上認知症である者の介護に従事した経験を有する者であって，所定の研修を修了しているものでなければならない。

4＝×　利用者の食材料費，理美容代，おむつ代については，利用者が負担することとなる。

5＝×　指定認知症対応型共同生活介護事業所に設けることができる共同生活住居の数は，１以上３以下である。

解答＝1・2・3

問題 57 指定介護老人福祉施設について正しいものはどれか。3つ選べ。

1 明るく家庭的な雰囲気を有し，地域や家庭との結び付きを重視した運営を行うよう努めなければならない。

2 市町村長が指定する。

3 入所者の負担により，当該施設の従業者以外の者による介護を受けさせてはならない。

4 褥瘡の発生を予防するための体制を整備しなければならない。

5 入所者のためのレクリエーション行事を行うのであれば，教養娯楽設備等は備えなくてもよい。

ポイント

【キーワード】 介護老人福祉施設

【出題回－問題番号】 26回－57，25回－57，24回－57，23回－57，22回－57

介護老人福祉施設の運営基準についてまとめておく。

・1週間に2回以上，適切な方法により，入所者を入浴させ，又は清拭《せいしき》しなければならない。

・褥瘡《じょくそう》が発生しないよう適切な介護を行うとともに，その発生を予防するための体制を整備しなければならない。

・教養娯楽設備等を備えるほか，適宜入所者のためのレクリエーション行事を行わなければならない。

解説

1＝○ 指定介護老人福祉施設は，明るく家庭的な雰囲気を有し，地域や家庭との結び付きを重視した運営を行うよう努めなければならない。

2＝× 指定介護老人福祉施設は，**都道府県知事**が指定する。

3＝○ 指定介護老人福祉施設では，入所者の負担により，当該施設の従業者以外の者による介護を受けさせてはならない。

4＝○ 指定介護老人福祉施設は，褥瘡《じょくそう》の発生を予防するための**体制を整備**しなければならない。

5＝× 指定介護老人福祉施設は，**教養娯楽設備等を備え**，レクリエーション行事を行わなければならない。

解答＝1・3・4

問題 58　生活保護制度について正しいものはどれか。3つ選べ。

1　被保護者の収入として認定されるものには，地代や家賃等の財産収入が含まれる。

2　要保護者が急迫した状況にあるときは，保護の申請がなくても，必要な保護を行うことができる。

3　介護施設入所者基本生活費は，介護扶助として給付される。

4　教育扶助は，原則として，現物給付によって行われる。

5　介護扶助は，介護保険制度の保険給付の対象となる介護サービスと同等のサービスを，要保護者に対し保障する。

ポイント

【キーワード】生活保護　**【出題回－問題番号】**26回－60，25回－58，24回－58，23回－58，22回－59

生活保護の扶助についてまとめておく。

・生活扶助：飲食物費，被服費，光熱水費，家具什器費などの日常生活を営むうえでの基本的な需要を満たす扶助。原則として金銭給付である。

・教育扶助：義務教育就学中の児童・生徒について，義務教育に伴って必要な学用品費，実験実習見学費，通学用品等の費用のための扶助。原則として金銭給付である。

・介護扶助：介護保険法に規定する要介護者・要支援者に対して，居宅介護や施設介護，福祉用具，住宅改修等の介護サービスが受けられるようにするための扶助。原則として現物給付である。

解説

1＝○　被保護者の収入として認定されるものは，就労による収入，年金などの社会保障給付，親族による援助などすべての収入が認定されるため，**地代や家賃等の財産収入も含まれる**。

2＝○　申請保護の原則により，要保護者，その扶養義務者又はその他の同居の親族の申請に基づいて開始するものとする。ただし，要保護者が急迫した状況にあるときは，**保護の申請がなくても，必要な保護を行うことができる**。

3＝×　介護施設入所者基本生活費は，**生活扶助**として給付される。

4＝×　義務教育に伴って必要な費用などが賄《まかな》われる教育扶助は，原則として，**金銭給付**によって行われる。

5＝○　介護扶助は，介護保険法に規定する要介護者や要支援者に対して行う介護サービスと同等のサービスを，**要保護者に対し保障する**扶助である。

解答＝1・2・5

問題 59 成年後見制度について正しいものはどれか。2つ選べ。

1 任意後見制度では，判断能力を喪失した人に，保佐人や補助人をつけることができる。

2 都道府県知事は，65歳以上の者につき，その福祉を図るため特に必要があると認めるときは，後見開始の審判の請求をすることができる。

3 本人と任意後見受任者の同意があれば，公正証書以外の方法でも任意後見契約が成立する。

4 成年後見制度の利用の促進に関する法律に定められた基本理念には，成年被後見人等の意思決定の支援と身上の保護が適切に行われるべきことが含まれる。

5 成年被後見人の法律行為は，原則として，取り消すことができる。

ポイント

【キーワード】成年後見制度 **【出題回－問題番号】**26回－58，25回－59，24回－60，23回－59，22回－60

成年後見制度の利用の促進に関する法律の基本理念についてまとめておく。

・成年被後見人等が，尊厳にふさわしい生活を保障されるべきこと，成年被後見人等の意思決定の支援が適切に行われるとともに，成年被後見人等の自発的意思が尊重されるべきこと及び成年被後見人等の財産の管理のみならず身上の保護が適切に行われるべきこと等の成年後見制度の理念を踏まえて行われるものとする。

・成年後見人等となる人材を十分に確保すること等により，地域における需要に的確に対応することを旨として行われるものとする。

・家庭裁判所，関係行政機関，民間の団体等の相互の協力及び適切な役割分担の下に，成年後見制度を利用し又は利用しようとする者の権利利益を適切かつ確実に保護するために必要な体制を整備することを旨として行われるものとする。

解説

1＝× 任意後見制度では，対象者の判断能力が低下する前に任意後見契約を締結するものであって，**保佐人や補助人がつくものではない**。

2＝× 後見開始の審判の請求をすることができる者は**市町村長**である。

3＝× 任意後見契約では，同意があっても，**公正証書以外の契約は認められていない**。

4＝○ 成年後見制度の利用の促進に関する法律において，成年被後見人等の意思決定の支援と身上の保護が適切に行われるべきことが**基本理念に含まれている**。

5＝○ 成年被後見人の法律行為は，**原則として取り消すことができる**。ただし，日用品の購入その他日常生活に関する行為については，この限りでない。

解答＝4・5

□□□

問題 60 障害者総合支援法について正しいものはどれか。3つ選べ。

1 その支援には，自立支援給付と地域生活支援事業が含まれる。
2 自立支援医療とは，育成医療，更生医療及び精神通院医療である。
3 補装具費の支給は，地域生活支援事業の一つである。
4 対象とする障害者には，難病の者も含まれる。
5 サービスの利用を希望する者は，都道府県に対して支給申請を行う。

ポイント

【キーワード】 障害者総合支援法
【出題回－問題番号】 25回－60

障害者総合支援法における給付等についてまとめておく。

・自立支援給付：介護給付費，訓練等給付費ほか以下に示す自立支援医療費等に分けられる。
・自立支援医療費：障害者総合支援法に基づく自立支援給付の一つで，医療費の自己負担額を軽減する公費負担医療制度である。
・補装具費：障害者総合支援法に基づく自立支援給付の一つで，補装具の購入，借受けまたは修理に要した費用について支給される。補装具とは，障害者等の身体機能を補完し，または代替し，かつ，長期間にわたり継続して使用されるものとされ、具体的には，義肢，装具，車いすなどをいう。
・地域生活支援事業：地域で生活する障害者のニーズを踏まえ，地域の実情に応じた柔軟な事業形態での実施ができるよう，自治体が詳細を決める。

解説

1＝○ 障害者総合支援法による支援は，**自立支援給付と地域生活支援事業**で構成される。
2＝○ 障害者総合支援法による自立支援医療は，**育成医療・更生医療・精神通院医療**である。
3＝× 障害者総合支援法による補装具費の支給は**自立支援給付の一つ**である。
4＝○ 障害者総合支援法の対象となる障害者の範囲は，身体障害者，知的障害者，精神障害者（発達障害者を含む），**難病等（治療方法が確立していない疾病で一定の障害の程度にある者）**である。
5＝× 障害者総合支援法の利用を希望する者は，**市町村**に対して支給申請を行う。

解答＝1・2・4

年度別過去問
＋
解答・解説
第 24 回
（令和３年度）

【介護支援分野】

問題 1　2020（令和２）年の介護保険法改正について正しいものはどれか。２つ選べ。

1　国及び地方公共団体は，地域住民が相互に人格と個性を尊重し合いながら，参加し，共生する地域社会の実現に資するよう努めなければならないこととされた。

2　市町村は，地域ケア会議を置くように努めなければならないこととされた。

3　高齢者と障害児・者が同一の事業所でサービスを受けやすくするための共生型サービスが創設された。

4　厚生労働大臣は，要介護者等に提供されるサービスの内容について調査及び分析を行い，その結果を公表するよう努めるものとされた。

5　一定以上の所得がある第１号被保険者の介護給付及び予防給付の利用者負担割合が３割とされた。

ポイント

【キーワード】介護保険制度改正
【出題回－問題番号】24 回－1，23 回－5，22 回－1

2020（令和２）年の介護保険法改正の概要をまとめておく。

①地域生活課題の解決に資する市町村の包括的な支援体制の構築の支援
②地域の特性に応じた認知症施策や介護サービス提供体制の整備等の推進
③医療・介護のデータ基盤の整備の推進
④介護人材確保および業務効率化の取り組みの強化

解説

1＝○　2020（令和２）年の介護保険法改正で，国および地方公共団体は，地域住民が相互に人格と個性を尊重し合いながら，参加し，共生する地域社会の実現に資するよう努めなければならないこととされた。

2＝×　市町村が，地域ケア会議を置くように努めなければならないこととされたのは，2014（平成 26）年の介護保険法改正である。

3＝×　共生型サービスが創設されたのは，2017（平成 29）年の介護保険法改正である。

4＝○　2020（令和２）年の介護保険法改正で，厚生労働大臣は，要介護者等に提供されるサービスの内容について調査および分析を行い，その結果を公表するよう努めるものとされた。

5＝×　一定以上の所得がある第１号被保険者の介護給付および予防給付の利用者負担割合が３割とされたのは，2017（平成 29）年の介護保険法改正である。

解答＝１・４

問題 2　2018（平成 30）年度の介護保険給付（介護給付及び予防給付）の状況として正しいものはどれか。**3つ選べ。**

1　給付費は，約 14 兆円となっている。
2　給付費は，前年度に比べて増加している。
3　居宅サービス，地域密着型サービス及び施設サービスのうち，施設サービスに係る給付費が最も多い。
4　地域密着型サービスに係る給付費は，居宅サービスに係る給付費よりも少ない。
5　第 1 号被保険者 1 人当たりの給付費は，平均約 26 万円である。

ポイント

【キーワード】 介護保険データ
【出題回－問題番号】 26 回－1，25 回－4，24 回－2，23 回－1

厚生労働省が公表している「平成 30 年度介護保険事業状況報告（年報）」より，保険給付費の推移を表にする。年々保険給付費は増加している。

（単位：億円）

12 年度	15 年度	20 年度	25 年度	26 年度	27 年度	28 年度	29 年度	30 年度
32,427	50,990	64,185	85,121	89,005	90,976	92,290	94,443	96,266

解説

1＝×　2018（平成 30）年度の給付費は**9 兆 6266 億円**※となっている。

2＝○　給付費は，2017（平成 29）年度で 9 兆 4443 億円に対し，2018（平成 30）年度では 9 兆 6266 億円※となっており，**前年度より増加している。**

3＝×　2018（平成 30）年度の給付費は，居宅サービス 4 兆 5184 億円，地域密着型サービス 1 兆 5451 億円，施設サービス 2 兆 9944 億円※と，**居宅サービスが最も多い。**

4＝○　2018（平成 30）年度において，地域密着型サービスにかかる給付費 1 兆 5451 億円は，居宅サービスにかかる給付費 4 兆 5184 億円※よりも**少ない。**

5＝○　2018（平成 30）年度の 1 人当たり給付費は 25 万 7000 円であり※，**平均約 26 万円**といえる。

※「令和 2 年度介護保険事業状況報告（年報）」では給付費は 9 兆 5960 億円，そのうち居宅サービス 4 兆 7872 億円，地域密着型介護サービス 1 兆 6459 億円，施設サービス 3 兆 1629 億円。第 1 号被保険者 1 人当たりの給付費は 26 万 8000 円。

解答＝2・4・5

ときテク

数値（パーセントなど）の問題は覚えていない受験生が多いと考えられる。本番では，時間が余ったときに考えるくらいでよい。

問題 3　社会保険方式の特徴として正しいものはどれか。３つ選べ。

1　国民の参加意識や権利意識を確保し，加入者に受給権を保障する仕組みである。

2　リスク分散の考え方に立つことで，社会保障の対象を一定の困窮者から国民全体に拡大した普遍的な制度となっている。

3　社会保険制度の財源は，原則として公費である。

4　保険料を納付しない者や制度への加入手続をとらない者は，給付を受けられないことがある。

5　給付は，受給者があらゆる資産を活用することを要件として行われる。

ポイント

【キーワード】社会保険方式

【出題回－問題番号】26 回－3，24 回－3

介護保険制度が社会保険方式として導入された経緯についてまとめておく。

・高齢者人口の増加に伴い，介護費用の増大が予測されるなかで，その財源を安定的に補うしくみとして採用された。

・保険料を負担する見返りとして介護サービス等にかかる給付を受けるという権利が明確になる。

・給付の水準と保険料負担の関係が可視化できるため，介護サービス等の拡充に伴う負担の増加についても，国民の理解を得やすい。

解説

1＝○　社会保険方式は，国民の参加意識や権利意識を確保し，加入者に受給権を保障するしくみである。

2＝○　社会保険方式は，リスク分散の考え方に立つことで，社会保障の対象を一定の困窮者から国民全体に拡大した普遍的な制度である。

3＝×　社会保険制度の財源は，保険料と公費で賄われる。

4＝○　社会保険方式では，保険料を納付しない者や制度への加入手続をとらない者は，給付を受けられないことがある。

5＝×　社会保険方式での給付は，一定の要件を満たした被保険者に対して行われ，受給者があらゆる資産を活用するという要件はない。

解答＝1・2・4

問題 4　介護保険の第２号被保険者について正しいものはどれか。**２つ選べ。**

1　第２号被保険者は，市町村の区域内に住所を有する 40 歳以上 65 歳未満の者すべてである。

2　第２号被保険者のうち保険給付の対象者は，特定疾病を原因として要支援・要介護状態になった者である。

3　第２号被保険者の保険料は，被保険者が住所を有する市町村が徴収する。

4　第２号被保険者の保険料は，地域支援事業のうちの任意事業の財源には充当されない。

5　第２号被保険者は，要介護３以上であっても，指定介護老人福祉施設には入所できない。

ポイント

【キーワード】被保険者

【出題回－問題番号】26 回－５・６，25 回－５，24 回－４，22 回－３

第２号被保険者の特徴をまとめておく。

- 医療保険加入が資格要件となる：第１号被保険者には，この資格要件がない。
- 被保険者証が全員に交付されない：第１号被保険者には，要介護・要支援認定の有無にかかわらず，全員に交付される。
- 定率負担は全員１割である：第１号被保険者では，所得が一定以上の場合，２割負担もしくは３割負担となる。
- 保険料は医療保険料と合算されて徴収される：第１号被保険者には，普通徴収と特別徴収がある。
- 特定疾病《しっぺい》が要介護・要支援認定の条件になる：第１号被保険者は要介護状態等になった原因は限定されない。

解説

1＝☒　第２号被保険者は，市町村の区域内に住所を有する 40 歳以上 65 歳未満の者であって，**医療保険に加入している者**である。

2＝◎　第２号被保険者のうち保険給付の対象者は，**特定疾病《しっぺい》を原因として要支援・要介護状態になった者**となっている。

3＝☒　保険料は，**医療保険者**が医療保険料と合わせて被保険者より徴収する。

4＝◎　第２号被保険者の保険料は，地域支援事業のうち，**包括的支援事業と任意事業の財源には充当されない。**

5＝☒　指定介護老人福祉施設には，第１号被保険者・**第２号被保険者ともに原則要介護３以上の者しか入所できない。**

解答＝２・４

問題 5　「国民の努力及び義務」として介護保険法第４条に規定されているものはどれか。３つ選べ。

1　介護保険事業に要する費用を公平に負担する。
2　加齢に伴って生ずる心身の変化を自覚して常に健康の保持増進に努める。
3　可能な限り，住み慣れた地域でその有する能力に応じ自立した日常生活を営む。
4　要介護状態となった場合においても，その有する能力の維持向上に努める。
5　認知症に対する理解を深めるよう努める。

ポイント

【キーワード】 介護保険法条文
【出題回－問題番号】 26 回－４，25 回－３，24 回－５，23 回－６，22 回－２

介護保険法第４条には「国民の努力及び義務」が以下の通り定められている。「努力２つ，義務１つ」と覚えておけばよい。

①国民は，自ら要介護状態となることを予防するため，加齢に伴って生ずる心身の変化を自覚して常に健康の保持増進に努めるとともに，要介護状態となった場合においても，進んでリハビリテーションその他の適切な保健医療サービス及び福祉サービスを利用することにより，その有する能力の維持向上に努めるものとする（２つの努力）。
②国民は，共同連帯の理念に基づき，介護保険事業に要する費用を公平に負担するものとする（１つの義務）。

解説

1＝○　介護保険法第４条には，介護保険事業に要する費用を公平に負担することが規定されている。

2＝○　介護保険法第４条には，加齢に伴って生ずる心身の変化を自覚して常に健康の保持増進に努めることが規定されている。

3＝×　「可能な限り，住み慣れた地域でその有する能力に応じ自立した日常生活を営む」ことは，介護保険法第５条に規定されている。

4＝○　介護保険法第４条には，要介護状態となった場合においても，その有する能力の維持向上に努めることが規定されている。

5＝×　「認知症に対する理解を深めるよう努める」ことは介護保険法第５条の２に規定されている。

解答＝１・２・４

問題 6　介護保険法において市町村が条例で定めることとされている事項として正しいものはどれか。**3**つ選べ。

1　保健福祉事業
2　区分支給限度基準額の上乗せ
3　市町村特別給付
4　指定介護老人福祉施設に係る入所定員の人数
5　地域包括支援センターの職員の員数

ポイント

【キーワード】 保険者の事務・条例
【出題回－問題番号】 24 回－ 6，23 回－ 16

市町村の条例で定めることをまとめておく。

- 介護認定審査会の委員の定数
- 区分・福祉用具購入費・住宅改修費の各支給限度基準額の上乗せ
- 種類支給限度基準額の設定
- 市町村特別給付
- 地域包括支援センターの基準
- 第 1 号被保険者に対する保険料率の算定
- 普通徴収にかかる保険料の納期
- 保険料の減免または徴収猶予

解説

1 ＝ × 保健福祉事業は，市町村が条例で定めることとされている**事項**ではない。
2 ＝ ○ 区分支給限度基準額の上乗せは，市町村が条例で定めることとされている**事項**である。
3 ＝ ○ 市町村特別給付は，市町村が条例で定めることとされている**事項**である。
4 ＝ × 指定介護老人福祉施設にかかる入所定員の人数は，市町村が条例で定めることとされている**事項**ではない。
5 ＝ ○ 地域包括支援センターの職員の員数は，市町村が条例で定めることとされている**事項**である。

解答＝2・3・5

ときテク

保健福祉事業については，市町村が行う事業であるが，市町村が条例で定める事項ではないことに注意すること。

問題 7　区分支給限度基準額が適用されるサービスとして正しいものはどれか。3つ選べ。

1　福祉用具貸与
2　小規模多機能型居宅介護
3　居宅療養管理指導
4　地域密着型介護老人福祉施設入所者生活介護
5　定期巡回・随時対応型訪問介護看護

ポイント

【キーワード】 区分支給限度基準額
【出題回－問題番号】 24 回－7

区分支給限度基準額が適用されないサービスをまとめておく。

・特定施設入居者生活介護（短期利用は除く）
・介護予防特定施設入居者生活介護
・介護保険施設
・地域密着型介護老人福祉施設入所者生活介護
・地域密着型特定施設入居者生活介護（短期利用は除く）
・認知症対応型共同生活介護（介護予防含む・短期利用は除く）
・居宅療養管理指導（介護予防含む）
・ケアプラン（居宅介護支援・介護予防支援）

解説

1＝○　福祉用具貸与は，区分支給限度基準額が適用されるサービスである。
2＝○　小規模多機能型居宅介護は，区分支給限度基準額が適用されるサービスである。
3＝×　居宅療養管理指導は，区分支給限度基準額が適用されないサービスである。
4＝×　地域密着型介護老人福祉施設入所者生活介護は，区分支給限度基準額が適用されないサービスである。
5＝○　定期巡回・随時対応型訪問介護看護は，区分支給限度基準額が適用されるサービスである。

解答＝1・2・5

ときテク

区分支給限度基準額が適用されないサービスは，施設系サービス＋居宅療養管理指導とケアプラン（居宅介護支援・介護予防支援）と覚えておくとよい。

問題 8　共生型サービスの指定の対象となる介護保険サービスとして正しいものはどれか。３つ選べ。

1　地域密着型通所介護
2　介護予防短期入所生活介護
3　通所リハビリテーション
4　訪問介護
5　定期巡回・随時対応型訪問介護看護

ポイント

【キーワード】 共生型サービス　**【出題回－問題番号】** 24回－8

共生型地域密着型サービスについてまとめておく。

<table>
<tr><th colspan="2">介護保険サービス</th><th></th><th>障害福祉サービス等</th></tr>
<tr><td rowspan="7">小規模多機能型居宅介護
看護小規模多機能型居宅介護</td><td rowspan="4">通い</td><td rowspan="4">→</td><td>生活介護</td></tr>
<tr><td>自立訓練</td></tr>
<tr><td>児童発達支援</td></tr>
<tr><td>放課後等デイサービス</td></tr>
<tr><td>泊まり</td><td>→</td><td>短期入所</td></tr>
<tr><td rowspan="2">訪問</td><td rowspan="2">→</td><td>居宅介護</td></tr>
<tr><td>重度訪問介護</td></tr>
<tr><td colspan="2" rowspan="4">地域密着型通所介護</td><td rowspan="4">↔</td><td>生活介護</td></tr>
<tr><td>自立訓練</td></tr>
<tr><td>児童発達支援</td></tr>
<tr><td>放課後等デイサービス</td></tr>
</table>

＊→が一方向であることに注意する。

解説

1＝○　地域密着型通所介護は，共生型サービスの指定の対象となる。
2＝○　介護予防短期入所生活介護は，共生型サービスの指定の対象となる。
3＝×　通所リハビリテーションは，共生型サービスの指定の対象とならない。
4＝○　訪問介護は，共生型サービスの指定の対象となる。
5＝×　定期巡回・随時対応型訪問介護看護は，共生型サービスの指定の対象とならない。

解答＝1・2・4

問題 9　都道府県知事が指定する事業者が行うサービスとして正しいものはどれか。２つ選べ。

1　特定福祉用具販売
2　認知症対応型共同生活介護
3　介護予防支援
4　介護予防短期入所療養介護
5　看護小規模多機能型居宅介護

ポイント

【キーワード】都道府県の事務
【出題回－問題番号】24回－９，23回－４

都道府県知事・市町村長が指定するサービスについてまとめておく。

①都道府県知事が指定するサービス
・居宅サービス　　　・介護予防サービス（訪問・通所・短期入所など）
・施設サービス（介護老人福祉施設・介護老人保健施設・介護療養型医療施設・介護医療院）

②市町村長が指定するサービス
・地域密着型サービス　・地域密着型介護予防サービス
・ケアプラン（居宅介護支援・介護予防支援）

解説

1＝○　特定福祉用具販売は，**都道府県知事が指定**する事業者が行うサービスである。
2＝×　認知症対応型共同生活介護は，**市町村長が指定**する事業者が行うサービスである。
3＝×　介護予防支援は，**市町村長が指定**する事業者が行うサービスである。
4＝○　介護予防短期入所療養介護は，**都道府県知事が指定**する事業者が行うサービスである。
5＝×　看護小規模多機能型居宅介護は，**市町村長が指定**する事業者が行うサービスである。

解答＝１・４

ときテク

市町村長が指定する事業者が行うサービスは，地域密着型サービス（９種類）とケアプラン（２種類）だけである。それ以外は，都道府県知事が指定する事業者が行うサービス（住宅改修を除く）であると覚えればよい。

問題 10　介護支援専門員について正しいものはどれか。3つ選べ。

1　その業務を行うに当たり，関係者から請求があったときは，介護支援専門員証を提示しなければならない。

2　他の都道府県へ登録を移転する場合には，移転先の都道府県知事が実施する介護支援専門員実務研修を受講しなければならない。

3　介護支援専門員証の有効期間は，5年である。

4　その業務のために正当な理由がある場合に限り，その名義を他人に使用させることができる。

5　介護支援専門員であった者は，退職後においても，正当な理由なしに，その業務に関して知り得た人の秘密を漏らしてはならない。

ポイント

【キーワード】 介護支援専門員

【出題回－問題番号】 25回－6，24回－10，22回－7・16

介護支援専門員の登録等についてまとめておく。

・登録：介護支援専門員実務研修受講試験に合格し，実務研修の課程を修了した者は，都道府県知事の登録を受けることができる。

・有効期間：5年であるが，介護支援専門員証が交付された後に他の都道府県に登録を移転する場合，登録移転先の都道府県知事に申請し，新たに介護支援専門員証の交付を受ける（有効期間は残存期間となる）。

・更新：更新を受けようとする者は，更新研修を受けなければならない。

・名義貸しの禁止：（いかなる理由があっても）その名義を他人に使用させることができない。

解説

1＝○　介護支援専門員は，その業務を行うに当たり，関係者から請求があったときは，介護支援専門員証を**提示しなければならない**。

2＝×　他の都道府県に登録を移転したときは，その介護支援専門員証は効力を失うため，登録移転先の都道府県知事に申請し，**介護支援専門員証の交付を受けなければならない**。

3＝○　介護支援専門員証の有効期間は，**5年**となっている。

4＝×　介護支援専門員は，いかなる理由があっても，その名義を他人に**使用させることができない**。

5＝○　介護支援専門員であった者は，正当な理由なしに，その業務に関して知り得た人の秘密を漏らしてはならず，**退職後においても同様**である。

解答＝1・3・5

問題 11　財政安定化基金について正しいものはどれか。２つ選べ。

1　市町村は，財政安定化基金を設けるものとする。

2　その財源の負担割合は，国２分の１，都道府県４分の１，市町村４分の１である。

3　財政安定化基金から生ずる収入は，すべて財政安定化基金に充てなければならない。

4　その財源には，第２号被保険者の保険料も充当する。

5　給付費の増大により市町村の介護保険財政に不足が見込まれる場合には，必要な額を貸し付ける。

ポイント

【キーワード】財政安定化基金

【出題回－問題番号】24 回－ 11

財政安定化基金の交付・貸付要件についてまとめておく。

・交付：通常の努力を行ってもなお生じる保険料未納により，介護保険財政の収入不足が生じた場合に，不足額の２分の１を基準として交付。(残りは貸付)

・貸付：見込みを上回る給付費の増大等のため介護保険財政に不足が生じた場合，必要な資金を全額貸し付ける。

なお，貸付を受けた市町村は，翌期の市町村介護保険事業計画の計画期間において，３年間の分割で返済し，その財源は第１号被保険者の保険料で賄《まかな》うこととなっている。

解説

1 = ×　財政安定化基金を設けるのは**都道府県**である。

2 = ×　財政安定化基金の財源の負担割合は，国，都道府県，市町村が**それぞれ３分の１ず**つである。

3 = ○　財政安定化基金から生ずる収入は，他に利用することができず，**すべて財政安定化基金に充《あ》てなければならない**とされている。

4 = ×　財政安定化基金の財源のうち，市町村が拠出するものは，第１号被保険者の保険料が充当され，**第２号被保険者の保険料は充当されない**。

5 = ○　給付費の増大により市町村の介護保険財政に不足が見込まれる場合，財政安定化基金は市町村に対し，**必要な額を貸し付ける**。

解答＝３・５

問題 12 介護保険の費用の負担について正しいものはどれか。3つ選べ。

1 介護給付及び予防給付に要する費用の50%は，公費により賄われる。

2 施設等給付に係る都道府県の負担割合は，17.5%である。

3 調整交付金は，国が全額負担する。

4 普通調整交付金は，すべての市町村に一律に交付される。

5 特別調整交付金は，第1号被保険者総数に占める後期高齢者の加入割合などにより，市町村ごとに算定される。

ポイント

【キーワード】介護保険の財政・会計 **【出題回－問題番号】**25回－9，24回－12，23回－12，22回－10

国が市町村に交付する調整交付金についてまとめておく。

①要介護状態となる危険性が高い75歳以上の後期高齢者の加入割合の違い
（加入割合が高いと，調整交付金の割合が高くなる）

②第1号被保険者の所得の格差
（所得が高いと調整交付金の割合が低くなる）

③災害時の保険料減免等の特殊事情といった保険者の責によらない事由
（特別調整交付金）

解説

1＝○ 介護給付および予防給付に要する費用は，公費と保険料により，それぞれ50%ずつ賄《まかな》われる。

2＝○ 施設等給付にかかる都道府県の負担割合は，17.5%となっている。

3＝○ 調整交付金は，国庫負担として，国が全額負担する。

4＝× 普通調整交付金は，市町村の財政力の強弱に応じて傾斜的に交付されるため，すべての市町村に対して一律ではない。

5＝× 特別調整交付金は，災害等の保険料減免の特殊事情といった保険者の責によらない事由により交付されるものである。

解答＝1・2・3

ときテク

ポイントにまとめた調整交付金について理解していれば消去法で解くことができる。1○2○については，25回問題9（72ページ）のポイントを参考にし覚えておきたい。

問題 13 介護保険法上，市町村介護保険事業計画において定めるべき事項として正しいものはどれか。**3**つ選べ。

1 介護保険施設等における生活環境の改善を図るための事業に関する事項

2 地域密着型介護老人福祉施設入所者生活介護に係る必要利用定員総数の見込み

3 介護給付等対象サービスの種類ごとの量の見込み

4 地域支援事業に関する過去の実績

5 介護給付等に要する費用の適正化に関し，市町村が取り組むべき施策に関する事項

ポイント

【キーワード】 介護保険事業計画

【出題回－問題番号】 26 回－ 10，24 回－ 13，22 回－ 8

市町村介護保険事業計画の「定めるべき事項」についてまとめておく。

①市町村が定める区域における各年度の認知症対応型共同生活介護，地域密着型特定施設入居者生活介護および地域密着型介護老人福祉施設入所者生活介護にかかる必要利用定員総数その他の介護給付等対象サービスの種類ごとの量の見込み

②各年度における地域支援事業の量の見込み

③被保険者の自立した日常生活支援，介護予防，要介護状態等の軽減等，介護給付等に要する費用の適正化に関し，市町村が取り組むべき施策（自立支援等施策）とその目標に関する事項

解説

1＝× 介護保険施設等における生活環境の改善を図るための事業に関する事項は，**都道府県介護保険事業支援計画で定めるよう努める事項である。**

2＝○ 地域密着型介護老人福祉施設入所者生活介護にかかる必要利用定員総数の見込みは，市町村介護保険事業計画において**定めるべき事項である。**

3＝○ 介護給付等対象サービスの種類ごとの量の見込みは，市町村介護保険事業計画において**定めるべき事項である。**

4＝× 地域支援事業に関する過去の実績は，市町村介護保険事業計画において**定めるべき事項ではない。**

5＝○ 介護給付等に要する費用の適正化に関し，市町村が取り組むべき施策に関する事項（自立支援等施策）は，市町村介護保険事業計画において**定めるべき事項である。**

解答＝2・3・5

問題 14 介護予防・日常生活支援総合事業について正しいものはどれか。3つ選べ。

1 要支援者は，介護予防・生活支援サービス事業の対象となる。
2 要介護の第1号被保険者は，一般介護予防事業の対象となる。
3 介護方法の指導など要介護被保険者を現に介護する者の支援のための事業は，介護予防・生活支援サービス事業に含まれる。
4 地域支援事業の一部である。
5 包括的支援事業の一部である。

ポイント

【キーワード】 地域支援事業 **【出題回－問題番号】** 26回－13・14，25回－11・12，24回－14，23回－14，22回－12・19

介護予防・日常生活支援総合事業の介護予防・生活支援サービス（第1号事業）についてまとめておく。

①訪問型サービス（第1号訪問事業）：利用者の居宅を訪問して行うサービス
②通所型サービス（第1号通所事業）：利用者がデイサービス等に通所して行われるサービス
③その他生活支援サービス（第1号生活支援事業）：栄養改善を目的とした配食・住民ボランティア等が行う訪問による見守り・自立支援に資する生活支援を行う
④介護予防ケアマネジメント（第1号介護予防支援事業）：対象者のケアマネジメントを行う

介護予防・日常生活支援総合事業は，要支援者・チェックリスト該当者が対象であったが，市町村の補助により実施されるものは，継続的に利用する場合の居宅要介護被保険者も対象となる。

解説

1＝○ 介護予防・生活支援サービス事業の対象者には，**要支援者**が含まれる。
2＝○ 一般介護予防事業の対象者には，**要介護の第1号被保険者**が含まれる。
3＝× 介護方法の指導など要介護被保険者を現に介護する者の支援のための事業は，任意事業である家族介護支援事業に含まれ，**介護予防・日常生活支援総合事業**に含まれない。
4＝○ 介護予防・日常生活支援総合事業は，**地域支援事業**の一部である。
5＝× 介護予防・日常生活支援総合事業は，**包括的支援事業**の一部ではない。

解答＝1・2・4

問題 15 介護サービス情報の公表制度における居宅介護支援に係る公表項目として正しいものはどれか。3つ選べ。

1　サービス担当者会議の開催等の状況
2　入退院に当たっての支援のための取組の状況
3　ターミナルケアの質の確保のための取組の状況
4　利用者のプライバシーの保護のための取組の状況
5　身体的拘束等の排除のための取組の状況

ポイント

【キーワード】介護サービス情報の公表制度
【出題回－問題番号】26回－15，25回－14，24回－15，22回－13
居宅介護支援にかかる公表項目についてまとめておく。
・事業所の特徴：入職促進に向けた取組・腰痛を含む心身の健康管理など
・事業所の詳細：事業所の名称や所在地，連絡先など
・運営情報：利用者の権利擁護・サービスの質の確保への取組・外部機関等との連携など

解説

1＝○　サービス担当者会議の開催等の状況は，介護サービス情報の公表制度における居宅介護支援にかかる公表項目に**含まれる**。

2＝○　入退院に当たっての支援のための取組の状況は，介護サービス情報の公表制度における居宅介護支援にかかる公表項目に**含まれる**。

3＝×　ターミナルケアの質の確保のための取組の状況は，介護サービス情報の公表制度における居宅介護支援にかかる公表項目に**含まれない**。

4＝○　利用者のプライバシーの保護のための取組の状況は，介護サービス情報の公表制度における居宅介護支援にかかる公表項目に**含まれる**。

5＝×　身体的拘束等の排除のための取組の状況は，介護サービス情報の公表制度における居宅介護支援にかかる公表項目に**含まれない**。

解答＝1・2・4

問題 16 要介護認定の認定調査について正しいものはどれか。3つ選べ。

1 認定調査は，介護保険法に基づき都道府県に委託することができる。

2 新規認定の調査は，市町村の担当職員が行う。

3 更新認定の調査は，介護支援専門員に委託することができる。

4 被保険者が正当な理由なく認定調査に応じない場合には，市町村は申請を却下することができる。

5 要介護認定の申請後，認定調査の前に受けた介護サービスは，保険給付の対象にならない。

ポイント

【キーワード】要介護認定 **【出題回－問題番号】**26回－18・19，25回－8・16・17・18，24回－16・17・18，23回－17・18・19，22回－4・21・22・23

新規認定についてまとめておく。

・原則市町村職員が行う。

・指定市町村事務受託法人は委託を受けて実施することができる。

・認定有効期間は原則6か月である。

・認定有効期間を3か月まで短縮し、12か月まで延長することができる。

・効力の開始は、申請日に遡ることができる。

解説

1＝× 新規認定の調査は原則市町村職員が行う。更新認定の調査については定められた者に委託することができるが，都道府県には**委託することができない**。

2＝○ 新規認定の調査は，原則**市町村の担当職員が行う**。

3＝○ 更新認定の調査は，介護支援専門員に**委託することができる**。

4＝○ 被保険者が正当な理由なく認定調査に応じないなどの場合には，市町村は認定申請を**却下することができる**。

5＝× 要介護認定の効力は申請日にさかのぼるため，要介護認定の申請後，認定調査の前に受けた介護サービスは，**保険給付の対象になる**。

解答＝2・3・4

ときテク

要介護認定の新規・更新認定にかかる調査ができる者については22回問題22（271ページ）を参考にして覚えておくと，2○3○はすぐに導き出すことができる。

問題 17　要介護認定の更新認定について正しいものはどれか。2つ選べ。

1　更新認定の申請ができるのは，原則として，有効期間満了の日の 30 日前からである。

2　被保険者は，地域包括支援センターに更新認定の申請手続きを代わって行わせることができる。

3　更新認定の調査は，介護保険施設に委託できない。

4　更新認定の有効期間は，原則として，12 月間である。

5　更新認定の効力は，更新のための認定調査を受けた日から生じる。

ポイント

【キーワード】 要介護認定　**【出題回－問題番号】** 26 回－ 18・19，25 回－ 8・16・17・18，24 回－ 16・17・18，23 回－ 17・18・19，22 回－ 4・21・22・23

更新認定についてまとめておく。

・有効期間満了日の 60 日前から満了日の間に更新認定の申請を行うことができる。

・更新認定の認定調査員は市町村職員以外のものに委託することができる。

・更新認定の効力は，更新前の認定の有効期間満了日の翌日から生じる。

解説

1 = ☒　更新認定の申請ができるのは，原則として，有効期間満了の日の **60 日前**からである。

2 = ○　被保険者は，地域包括支援センターに更新認定の**申請代行を依頼することができる**。

3 = ☒　更新認定の調査は，介護保険施設に**委託することができる**。

4 = ○　更新認定の有効期間は，**原則 12 月間**である。

5 = ☒　更新認定の効力は，更新前の認定の**有効期間満了日の翌日**から生じる。

解答＝2・4

ときテク

要介護認定に関する数字は覚えておくべきである。4については 22 回問題 23（272 ページ）のポイントを確認すること。また，申請代行・更新認定調査の委託ができる者も出題されることが多いため，覚えておくと消去法で正解することも可能である。

問題 18　要介護認定について正しいものはどれか。３つ選べ。

1　一次判定は市町村が行い，二次判定は都道府県が行う。

2　介護認定審査会は，都道府県が定める基準に従い，審査判定を行う。

3　一次判定で非該当となった者についても，二次判定を行う。

4　第２号被保険者の二次判定では，要介護状態の原因である身体上又は精神上の障害が特定疾病によって生じたものかどうかも審査する。

5　介護認定審査会は，被保険者の要介護状態の軽減又は悪化の防止のために必要な療養について，市町村に意見を述べることができる。

ポイント

【キーワード】要介護認定　**【出題回－問題番号】**26回－18・19，25回－8・16・17・18，24回－16・17・18，23回－17・18・19，22回－4・21・22・23

介護認定審査会についてまとめておく。

・市町村に設置される。

介護認定審査会は，市町村に設置された独立した機関である。

・審査および判定の内容

①要介護状態に該当するか否かを審査する。

②要介護状態に該当する場合は，該当する要介護状態区分を判定する。

③第２号被保険者の場合は，その原因が特定疾病《しっぺい》に起因するか否かを判定する。

・市町村への意見

必要であると認めたときは，市町村に対し，附帯意見を述べることができる。

解説

1＝×　一次判定は認定調査票のうちの基本調査のデータから，コンピュータにより機械的に判定され，二次判定は**介護認定審査会の合議**で行われる。

2＝×　介護認定審査会は，認定基準省令や推計告示など，**国が定めた基準**に従い，審査判定を行う。

3＝○　一次判定で非該当になった者であっても，**二次判定を行う**。

4＝○　第２号被保険者の二次判定では，要介護状態の原因である身体上または精神上の障害が特定疾病《しっぺい》に起因するか否かも**審査する**。

5＝○　介護認定審査会は，リハビリテーションの必要性が高い場合など，被保険者の要介護状態の軽減または悪化の防止のために必要な療養について，**市町村に意見を述べることができる**。

解答＝3・4・5

問題 19　指定居宅介護支援事業について正しいものはどれか。２つ選べ。

1　利用者の数が 20 人の場合には，常勤の介護支援専門員を１人以上置かなければならない。

2　通常の事業の実施地域を越えて，指定居宅介護支援を行ってはならない。

3　サービス担当者会議には，利用者及びその家族を必ず参加させなければならない。

4　提供した指定居宅介護支援の質の評価に関する事項を保険者に報告しなければならない。

5　サービス担当者会議において利用者の個人情報を用いる場合には，あらかじめ本人の同意を文書により得ておかなければならない。

ポイント

【キーワード】居宅介護支援事業者　**【出題回－問題番号】**26 回－ 20，25 回－ 19・20・21，24 回－ 19，23 回－ 20・21，22 回－ 6・15

指定居宅介護支援事業者の人員基準についてまとめておく。

・管理者：常勤専任である主任介護支援専門員を配置しなければならない。ただし，管理に支障がない場合に限り，同一敷地内にある他の事業所の職務に従事することができる。

・従業者：常勤の介護支援専門員を１人以上配置しなければならない。ただし，２人目以降は非常勤でも可能である。介護支援専門員１人あたり 35 人まで利用者を担当することができる。

解説

1 = ○　指定居宅介護支援事業者は，事業所ごとに従業者として常勤の介護支援専門員を１人以上配置しなければならない。介護支援専門員１人あたりの担当件数は 35 人だが，利用者の数が 20 人であっても**常勤の介護支援専門員**を配置する必要がある。

2 = ×　通常の事業の実施地域を定める必要はあるが，それを越えて**指定居宅介護支援を行うことは可能**である。

3 = ×　サービス担当者会議については，原則利用者および家族に参加してもらうこととなるが，利用者と家族の関係性などを考慮して，利用者および家族が**参加せず開催することもある**。

4 = ×　提供した指定居宅介護支援の質の評価に関する事項については，**保険者に報告する義務はない**。

5 = ○　サービス担当者会議において利用者の個人情報を用いる場合，あらかじめ本人の同意を**文書により得ておかなければならない**。

解答＝１・５

問題 20　指定居宅介護支援におけるアセスメントについて正しいものはどれか。２つ選べ。

1　利用者との初回面接から居宅サービス計画の作成・交付までの一連の流れを指す。
2　現在利用しているサービスの状況について，介護保険給付以外のものを含めて把握する。
3　いかなる場合であっても必ず利用者の居宅を訪問し，利用者及びその家族に面接して行わなければならない。
4　課題分析標準項目には，地域の社会資源に関する項目が含まれる。
5　アセスメントの結果の記録は，２年間保存しなければならない。

ポイント

【キーワード】居宅サービス計画
【出題回－問題番号】26 回－ 21，24 回－ 20・21，22 回－ 17

アセスメントと関連の深い課題分析標準項目についてまとめておく。

・基本情報に関する項目：基本情報・生活状況・利用者の被保険者情報・現在利用しているサービスの状況・障害老人の日常生活自立度・認知症である老人の日常生活自立度・主訴《しゅそ》・認定情報・課題分析理由
・課題分析に関する項目：健康状態・ADL・IADL・認知・コミュニケーション能力・社会との関わり・排尿・排便・褥瘡《じょくそう》・皮膚の問題・口腔《こうくう》衛生・食事摂取・問題行動・介護力・居住環境・特別な状況

解説

1 = ×　アセスメントは，初回面接などにより，情報を収集し，分析することにより，利用者にどのような支援を提供すればよいかを分析するプロセスである。**居宅サービス計画の作成・交付は含まれない。**
2 = ○　アセスメントでは，介護保険のサービスだけでなく，市場サービスやインフォーマルなサポートについても**把握する必要がある。**
3 = ×　原則利用者の居宅を訪問して行うことになっているが，施設から退所する利用者などでは，施設に訪問して行うなど，**居宅外で行うこともできる。**
4 = ×　課題分析標準項目には，地域の社会資源に関する項目は**含まれない。**
5 = ○　アセスメントの結果の記録については，**２年間保存**しなければならない。

解答＝２・５

問題 21 居宅サービス計画の作成について適切なものはどれか。２つ選べ。

1　地域におけるサービス提供体制にかかわらず，利用者が希望するサービスを最優先に位置付ける。

2　地域の住民による自発的な活動によるサービスは含めない。

3　生活全般の解決すべき課題を記載する。

4　被保険者証に認定審査会意見の記載がある場合には，これに沿って作成する。

5　利用者の選択を求めることなく，同一事業主体が提供する複数のサービスのみを組み合わせる。

ポイント

【キーワード】居宅サービス計画

【出題回－問題番号】26 回－ 21，24 回－ 20・21，22 回－ 17

居宅サービス計画作成の留意点についてまとめておく。

- 医療系サービスの位置づけ：利用者が医療系サービスを希望している場合，主治医等の指示が必要である。この場合，作成した居宅サービス計画を主治医等に交付しなければならない。
- 短期入所の位置づけ：短期入所生活介護および短期入所療養介護を位置づける場合，要介護認定有効期間のおおむね半数を超えないようにしなければならない。
- 福祉用具の位置づけ：福祉用具貸与および特定福祉用具販売を位置づける場合，その必要な理由を居宅サービス計画に記載しなければならない。
- 介護認定審査会の意見の位置づけ：被保険者証に，介護認定審査会の意見の記載がある場合は，利用者に説明し，理解を得たうえで，その内容に沿って居宅サービス計画を作成しなければならない。

解説

1 = × 利用者が希望しても，地域のサービス提供体制が不十分であれば提供ができない。そのための代替サービス等を**利用者と相談して決定していく**必要がある。

2 = × 居宅サービス計画には，地域の住民による自発的な活動によるサービスも**含む**。

3 = ○ 居宅サービス計画には，アセスメント（課題分析）により抽出された，利用者の生活全般の解決すべき課題（ニーズ）を**記載する**。

4 = ○ 居宅サービス計画は，被保険者証に認定審査会意見の記載がある場合，それに沿って**作成しなければならない**。

5 = × 居宅サービス計画の作成にあたっては，利用者の選択によりサービスを決定し，特定の種類または特定の事業者等に不当に偏することのないよう，**公正中立に行わなければならない**。

解答＝３・４

問題 22　施設サービス計画書の記載について適切なものはどれか。3つ選べ。

1　「目標」は，実際に解決が可能と見込まれるものでなくてはならない。

2　目標の「期間」については，「認定の有効期間」は考慮しない。

3　サービス実施の「頻度」には，週に１回，１日に１回のように一定期間内での回数，実施曜日等を記載する。

4　「利用者及び家族の生活に対する意向」には，利用者及びその家族の生活に対する意向が異なる場合には，利用者の意向のみを記載する。

5　「サービス内容」には，「短期目標」の達成に必要であって最適なサービス内容とその方針を記載する。

ポイント

【キーワード】 施設サービス計画

【出題回－問題番号】 26回－22，24回－22，22回－18

施設サービス計画書に記載する内容についてまとめておく。

・「総合的な援助の方針」：利用者・家族を含む，ケアチームの総合的な方針として明記する。

・「生活全般の解決すべき課題（ニーズ）」：優先順位の高いものから順に記入する。

・「担当者」：そのサービスを具体的に担当する専門職，インフォーマルサポートを担当する者を記入する。

解説

1＝○　アセスメントから抽出されたニーズの一つひとつについて，それを**実現あるいは解決するための「目標」**を設定する。

2＝×　目標の「期間」は，**要介護認定の認定期間内で設定すること**とされている。

3＝○　「頻度」には，サービスを提供する期間内に，どの程度の頻度でサービスが提供されるかを記載し，週に１回，１日に１回，３時間ごと，といったように**明確に記入する**。

4＝×　「利用者及び家族の生活に対する意向」には，利用者と家族の意向が異なる場合，**利用者と家族の意向を区別して記載する**。

5＝○　「サービス内容」には，短期目標の達成に必要であって，最適なサービス内容とその方針を明らかにし，**適切・簡潔に記載する**。

解答＝１・３・５

問題 23　生活保護世帯のＡさん（78 歳，要介護３）は，夫（84 歳，要支援２）との二人暮らしである。Ａさんは日常的に居宅サービスを利用しているが，夫自身は介護保険のサービスの利用を望んでいない。Ａさんから電話があり，「自宅での生活が厳しくなってきたので，二人で施設に入所したいのですが，福祉事務所のケースワーカーからは夫の介護度では二人一緒の入所はできないと言われてしまいました。どうしたらいいでしょうか」との相談があった。介護支援専門員の対応として，より適切なものはどれか。**３つ選べ。**

1　福祉事務所のケースワーカーに発言の意図を確認する。

2　直ちにＡさんへの居宅サービスの追加を調整する。

3　Ａさんとの面談日を調整する。

4　地域包括支援センターに，夫がサービスを利用するように説得を依頼する。

5　Ａさんが利用している居宅サービス事業所に連絡し，最近のＡさんの様子等に関する情報を収集する。

ポイント

【キーワード】事例　**【出題回－問題番号】**26 回－ 23・24・25，25 回－ 23・24・25，24 回－ 23・24・25，23 回－ 24・25，22 回－ 24・25

事例を解く際のポイントについてまとめておく。

・利用者本位の再確認：A さんと夫が今後どのような生活を送っていきたいかについてケアマネジメントを進めていく必要がある。

・多職種連携：福祉事務所のケースワーカーや居宅サービス事業所と連携することで多くの情報を収集することができ，A さんと夫の本意などが理解できるようになる。

解説

1 ＝○　ケースワーカーが何を根拠に「夫の介護度では二人一緒の入所はできない」と言ったのか，その意図を確認し，今後の生活について調整をしなければならない。よって**適切である。**

2 ＝×　A さんの希望を聞かずに居宅サービスを追加することは**適切ではない。**

3 ＝○　A さんから相談の電話があったので，面談の日程を調整し訪問する必要がある。よって**適切である。**

4 ＝×　夫がサービス利用について望んでいないため，それを利用するよう説得することは利用者本位に反するため**適切ではない。**

5 ＝○　モニタリングとして，A さんが利用している居宅サービス事業所などに連絡し，最近の A さんおよび夫の様子等に関する情報を収集することは**適切である。**

解答＝１・３・５

介護支援分野
保健医療サービスの知識等
福祉サービスの知識等

問題 24 要介護1の認定を受けた一人暮らしのAさん（80歳，女性）から依頼を受け，アセスメントのために訪問した。Aさんの希望は，区分支給限度基準額の範囲内で，気の合う友人が利用するBデイサービスに一緒に通うこと，及び，腰や膝の痛みで掃除や買い物などが面倒になってきたのでなるべく多く訪問介護を使うことであり，アセスメントは必要ないと拒絶されてしまった。自立支援・重度化防止の観点に立った介護支援専門員の対応として，より適切なものはどれか。**2つ選べ。**

1 十分なアセスメントなしではケアプランを作成できないので，ケアプランの依頼を断る。

2 Aさんの希望どおり，Bデイサービスを利用する目標を「友人と楽しく過ごすことができる」として，ケアプランを作成する。

3 Bデイサービスの体験利用を提案するなど，アセスメントが行えるようAさんとの関係性の構築に努める。

4 腰や膝の痛みについて主治の医師と相談して適切な対応を検討しようとAさんに提案する。

5 区分支給限度基準額の上限までのサービス利用が保険者に認められるよう，理由を一緒に考えたいとAさんに伝える。

ポイント

【キーワード】 事例 **【出題回－問題番号】** 26回－23・24・25，25回－23・24・25，24回－23・24・25，23回－24・25，22回－24・25

事例を解く際のポイントについてまとめておく。

・利用者の希望について：利用者が望む生活に向けて支援していく方向であるが，ケアマネジメントの基本に沿ってケアプラン作成をしなければならない。

・区分支給限度基準額の考え方：要介護・要支援区分により上限が定められているが，必ずしも上限まで利用する必要はない。

解説

1＝✕ 十分なアセスメントがなければケアプラン作成はできないため，アセスメントができるよう信頼関係構築に努めるべきであり，依頼を断ることは**不適切である。**

2＝✕ アセスメントなしでケアプラン作成に進むことは**不適切である。**

3＝○ アセスメントができるよう，Aさんとの信頼関係構築に努めることは**適切である。**

4＝○ 腰や膝《ひざ》の痛みに対する改善はAさんが望んでいることであると考えられるため，主治の医師と相談して対応を検討することは**適切である。**

5＝✕ 介護保険制度では，必要なサービスを必要な分だけ利用することが求められる。区分支給限度基準額の上限までサービスを使う必要はない。よって**不適切である。**

解答＝3・4

問題 25　夫（75歳）と二人暮らしのＡさん（72歳，要介護４，パーキンソン病）について，最近，夫が「妻は他人が来ると具合が悪いふりをする」と話しており，夫による介護の仕方が乱暴になってきているようで心配だとの報告が訪問介護事業所からあった。この場合の介護支援専門員の対応として，より適切なものはどれか。３つ選べ。

1　改めてＡさんの状態についてアセスメントを行う。
2　訪問診療を行う医師に，夫に対してＡさんの病状についてより詳しく説明するように依頼する。
3　市町村に虐待案件として通報する。
4　夫の介護負担について具体的に夫から話を聞く。
5　夫が自宅で介護を続けるのは難しいので，Ａさんに施設入所を勧める。

ポイント

【キーワード】事例　**【出題回－問題番号】**26回－23・24・25，25回－23・24・25，24回－23・24・25，23回－24・25，22回－24・25

老老介護である在宅のケースに関する問題である。解くためのポイントを挙げておく。

・Ａさんの状態について：病状が正しく把握できているか。
・夫による介護の仕方がなぜ乱暴になっているのか：「具合が悪いふりをする」という言葉
・Ａさんと夫の今後の希望について：在宅か施設かという明確な希望は記載されていないため，どちらがよいかという判断はできない。

解説

1＝○　Ａさんの状態を改めて把握するために，アセスメントを行うことは適切である。

2＝○　「妻は他人が来ると具合が悪いふりをする」という言葉は，夫がＡさんの状態を理解していないことから出た可能性がある。また，それによって介護が乱暴になっている可能性があるため，夫に対して訪問診療の医師よりＡさんの病状を詳しく説明するよう依頼することは適切である。

3＝×　介護支援専門員が直接確認したわけではないため，市町村に虐待案件として通報するのは現段階では不適切である。

4＝○　夫の介護疲れによって介護が乱暴になっている可能性があるため，介護負担について具体的に夫から話を聞くことは適切である。

5＝×　Ａさんや夫に施設入所の希望はないため，施設入所を勧めることは不適切である。

解答＝１・２・４

【保健医療サービスの知識等】

問題 26　高齢者にみられる疾病・病態について適切なものはどれか。3つ選べ。

1　薬疹は，薬剤服用後１～２か月で出ることが多い。
2　高齢者の肺炎は，再発・再燃を繰り返して難治化することがある。
3　白内障は，水晶体の混濁により視力低下をきたす。
4　脱水があっても，めまいやふらつきは生じない。
5　ナトリウムが欠乏していても，嘔気や頭痛などの自覚症状がないこともある。

ポイント

【キーワード】さまざまな疾病・症状・障害

【出題回－問題番号】26 回－ 26，25 回－ 26・39，24 回－ 26・34・38・39，23 回－ 26・28，22 回－ 31・40

症状ごとの高齢者の特徴についてまとめておく。

・脱水：若年者に比べて体内水分貯蔵量が少なく，口渇《こうかつ》を感じにくいためリスクが高まる。

・白内障《はくないしょう》：加齢に伴って増加し，70 歳以上は 90%，90 歳以上は 100%が発症する。

・肺炎：高齢者の場合，咳《せき》や痰《たん》，発熱などの症状を呈しないことがある。

解説

1 ＝× 薬疹《やくしん》は，薬剤服用後 1，2 **週間**で出ることが多い。

2 ＝○ 高齢者の肺炎は，低栄養，基礎疾患《しっかん》，加齢に伴う免疫《めんえき》力の低下，咳《せき》反射の減弱，誤《ご》嚥《えん》の反復，長期臥床《がしょう》により，再発・再燃を繰り返して**難治《なんじ》化することがある**。

3 ＝○ 白内障《はくないしょう》は，水晶体《すいしょうたい》の混濁により**視力低下を引き起こす疾患《しっかん》**である。

4 ＝× 高齢者では，脱水により，めまいやふらつきを**起こす頻度《ひんど》が増える**。

5 ＝○ ナトリウムが欠乏すると，嘔気《おうき》，食欲低下，倦怠《けんたい》感，頭痛，無気力，興奮，見当識《けんとうしき》障害などが起こるが，高齢者の場合は**自覚症状がないこともある**。

解答＝2・3・5

ときテク

「～することがある」と語尾にあれば○のことが多い（2○5○）。最初から決め打ちするのは危険であるが，最後の選択肢で悩んだ場合はこのテクニックで選別することで正解することは可能である。

問題 27　バイタルサインについて正しいものはどれか。3つ選べ。

1　バイタルサインとは，体温，脈拍，血圧，意識レベル及び呼吸である。
2　感染症に罹患しても，発熱がみられないことがある。
3　1分当たりの心拍数60以上を頻脈という。
4　血圧は，160/100mmHg未満を目指すことが推奨されている。
5　口すぼめ呼吸は，慢性閉塞性肺疾患（COPD）によくみられる。

ポイント

【キーワード】 バイタルサイン
【出題回－問題番号】 26回－27・36，25回－28，24回－27，23回－29，22回－26・36

バイタルサインで一般的に正常値とされているものをまとめておく。

・血圧：65歳以上75歳未満で130／80未満で，75歳以上は140／90未満を目指し，忍容性があれば130／80未満を目指す（単位mmHg）。
・心拍《しんぱく》数：1分当たり60～80。60未満を徐脈《じょみゃく》，100以上を頻脈《ひんみゃく》という。
・呼吸数：1分間に15～20回。

解説

1＝○　生命の維持にかかわる人体の最も基本的な情報をバイタルサインといい，医療では多くの場合，**体温・脈拍・血圧・意識レベル・呼吸**を指す。
2＝○　感染症では発熱が多くみられるが，高齢者の場合，感染症に罹患《りかん》しても，**発熱がみられないことがある**。
3＝×　頻脈《ひんみゃく》は，1分当たりの心拍《しんぱく》数が**100以上**を指す。
4＝×　高齢者の場合，**130／80mmHg未満**の血圧を目指すこととされている。
5＝○　口すぼめ呼吸は，口をすぼめて息を吐くと，気管支内の圧力が高くなって呼吸が楽になる呼吸であり，慢性気管支炎や肺気腫《きしゅ》などの**慢性閉塞《へいそく》性肺疾患《しっかん》**（COPD）でよくみられる。

解答＝1・2・5

ときテク

バイタルサインの数値については，ポイントでまとめているものだけを覚えておけばよい。この問題は，心拍《しんぱく》数と血圧を覚えておけば正解できる問題である。

問題 28　次の記述のうち適切なものはどれか。2つ選べ。

1　血清クレアチニン値は，高齢者の長期にわたる栄養状態をみる指標として用いる。

2　血清アルブミン値は，腎機能が悪化すると高値になる。

3　上腕や下腿の周囲長は，寝たきりなどで体重測定が難しい場合の低栄養の判定に使われる。

4　胸部X線検査は，心不全の診断にも有用である。

5　解熱せずに持続する発熱を，間欠熱という。

ポイント

【キーワード】検査

【出題回－問題番号】26回－28，25回－29，24回－28，23回－30，22回－37

出題されている検査や検査値についてまとめておく。

・血清《けっせい》アルブミン値：栄養状態が悪くなると低値になる。

・血清《けっせい》クレアチニン値：腎機能が悪くなると高値になる。

・胸部X線検査：呼吸器疾患《しっかん》や心疾患《しっかん》の診断に有用な検査である。

解説

1 = × 血清《けっせい》クレアチニン値は，筋肉内のクレアチンの異化によって生じ，腎臓からのみ排せつされるため，腎機能が悪くなると高値になり，腎機能の鋭敏な指標となる。

2 = × 血清《けっせい》アルブミン値は，高齢者の長期にわたる栄養状態をみるための指標として最も有用なものであり，3.6g/dL以下の場合では，骨格筋の消耗が始まっている可能性がある。

3 = ○ 上腕周囲長や下腿囲《かたいい》は，寝たきりなどで体重測定が難しい場合の低栄養判定に使われる。

4 = ○ 胸部X線検査は，呼吸器疾患《しっかん》だけでなく，心不全による心拡大や胸水《きょうすい》の貯留などにも有用である。

5 = × 解熱《げねつ》せずに持続する発熱を，稽留熱《けいりゅうねつ》という。

解答＝3・4

ときテク

血清《けっせい》クレアチニン値や血清《けっせい》アルブミン値は頻出である。2つを混同して間違えないようにしよう。熱型《ねつけい》は覚えていない受験生も多いと思うが，3と4の知識で正解してもらいたい。

問題 29　排泄について適切なものはどれか。３つ選べ。

1　排泄のアセスメントでは，排泄場所がトイレの場合には，居室，廊下，トイレの温度や明るさを確認する。

2　排泄のアセスメントでは，排便については，１週間の回数のみを確認すればよい。

3　強い尿意とともに尿が漏れることを，腹圧性尿失禁という。

4　排泄の介助に伴い，家族は腰痛や睡眠不足などの身体的影響を受けることがある。

5　食事内容の確認は，排泄のコントロールに必要である。

ポイント

【キーワード】介護技術の展開

【出題回－問題番号】26 回－ 29，25 回－ 30・31，24 回－ 29・30，23 回－31・32・33，22 回－ 27・28・29

排せつのアセスメントのポイントについてまとめておく。

・排せつの状態把握：排せつ日誌などで，時刻・量・失禁の有無等について把握する。

・排せつ場所の選択：できるだけトイレで行えるようにするが，利用者の自立度や排尿障害・排便障害の状況に応じて，ポータブルトイレの使用などを検討する。

・排尿・排便コントロール：飲水，食事の時間帯や食事摂取量，生活時間の過ごし方や生活習慣と排便周期等を介護職などと連携しながら把握する。

解説

1 = ○　排せつのアセスメントで，排せつ場所について検討することは重要であり，トイレの場合，居室，廊下，トイレの温度や明るさの確認をする**必要がある**。

2 = ×　排せつのアセスメントにおいて，排便については，**一定の期間，定期的に記録する**ことで，利用者の排せつ状態を理解し，介護の目安や評価に用いることが可能となる。

3 = ×　強い尿意とともに，我慢できず尿が漏れることを，**切迫性尿失禁**という。

4 = ○　排せつの介助に伴い，家族は身体を抱えることの負担や，夜間起こされることによって，腰痛や睡眠不足などの**身体的影響を受けることがある**。

5 = ○　排せつ（排尿・排便）のコントロールでは，食事内容の確認を行うことが**必要である**。

解答＝１・４・５

問題 30 次の記述のうち適切なものはどれか。3つ選べ。

1 予定より早く目覚め，その後眠れなくなってしまうことを熟眠障害という。

2 唾液には，口腔内の自浄作用がある。

3 誤嚥性肺炎の発症を防ぐには，口腔内の環境を整えることが重要である。

4 本人から訴えがなくとも，義歯が合わないなど口腔に何らかの問題がある場合には，歯科受診を検討する。

5 ヒートショックとは，暑熱環境における身体適応の障害によって起こる病態である。

ポイント

【キーワード】 介護技術の展開

【出題回－問題番号】 26回－29，25回－30・31，24回－29・30，23回－31・32・33，22回－27・28・29

口腔《こうくう》ケアの効果についてまとめておく。

- う蝕《しょく》・歯周疾患《しっかん》の予防：食物残渣《ざんさ》を除去することで，罹患《りかん》することを防ぐ。
- 口臭の予防：口腔《こうくう》からの病的な口臭の要因は舌苔《ぜったい》および歯周疾患《しっかん》によるものであるため，それを除去することで予防が可能である。
- 粘膜疾患《ねんまくしっかん》の予防・改善：粘膜《ねんまく》を清潔にすることで粘膜疾患《ねんまくしっかん》を予防するとともに，起きてしまった粘膜疾患《ねんまくしっかん》や炎症の治癒《ちゆ》を促す。
- 味覚を正常に保つ：汚れを除去し清潔を保つこと，刺激により唾液《だえき》の分泌《ぶんぴつ》を促すことで，味覚を正常に保つ。

解説

1＝× 予定より早く目覚め，その後眠れなくなってしまうことを**早朝覚醒《かくせい》**という。

2＝○ 唾液《だえき》には，消化機能に加え，**口腔《こうくう》内の自浄作用がある**。

3＝○ 口腔《こうくう》内の環境を整えることで，誤嚥《ごえん》性肺炎の**発症を防ぐことができる**。

4＝○ 本人から訴えがなくとも，介護職等が確認し，義歯《ぎし》が合わないなど口腔《こうくう》に何らかの問題がある場合には，何かの病気が隠されている可能性があるため，**歯科受診を検討する**。

5＝× 暑熱環境における身体適応の障害によって起こる病態を**熱中症**という。

解答＝2・3・4

ときテク

睡眠障害については，22回問題28（277ページ）のポイントを覚えておくとよい。

問題 31 認知症のケアや支援について適切なものはどれか。3つ選べ。

1 認知症施策推進大綱では，医療従事者等の認知症対応力向上の促進を図ることとしている。

2 認知症疾患医療センターは，地域の介護関係者等への研修は行わない。

3 認知症ケアパスとは，認知症の人の状態に応じた適切な医療や介護サービスの提供の流れを示すものである。

4 認知症初期集中支援チームは，警察と介護事業者や地域の関係団体が協力して認知症の人を捜索する仕組みである。

5 認知症地域支援推進員は，認知症の人やその家族を支援する相談支援や支援体制を構築するための取組を行う。

ポイント

【キーワード】認知症

【出題回－問題番号】26回－31，25回－32，24回－31，22回－30

認知症疾患医療センターの役割についてまとめておく。

・認知症についての専門医療相談　・鑑別診断

・身体合併症や周辺症状の急性期対応　・かかりつけ医との連携

・患者や家族への介護サービス情報の提供と相談への対応

・医療情報の提供等の介護サービスとの連携　など

（参考：https://www.pref.osaka.lg.jp/chikikansen/nintisyousenta/）

解説

1＝○ 認知症施策推進大綱では，医療・ケア・介護サービス・介護者への支援として，医療従事者等の認知症対応力向上の**促進を図ることとされている**。

2＝× 認知症疾患医療センターでは，医療情報の提供等の介護サービスとの連携において，地域の介護関係者等への**研修を行う**。

3＝○ 認知症ケアパスとは，認知症発症予防から人生の最終段階までの，認知症の人の状態に応じた適切な医療や介護サービスの**提供の流れを示すものである**。

4＝× 認知症初期集中支援チームとは，複数の専門家が認知症が疑われる人や認知症の人およびその家族を訪問し，アセスメント，家族支援などの初期の支援を包括的，集中的に行い，自立生活のサポートを行う，**地域包括支援センターなどに設置されるチーム**である。

5＝○ 認知症地域支援推進員は，市町村に配置され，地域の支援機関間の連携づくりや，認知症ケアパス・認知症カフェ・社会参加活動などの地域支援体制づくり，認知症の人やその家族を支援する**相談業務等を行う**。

解答＝1・3・5

問題 32　高齢者の精神疾患について適切なものはどれか。3つ選べ。

1　精神症状は定型的でなく，訴えが多彩かつ曖昧なのが特徴である。

2　老年期の抑うつの背景要因としては，社会的役割の喪失などがある。

3　老年期うつ病は，1年後に半数以上が認知症に移行する。

4　アルコール依存症の患者数に占める高齢者の割合は，近年急速に減少している。

5　老年期のアルコール依存症には，若年発症型と老年発症型がある。

ポイント

【キーワード】 精神疾患

【出題回－問題番号】 26回－32，25回－27，24回－32，23回－35，22回－35

精神疾患《しっかん》の特徴についてまとめておく。

- うつ病：深い憂うつ感，全身倦怠《けんたい》などを伴い，表情も乏しくなってくる。老年期においては，心気的な訴えが多くなり，めまいなどの自律神経症状が目立つ。
- アルコール依存症：老年期では，離脱症状が遷延《せんえん》しやすい，糖尿病や高血圧などの身体合併症が高率に出現する，認知症やうつ病を合併する割合が高い，という特徴がある。

解説

1＝○　高齢者の精神疾患《しっかん》では，加齢に伴う変化が深く関与しており，その症状は定型的でなく，訴えが**多彩かつ曖昧《あいまい》なのが特徴**となっている。

2＝○　高齢者では，身体的な衰えや機能障害，慢性疾患《しっかん》への罹患《りかん》，家族との死別，**社会的な役割の喪失《そうしつ》**などの背景要因で抑うつが高頻度《ひんど》にみられる。

3＝×　老年期うつ病は，長引き治りにくいという特徴があり，一部は認知症に移行するといわれているが，**1年後に半数以上移行するわけではない**。

4＝×　人口の高齢化と相まって，医療機関を訪れるアルコール依存症患者に占める高齢者の割合は**年々増加している**。

5＝○　老年期のアルコール依存症は，若年《じゃくねん》期に発症し老年期まで持続した**若年《じゃくねん》発症型**と，若年《じゃくねん》期には飲酒問題がなく，老年期になって初めて発症した**老年発症型に分けられる**。

解答＝1・2・5

問題 33　診察や治療について，より適切なものはどれか。2つ選べ。

1　医学的診断のプロセスでは，主訴の前に，家族歴や既往歴の聴取を行う。
2　診察や検査は，患者の身体的負担が小さいものから行うことが原則である。
3　治療は，診断に基づいて行うことが重要である。
4　最も治療効果の高い治療法を常に選択する。
5　介護支援専門員は，医学的な立場から治療法について助言すべきである。

ポイント

【キーワード】医学的診断・予後予測・医療との連携
【出題回－問題番号】26 回－ 33・34，25 回－ 35，24 回－ 33，23 回－ 36

医学的診断のプロセスについてまとめておく。

病歴聴取（主訴《しゅそ》、現病歴、既往《きおう》歴、家族歴）および身体診察 → 検査の必要性の説明と同意の取得（インフォームドコンセント） → 検査の実施 → 検査診断確定結果・予後《よご》の説明と治療の説明（インフォームドコンセント） → 治療の開始

解説

1 = ×　医学的診断のプロセスでは，通常，主訴《しゅそ》と現病歴の聴取に始まり，**その後家族歴や既往《きおう》歴の聴取**を行う。

2 = ○　診察や検査は，**患者の身体的負担が小さいものから行うことが原則**であり，負担や侵襲《しんしゅう》が大きい検査の場合は，患者自身がその必要性や負担について理解したうえで検査を受ける必要がある。

3 = ○　治療は，**疾患《しっかん》の診断に基づいて行われるもの**であり，患者の理解力に応じて，適切な手段を選択することが重要である。

4 = ×　高齢者の場合は，推測される余命と，治療に伴う忍耐や苦痛の時間とを，個々の人生観に基づいて選択する必要があり，治療効果の高い治療法を**常に選択するわけではない**。

5 = ×　治療法の選択を患者自身に促すために，介護支援専門員は，**医療職としての立場ではないため助言はできない**。

解答＝2・3

問題 34 高齢者にみられる疾病・病態について適切なものはどれか。３つ選べ。

1 誤嚥性肺炎の予防には，嚥下機能のみを維持すればよい。
2 大腿骨頸部骨折は，寝たきりの原因となりやすい。
3 薬の副作用によるふらつきにより，転倒を起こすことがある。
4 排泄物による皮膚の湿潤が加わることで，褥瘡が生じやすくなる。
5 褥瘡ができた直後から約１～２か月の時期を急性期と呼ぶ。

ポイント

【キーワード】 さまざまな疾病・症状・障害
【出題回－問題番号】 26 回－ 26，25 回－ 26・39，24 回－ 26・34・38・39，23 回－ 26・28，22 回－ 31・40

褥瘡《じょくそう》の壊死《えし》の及ぶ深さで分類された重症度についてまとめておく。

・Ⅰ度：表皮にとどまる
・Ⅱ度：真皮《しんぴ》に達する
・Ⅲ度：脂肪組織に達する
・Ⅳ度：筋肉ないし骨《こつ》組織に達する

褥瘡《じょくそう》はいったんできると治療は難しく，予防が重要である。

解説

1 =× 誤嚥《ごえん》性肺炎の予防については，嚥《えん》下《げ》機能の維持のほか，口腔《こうくう》の清潔なども重要である。

2 =○ 大腿骨頸部《だいたいこつけいぶ》骨折は，場合によっては寝たきりの原因となり，死亡率を上昇させる，生命予後《よご》と直結した骨折であることが明らかとなっている。

3 =○ 薬の副作用によりふらつきがみられるが，それによって転倒を起こすことがある。

4 =○ 褥瘡《じょくそう》発生の局所的要因として，摩擦《まさつ》やずれ，失禁や発汗などによる皮膚の湿潤や汚染，皮膚疾患《しっかん》があげられる。

5 =× 褥瘡《じょくそう》ができた直後から約１，２週間の時期を急性期，それ以降を慢性期と呼ぶ。

解答＝２・３・４

ときテク

「～することがある」「～しやすくなる」と語尾にあるのは○のことが多い。3○と 4○はスムーズに導き出すことができる。また，「～のみ」は×のことが多い（1 ×）。

問題 35　栄養に関するアセスメントについて正しいものはどれか。3つ選べ。

1　高齢者は，若年者に比べてエネルギー摂取量が少ないことを当然の前提とする。
2　低栄養状態の徴候には，筋肉量の減少，血清たんぱく質の減少などがある。
3　低栄養状態は，フレイルや要介護状態の要因の一つである。
4　認知症高齢者については，異食，盗食などの摂食行動の有無を把握する。
5　高齢者の摂食・嚥下障害は，栄養過多を引き起こすおそれがある。

ポイント

【キーワード】 栄養・食生活からの支援と介護
【出題回－問題番号】 26 回－ 35・39，25 回－ 36，24 回－ 35，23 回－ 38

状態別栄養摂取の課題について，その対応についてまとめておく。

- 低栄養状態：食欲がないときには，食べたい食品を食べたいときに少量ずつでも食べてもらうようにする。
- 生活習慣病がある場合：医師の指示に基づき，食事療法・運動療法が求められる。また，受診の中断をしないこと，薬を適切に服薬することが大切である。
- 認知症高齢者：食事摂取の促しと安全面への配慮が大切である。
- 口腔《こうくう》の問題がある場合：主に誤嚥《ごえん》と窒息《ちっそく》を防ぐことを目的に食事支援を行い，自力による食事摂取を促す。
- 独居の場合：地域資源の紹介・中食の活用・配食の活用など。

解説

1＝×　高齢者は，若年《じゃくねん》者に比べてエネルギー摂取量が少ないことを当然の前提とするのではなく，**高齢者個々人の状況をアセスメントする必要がある**。

2＝○　低栄養状態の徴候として，体重減少・低体重・**筋肉量の減少**・**血清《けっせい》たんぱく質（アルブミン）の減少**などがあげられる。

3＝○　低栄養状態が進行すると，フレイルや要介護状態の**大きな要因の一つとなる**。

4＝○　認知症高齢者の場合，異食，盗食，徘徊等といった摂食《せっしょく》行動に大きく影響する症状が多くみられるため，**その有無を把握する必要がある**。

5＝×　高齢者の摂食《せっしょく》・嚥下《えんげ》障害は，食事をする楽しみを失うばかりではなく，誤嚥《ごえん》による肺炎や窒息《ちっそく》，脱水，**低栄養状態**を引き起こすことがある。

解答＝2・3・4

問題 36 感染予防について，より適切なものはどれか。3つ選べ。

1 すべての人が感染症にかかっている可能性があると考え，感染予防に努める。

2 症状のある人だけマスクを着用して感染予防に努めればよい。

3 手洗いでは，指先，指の間，親指，手首を洗い忘れないようにすることが基本となる。

4 マスクや手袋，エプロンやガウンはできるだけ節約し，使い回すように心がける。

5 高齢者は，一般的に感染症に対する抵抗力が低下していることを前提とする。

ポイント

【キーワード】 感染症

【出題回－問題番号】 26回－37，24回－36，23回－39，22回－39

感染症の標準予防策についてまとめておく。

- 標準予防策（スタンダード・プリコーション）は，すべての人に実施する感染対策である。
- すべての人が感染症にかかる可能性があると考え，感染予防に努める。
- 標準予防策として，手指《しゅし》衛生やうがいの励行・個人防護具の使用などがある。

解説

1＝○ 標準予防策（スタンダード・プリコーション）では，**すべての人が感染症にかかっている可能性があると考える**。

2＝× 症状の有無にかかわらず，**マスクの装着等の標準予防策を行う**。

3＝○ 手洗い（手指《しゅし》衛生）では，指先，指の間，親指，手首を洗い忘れないようにすることが**基本である**。

4＝× マスクや手袋，エプロンやガウンは使い回しではなく，**使い捨てのものを用いる**。

5＝○ 一般的に，高齢者は若年《じゃくねん》者より免疫《めんえき》力が低下しているため，**感染症に対する抵抗力は弱いとされている**。

解答＝1・3・5

ときテク

感染症に関する問題は今後も出題されることが予想される。ただ，日常的に行う感染予防策を考えると，2×4×はスムーズに導き出されるだろう。

問題 37　在宅医療管理について正しいものはどれか。3つ選べ。

1　在宅中心静脈栄養法は，点滴栄養剤を中心静脈に直接入れる方法である。
2　在宅自己注射は，家族以外の訪問介護員も行うことができる。
3　経鼻胃管は，定期的に交換する必要はない。
4　悪性腫瘍疼痛管理では，身体的側面だけでなく，精神的側面からも考えることが重要である。
5　人工呼吸療法には，侵襲的，非侵襲的に行うものの2種類がある。

ポイント

【キーワード】在宅での医療管理　**【出題回－問題番号】**25回－37，24回－37，23回－40，22回－34

在宅医療管理の関連用語についてまとめておく。

・在宅自己注射：病気の治療のため，在宅において自己注射をする方法である。高齢者で多いのは，糖尿病患者によるインスリン注射である。
・経鼻《けいび》胃管：経管《けいかん》栄養法の一種である。経鼻《けいび》胃管は鼻から胃に到達する管を入れる方法である。

解説

1＝○　在宅中心静脈栄養法は，医療処置として栄養を補う方法の一つであり，**点滴栄養剤を中心静脈に直接入れる方法**である。

2＝×　在宅自己注射は医療行為になるため，**訪問介護員は行うことができない**。

3＝×　経鼻《けいび》胃管は，鼻から胃に到達する管を入れ栄養分を注入するものであり，1か月をめどに経鼻《けいび》胃管を**定期的に交換する必要**がある。

4＝○　悪性腫瘍疼痛《しゅようとうつう》管理とは，いわゆる，がんの痛みへの対応のことをいい，痛みは，身体的な側面だけでなく，**精神的な側面などからも考えることが重要である**。

5＝○　人工呼吸療法は，気管の中に管を入れる侵襲《しんしゅう》的なものと，マスクなどを装着する非侵襲《しんしゅう》的なものの**2種類に分けられる**。

解答＝1・4・5

ときテク

在宅自己注射ができる者（2×）と経鼻《けいび》胃管の交換（3×）を覚えていれば消去法で解くことが可能である。その他の選択肢も基礎知識であるので，過去問を中心に学習を進めていき覚えておきたい。

問題 38　高齢者の病状・病態について適切なものはどれか。3つ選べ。

1　喘息や心不全による呼吸困難では，起座呼吸で症状が楽になることが多い。
2　心筋梗塞の症状には，必ず強い胸痛がみられる。
3　脚の骨折で多い部位は，骨幹部（骨の中央）である。
4　寝たきりの高齢者は，吐いたものが気管や肺に入り，誤嚥性肺炎を起こすことがある。
5　急激に浮腫が出現した場合には，心不全の増悪なども考えられる。

ポイント

【キーワード】さまざまな疾病・症状・障害
【出題回－問題番号】26回－26，25回－26・39，24回－26・34・38・39，23回－26・28，22回－31・40

循環器疾患《しっかん》における関連用語についてまとめておく。

・心筋梗塞《こうそく》：冠動脈の動脈硬化病変の粥腫《じゅくしゅ》が破綻《はたん》すると，それに伴う血栓《けっせん》形成により血管を閉塞《へいそく》して，その結果心筋が壊死《えし》し，心臓のポンプ機能が低下する病態。
・心不全：種々の原因により心臓のポンプ機能が低下し，臓器が必要とする血液を十分に送り出せない状態。

解説

1＝○　喘息《ぜんそく》や心不全による呼吸困難では，起座位《きざい》または半座位《ざい》になると呼吸困難が軽減する。この呼吸状態を**起座《きざ》呼吸**という。
2＝×　高齢者では，心筋梗塞《こうそく》の症状が非定型的であり，**胸痛《きょうつう》がみられないことがある**。
3＝×　高齢者の脚の骨折で多いのは，**脚の付け根の骨折**（大腿骨頸部《だいたいこつけいぶ》骨折）である。
4＝○　寝たきりの高齢者は，食物の逆流を起こすことがある。よって，吐いたものが気管や肺に入り，**誤嚥《ごえん》性肺炎を起こすことがある**。
5＝○　心不全では浮腫《ふしゅ》がみられ，急激に浮腫《ふしゅ》が出現した場合，**心不全が増悪《ぞうあく》**したことなども考えられる。

解答＝1・4・5

ときテク

循環器疾患《しっかん》・呼吸困難・骨折とさまざまな知識が問われており，少し難しく感じる。心筋梗塞《こうそく》や起座《きざ》呼吸は頻出であるため覚えておきたい。

問題 39　次の記述のうち適切なものはどれか。3つ選べ。

1　眼の疾患により，ふらつきを生じることはない。

2　高齢者では，若年者と異なり，薬の副作用は出ない。

3　骨粗鬆症は，骨折後に診断されることもある。

4　脳卒中は，再発すると後遺症が重くなることがある。

5　糖尿病の薬物療法を受けている患者が食事をとらない場合には，低血糖になる可能性もある。

ポイント

【キーワード】さまざまな疾病・症状・障害

【出題回－問題番号】26回－26，25回－26・39，24回－26・34・38・39，23回－26・28，22回－31・40

めまいやふらつきについてまとめておく。

・原因：頻度《ひんど》が高いのは，良性発作性頭位めまい症，メニエール病があげられ，高齢者では起立性低血圧や椎骨《ついこつ》脳底動脈循環不全，脱水などがある。薬の副作用で引き起こされることもある。

・治療：起立性低血圧や椎骨《ついこつ》脳底動脈循環不全では，頭位や頸部《けいぶ》の急な動作をしないように，メニエール病では塩分摂取やアルコール，カフェインを避けるように，それぞれ生活指導を行う。

解説

1＝×　身体のバランスを保つのに視覚は最も影響を与え，**眼疾患《しっかん》でもふらつきを起こすことがある。**

2＝×　高齢者では，若年《じゃくねん》者より**薬の副作用が出やすい**とされている。

3＝○　骨《こつ》粗《そ》鬆症《しょうしょう》は，基本的には無症状であるため，**骨折してから骨の脆弱《ぜいじゃく》性に気づくことが多い**病気である。

4＝○　脳卒中は，発症から3年以内に10～15％の人が再発するとされており，**再発すると後遺症がさらに重くなる**といわれる。

5＝○　糖尿病の薬物療法を受けている患者がシックデイなどで食事をとらない場合など，治療薬（インスリン）が効きすぎて**低血糖《けっとう》になることもある。**

解答＝3・4・5

問題 40 高齢者の臨死期のケアについて，より適切なものはどれか。3つ選べ。

1 つじつまの合わないことを言う場合も，それを否定せずに対応する。
2 反応がないように見えても，いつもどおりの声かけをする。
3 息苦しさが楽になるように，常にベッドを平らにする。
4 口腔内の保湿や清潔を保つ。
5 急変時の対応は，そのときに考えればよい。

ポイント

【キーワード】 終末期ケア
【出題回－問題番号】 26回－40，25回－40，24回－40，23回－41，22回－41

臨死期にみられる状態像についてまとめておく。

- つじつまの合わないことを言うなどの意識の障害が出現する。
- 息切れや息苦しさが出現する。
- 痰《たん》の絡みがあり，喉《のど》がゴロゴロする。
- 口腔《こうくう》内が乾燥する。
- チアノーゼがみられる。
- 下顎《かがく》呼吸が出現する。

解説

1＝○ 臨死期のケアでは，せん妄がみられる。つじつまの合わないことを言う場合であっても，否定せずに付き合い，安心できるような会話で対応する。

2＝○ 耳は最期まで聞こえるといわれており，反応がないように見えても，いつも通り声をかけて尊厳を保持することが大切である。

3＝× 頭を少し高くすると横隔膜《おうかくまく》が下がり，肺が広がりやすくなって楽なことが多いため，息苦しさがある場合，ベッドを平らにするのではなく，少し頭を上げるとよい。

4＝○ 口唇《こうしん》も口腔《こうくう》内も乾燥するため，うがいをしてもらうなど，口腔《こうくう》内を清潔に保つ必要がある。

5＝× 高齢者の臨死期には，急変することも十分あり得るため，急変時の対応についてはあらかじめ検討し，統一を図っておく必要がある。

解答＝1・2・4

問題 41　指定訪問看護について正しいものはどれか。3つ選べ。

1　高齢者が自立した日常生活を営むことができるよう，その療養生活を支援する。
2　訪問看護事業所には，言語聴覚士を配置することができる。
3　訪問看護では，薬剤の処方も行う。
4　訪問看護事業所は，介護老人保健施設の入所者にも訪問看護を提供できる。
5　訪問看護の提供に当たっては，家族に対しても適切な指導を行う。

ポイント

【キーワード】訪問看護

【出題回－問題番号】25回－41，24回－41，23回－42

訪問看護の指定基準についてまとめておく。

・みなし指定：病院・診療所が行う場合はみなし指定の適用があるが，訪問看護ステーションが行う場合はみなし指定がない。
・法人格の有無：病院・診療所が行う場合は法人格が不要だが，訪問看護ステーションが行う場合は法人格が必要である。
・人員基準：病院・診療所では看護職員を適当数配置する。訪問看護ステーションの場合は，看護職員を常勤換算 2.5 人以上配置し，必要に応じて理学療法士・作業療法士・言語聴覚士を配置することができる。

解説

1＝○　訪問看護の基本方針は，「要介護状態となった場合においても，その利用者が可能な限りその居宅において，その有する能力に応じ**自立した日常生活を営むことができるよう，その療養生活を支援**し，心身の機能の維持回復及び生活機能の維持又は向上を目指すものでなければならない」とされている。

2＝○　訪問看護事業所には，必要に応じ，理学療法士・作業療法士・**言語聴覚士を配置することができる。**

3＝×　薬剤の処方は医師または歯科医師が行うものであり，訪問看護事業所では**薬剤の処方は行わない。**

4＝×　介護老人保健施設では，施設以外の職員から介護や看護を受けてはならないため，介護老人保健施設の入所者に訪問看護を**提供することはできない。**

5＝○　訪問看護の内容に，**家族支援が含まれている。**

解答＝1・2・5

問題 42 指定訪問リハビリテーションについて適切なものはどれか。3つ選べ。

1 指定訪問介護事業等の従業者に対し，介護の工夫に関する指導を行うことができる。

2 リハビリテーション会議の構成員には，指定居宅サービスの担当者も含まれる。

3 介護報酬上，サービスの提供回数に限度はない。

4 訪問看護ステーションの理学療法士がサービスを提供した場合は，訪問リハビリテーションに分類される。

5 対象者は，通院でのリハビリテーションが困難な利用者である。

ポイント

【キーワード】 リハビリテーション

【出題回－問題番号】 26回－30，25回－33，24回－42

訪問リハビリテーションの目的をまとめておく。

①廃用《はいよう》症候群の予防と改善，②基本的動作能力の維持・回復，③ADL（日常生活動作）の維持・回復，④IADL（手段的日常生活動作）の維持・回復，⑤対人交流・社会参加の維持・拡大，⑥介護負担の軽減，⑦訪問介護事業所等に対する自立支援技術の助言指導，⑧生活環境の整備（福祉用具の利用・住宅改修）における助言指導

解説

1＝○ 訪問リハビリテーション事業者は，訪問介護事業所等に対する自立支援技術の**助言指導を行う**。

2＝○ リハビリテーション会議では，医師や理学療法士・作業療法士・言語聴覚士に加え，本人や家族，**指定居宅サービスの担当者なども構成員となる**。

3＝× 訪問リハビリテーションは，介護報酬上，**1週間に6回（退院・退所日から3月以内は週12回）までとサービス提供回数が決められている**。

4＝× 訪問看護ステーションの理学療法士がサービスを提供した場合は，**訪問看護に分類される**。

5＝○ 訪問リハビリテーションの対象者としては，**通院でのリハビリテーションが困難な利用者**が想定される。

解答＝1・2・5

問題 43 指定看護小規模多機能型居宅介護について正しいものはどれか。3つ選べ。

1 訪問看護及び小規模多機能型居宅介護の組合せによりサービスを提供する。

2 登録者の居宅サービス計画は，居宅介護支援事業所の介護支援専門員が作成する。

3 居宅サービス事業者その他保健医療サービス又は福祉サービスを提供する者との密接な連携に努めなければならない。

4 そのサービスを利用しない日に登録者が通所介護を利用した場合には，通所介護費を算定することができる。

5 利用者に対してターミナルケアを行うことができる。

ポイント

【キーワード】 看護小規模多機能型居宅介護

【出題回－問題番号】 26回－43，24回－43，23回－43，22回－43

看護小規模多機能型居宅介護の運営基準についてまとめておく。

・看護サービスの提供開始時には，主治医の指示を文書で受けなければならない。

・主治医には，看護小規模多機能型居宅介護計画と看護小規模多機能型居宅介護報告書を提出する。

・定員は遵守《じゅんしゅ》しなければならないが，通いサービスおよび宿泊サービスの利用は，利用者の様態や希望等により特に必要と認められる場合は，一時的にその利用を超えることはやむを得ないものとする。

解説

1＝○ 介護保険法において，看護小規模多機能型居宅介護とは，**訪問看護および小規模多機能型居宅介護の組合せにより提供されるサービス**であると規定されている。

2＝× 看護小規模多機能型居宅介護の登録者の居宅サービス計画は，看護小規模多機能型居宅介護の**従業者である介護支援専門員**が作成する。

3＝○ 看護小規模多機能型居宅介護では，運営基準において「居宅サービス事業者その他保健医療サービス又は福祉サービスを提供する者との**密接な連携に努めなければならない**」と定められている。

4＝× 看護小規模多機能型居宅介護の登録者は，**通所介護費を算定することができない**。

5＝○ 看護小規模多機能型居宅介護の登録者に対して，**ターミナルケアを行うことができる**。

解答＝1・3・5

問題 44 介護老人保健施設について正しいものはどれか。2つ選べ。

1 入所者の在宅復帰を目指す。

2 入所者は，要介護者より要支援者が多い。

3 サテライト型小規模介護老人保健施設は，定員 29 人以下である。

4 施設内で提供される保健医療サービスで完結する施設サービス計画を立てる。

5 災害その他のやむを得ない事情がある場合でも，入所定員を超えて入所させてはならない。

ポイント

【キーワード】 介護老人保健施設

【出題回－問題番号】 26 回－44，25 回－45，24 回－44，23 回－44

介護老人保健施設の運営基準についてまとめておく。

・入所者に褥瘡《じょくそう》が発生しないように適切な介護を行うとともに，その発生を予防するための体制を整備しなければならない。

・おむつを使用せざるを得ない入所者のおむつを適切に取り替えなければならない。

・入所者の負担により，施設の従業者以外の者による看護および介護を受けさせてはならない。

・適宜入所者のためのレクリエーション行事を行うよう努める。

・介護老人保健施設で作成される施設サービス計画は，施設内のサービスだけでなく，地域住民によるインフォーマルサポート等も取り入れて総合的な計画を作成することが求められている。

解説

1＝○ 介護老人保健施設の目的は，自立した日常生活を営むことができるようにする「自立支援」と，**居宅における生活への復帰を目指す「在宅復帰」**である。

2＝× 介護老人保健施設では，**要支援者は入所することができない。**

3＝○ サテライト型小規模介護老人保健施設は，**本体施設と別の場所に設置される定員 29 人以下の施設**である。

4＝× 介護老人保健施設では，検査・投薬・注射・処置等は妥当適切に行い，医師は必要に応じて協力病院等への入院または他の医師の対診を求める等行うことができるため，**施設内で完結させる必要はない。**

5＝× 介護老人保健施設では，**災害その他のやむを得ない事情がある場合を除き**，入所定員を超えて入所させてはならない。

解答＝1・3

問題 45　介護医療院について正しいものはどれか。２つ選べ。

1　主として短期的な療養が必要である要介護者を対象とする。

2　その開設に当たっては，医療法に基づく都道府県知事の許可を受けなければならない。

3　2020（令和２）年３月末時点で全国で 1,000 施設以上ある。

4　ユニットケアを行うユニット型もある。

5　入所者のためのレクリエーション行事を行うよう努める。

ポイント

【キーワード】介護医療院

【出題回－問題番号】26 回－ 45，24 回－ 45，23 回－ 45，22 回－ 45

介護医療院の分類についてまとめておく。

- 医療機関併設型介護医療院：病院または診療所に併設され，入所者の療養生活の支援を目的とする介護医療院。
- 併設型小規模介護医療院：医療機関併設型介護医療院のうち，入所定員が 19 人以下のもの。病院または診療所に１か所の設置とされている。
- ユニット型介護医療院：施設の全部において少数の療養室および療養室に近接して設けられる共同生活室により一体的に構成される場所ごとに入居者の日常生活が営まれ，入居者の支援を行うもの。

解説

1 =×　介護医療院は，「要介護者であって，**主として長期にわたり療養が必要である者**に対し，施設サービス計画に基づいて，療養上の管理，看護，医学的管理の下における介護及び機能訓練その他必要な医療並びに日常生活上の世話を行うことを目的とする施設」であると規定されている。

2 =×　介護医療院の開設には，**介護保険法**で定めるところにより，都道府県知事の**開設許可を受けなければならない**。

3 =×　介護医療院は，2020（令和２）年３月末時点で**全国に 343 施設**ある※。

4 =○　介護医療院には，ユニットケアを行う**ユニット型介護医療院**がある。

5 =○　介護医療院では，運営基準に「**入所者のためのレクリエーション行事を行うよう努める**」と定められている。

※ 2023（令和５）年３月末時点では全国に 764 施設。

解答＝4・5

問題 46 面接場面におけるコミュニケーション技術について，より適切なものはどれか。3つ選べ。

1 「なぜ」で始まる質問は，クライエントの戸惑いが増幅することが多いので，注意が必要である。

2 オープンクエスチョンは，「はい」か「いいえ」で答えることができる質問である。

3 要約とは，クライエントの話をまとめて伝え返すことである。

4 時間の配分，情報のまとめ方など面接場面の構造的な配置に関わる技術は，コミュニケーション技術に含まれる。

5 初回面接では，チェックリストに従って次々と質問し，答えてもらうことが必要である。

ポイント

【キーワード】 基礎相談面接技術

【出題回－問題番号】 26回－46，25回－46・47，24回－46，23 回－46，22回－46

コミュニケーションの技法についてまとめておく。

- 共感：援助者がクライエントの世界を，クライエント自身がとらえるように理解すること。
- 質問：閉じられた質問（クローズドクエスチョン）と開かれた質問（オープンクエスチョン）などがある。

解説

1＝○ 「なぜ」で始まる質問は，クライエントの戸惑いを増幅させてしまう場合が多く，聞く側が納得できないことを無意識に含むことがあるため**注意が必要**である。

2＝× オープンクエスチョンとは，相手が自分自身の選択や決定による答えを見つけることを促す質問である。「はい」か「いいえ」で答えることができる質問は，**クローズドクエスチョン**である。

3＝○ 要約とは，クライエントの話の要点だけを**まとめて伝え返すこと**である。

4＝○ コミュニケーション技術とは，言語的なものだけではなく，伝わることすべてに関してアプローチが必要であるため，時間の配分，情報のまとめ方など**面接場面の構造的な配置に関わる技術も含まれる**。

5＝× 初回面接では，チェックリストを用意するが，必ずしも**順番に質問していく必要はない**。

解答＝1・3・4

問題 47　ソーシャルワークの視点から，支援困難事例への対応として，より適切なものはどれか。３つ選べ。

1　支援困難事例は，専門職や関係機関が連携して支援することが望ましい。

2　物が散乱し，異臭がする家屋に住んでいる独居高齢者に対し，まずはごみを片付けることを目的に話をする。

3　近隣住民から「虐待されているかもしれない高齢者がいる」との訴えがあったので，直ちに警察へ通報する。

4　経済的困窮を理由にクライエントがサービスの中止を希望したが，できる限りサービスを継続できるような支援方法を検討する。

5　同居している精神障害がある家族とクライエントとの関係が悪化したため，その家族が障害者福祉などの制度を利用できるよう支援する。

ポイント

【キーワード】支援困難事例　**【出題回－問題番号】**24 回－ 47

支援を困難にする要因についてまとめておく。

・本人要因：心理的要因，身体的・精神的要因など

・社会的要因：家族・親族との関係，地域との関係，社会資源の不足など

・サービス提供者側の要因：本人との支援関係の不全，チームアプローチの機能不全，ニーズとケアプランの乖離《かいり》など

解説

1 ＝○　支援困難事例には，多機関・多職種協働で取り組むしくみが構築される必要があり，**連携して支援することが望ましい。**

2 ＝×　目の前の困りごとだけに着目するのではなく，**信頼関係構築などから進めていく必要がある。**

3 ＝×　虐待されているかもしれないという訴えがあった場合，市町村へ通報し，関係機関が訪問することなどからスタートする必要があり，**警察への通報は時期尚早である。**

4 ＝○　経済的困窮という理由でサービスを中止すると必要な支援が行き届かなくなる可能性がある。よって，中止するのではなく，**できる限りサービスを継続できるような支援方法**を検討する必要がある。

5 ＝○　家族関係が悪化すると，クライエントへのサービスへの影響も考えられるため，家族に対する支援も必要となってくる。よって，その家族が障害者福祉などの**制度を利用できるよう支援する**必要もある。

解答＝１・４・５

問題 48 ソーシャルワークに関する次の記述のうち，より適切なものはどれか。3つ選べ。

1　インテークでは，クライエントの主訴と支援機関の役割が合致するかを確認することが重要である。

2　アセスメントでは，解決する問題，クライエント，取り巻く環境及びそれらの相互関係を確定することが必要である。

3　支援計画では，長期，短期などと期間を分けずに目標を立てることが重要である。

4　支援を終結する際は，終結に伴うクライエントの不安に配慮する必要がある。

5　支援の記録は，スーパービジョンに使用してはならない。

ポイント

【キーワード】ソーシャルワーク　**【出題回－問題番号】**26回－47・48・49，25回－48・49，24回－48・49，23回－47・48・49，22回－47・48・49

相談面接のプロセスについてまとめておく。

- 開始：インテーク過程であり，クライエントと援助者のラポール形成を基にした協働作業の始まりである。
- アセスメント：情報の収集をはじめ，その情報より支援の方向性を定める（問題規定）。
- 援助計画：アセスメント・事前評価を基礎とし，有効な実行や介入の計画案を立てていく過程である。
- 実行・調整・介入：目標の達成に向けてさまざまな介入技法を用いるなど，一連の援助行為過程である。

解説

1＝○　インテークでは，クライエントから得た情報に基づいて，その主訴《しゅそ》と支援機関の役割が**合致するかを確認すること**が重要である。

2＝○　アセスメントでは，インテークで得た情報から具体的な支援計画に結びつけていくために，解決する問題，クライエント，取り巻く環境およびそれらの**相互関係を確定すること**が必要である。

3＝×　支援計画では，時間の枠を，長期や短期など設定された**期間ごとに目標を立てる**必要がある。

4＝○　支援を終結する際は，終結に伴う怒りや不信，突き放された思い，不安を十分に受け止め，クライエントの思いへの**共感的理解をクライエントに戻す**必要がある。

5＝×　支援の記録については事後評価を行う必要があり，それを**スーパービジョンに積極的に活用していく**必要がある。

解答＝1・2・4

問題 49　ソーシャルワークにおける地域援助技術として，より適切なものはどれか。3つ選べ。

1　生活支援コーディネーターによる地域住民に対する支え合い活動の組織化
2　自治体職員による外国人に対する入院費用等の個別相談
3　老人クラブによる子どもに対する昔遊びなどを通じた世代間交流の促進
4　震災被災者に対する支援のためのNPOの組織化
5　社会福祉協議会による視覚障害者団体の会員に対するレクリエーション活動

ポイント

【キーワード】 ソーシャルワーク
【出題回－問題番号】 26回－47・48・49，25回－48・49，24回－48・49，23回－47・48・49，22回－47・48・49

地域に対するソーシャルワークについてまとめておく。

・対象が地域である：対象が個人でも集団でもなく，地域全体に対して行われる。
・間接援助技術である：個人・家族に対するソーシャルワークや，集団に対するソーシャルワークが直接クライエントに働きかけることを主とする直接援助技術であるのに対し，地域に対するソーシャルワークは，地域への働きかけによりクライエントが利益を得るという間接援助技術である。

解説

1＝○　生活支援コーディネーターによる地域住民に対する支え合い活動の組織化は，**地域援助技術**である。
2＝×　自治体職員による外国人に対する入院費用等の個別相談は，**個別援助技術**である。
3＝○　老人クラブによる子どもに対する昔遊びなどを通じた世代間交流の促進は，**地域援助技術**である。
4＝○　震災被災者に対する支援のためのNPOの組織化は，**地域援助技術**である。
5＝×　社会福祉協議会による視覚障害者団体の会員に対するレクリエーション活動は，**集団援助技術**である。

解答＝1・3・4

ときテク

地域は幅広いため，難しく感じている受験生は多い。その場合は，個別と集団を選び出し，消去法で答えることでもよい。

問題 50　介護保険における訪問介護について正しいものはどれか。2つ選べ。

1　嚥下困難な利用者のための流動食の調理は，生活援助として算定できる。

2　利用者とその家族が通院で使用している自家用車の洗車は，生活援助として算定できる。

3　手助け及び見守りをしながら利用者と一緒に行う被服の補修は，身体介護として算定できる。

4　特別な手間をかけて行う正月料理の調理は，年に一度であれば，生活援助として算定できる。

5　専門的な判断や技術が必要でない場合における手足の爪切りは，身体介護として算定できる。

ポイント

【キーワード】訪問介護　**【出題回－問題番号】**26回－50，25回－50，24回－50，23回－52，22回－50

訪問介護で，報酬算定されないものについてまとめておく。

・直接本人の援助に該当しない行為：利用者以外の洗濯・調理等，来客の応接など

・日常生活援助以外の行為：草むしり・花木の水やり・ペットの世話など

・家事の範囲を超える行為：大掃除・ガラス磨き・床のワックスがけ・正月，節句等のために特別な手間をかけて行う調理など

解説

1＝✕　嚥下《えんげ》困難な利用者のための流動食の調理は，**身体介護**として算定される。

2＝✕　利用者とその家族が通院で使用している自家用車の洗車は，介護保険の**報酬を算定することができない**。

3＝○　手助けおよび見守りをしながら利用者と一緒に行う被服の補修は，**身体介護**として算定される。

4＝✕　特別な手間をかけて行う正月料理の調理は，介護保険の**報酬を算定することができない**。

5＝○　専門的な判断や技術が必要でない場合における手足の爪《つめ》切りは，**身体介護**として算定される。

解答＝3・5

ときテク

身体介護・生活援助など，訪問介護の内容については頻出である。報酬算定されないものを覚えておくと2×4×が導き出される。1の調理には注意したい。

問題 51　介護保険における通所介護について正しいものはどれか。3つ選べ。

1　送迎に要する時間は，通所介護費算定の基準となる所要時間には含まれない。

2　通所介護計画は，利用者が作成を希望しない場合には，作成しなくてもよい。

3　利用料以外の料金として，おむつ代の支払いを受けることができる。

4　利用者が当該事業所の設備を利用して宿泊する場合には，延長加算を算定できない。

5　災害等のやむを得ない事情により利用定員を超えてサービスを提供した場合には，所定単位数から減算される。

ポイント

【キーワード】通所介護　**【出題回－問題番号】**26回－52，25回－51，24回－51，23回－53，22回－51

通所介護の運営基準などについてまとめておく。

・利用料の受領：通常の事業の実施地域以外に居住する利用者を送迎する費用・通常の時間を超えるサービス（預かりサービス）の費用・食事の費用・おむつ代・日常生活費の支払いを受けることができる。

・定員の遵守《じゅんしゅ》：やむを得ない場合を除き，定員を超えてサービス提供を行ってはならない。

・通所介護計画の作成：通所介護計画の内容を利用者・家族に説明し，利用者の同意を得たうえ，利用者に交付する。

解説

1＝○　通所介護費算定の基準は，通所介護事業所に滞在する時間であり，送迎に要する時間は，**通所介護費算定の基準となる所要時間には含まれない**。ただし，利用者の居宅において一定の支援を行った場合，30分を限度として通所介護費の算定をすることができる。

2＝×　通所介護計画は，利用者の希望の有無にかかわらず，**すべての利用者に対して作成しなければならない**。

3＝○　通所介護では，おむつ代は保険給付の対象外となるため，**おむつ代の支払いを受けることができる**。

4＝○　利用者が当該事業所の設備を利用して宿泊する場合は，保険給付の対象外となるため，**延長加算を算定せず，全額自己負担となる**。

5＝×　災害等のやむを得ない事情により利用定員を超えてサービスを提供した場合においても，**所定単位数から減算されることはない**。

解答＝1・3・4

問題 52　介護保険における訪問入浴介護について正しいものはどれか。3つ選べ。

1　訪問入浴介護費は，サービス提供時間によって2つに区分されている。

2　訪問入浴介護事業者は，利用者の選定により提供される特別な浴槽水等に係る費用を，通常の利用料以外の料金として受け取ることができる。

3　利用者の肌に直接触れるタオル等は，個人専用のものを使うなど安全清潔なものを使用する。

4　利用者の身体の状況等に支障を生ずるおそれがない場合には，主治の医師の意見を確認した上で，看護職員に代えて介護職員のみで実施することができる。

5　利用者の心身の状況から全身入浴が困難であって，利用者の希望により清拭のみを実施した場合には，全身入浴と同じ単位数を算定することができる。

ポイント

【キーワード】 訪問入浴介護

【出題回－問題番号】 26回－51，25回－52，24回－52，23回－54，22回－52

訪問入浴介護の報酬算定についてまとめておく。

・基本報酬：要介護者 1,260単位・要支援者 852単位

・介護職員のみで行った場合：所定単位数の95％で算定

・清拭《せいしき》または部分浴を実施した場合：所定単位数の90％で算定

解説

1 =×　訪問入浴介護費は，サービス提供時間や要介護度等にかかわらず，**一律で設定されている**。

2 =○　利用者の選定により提供される特別な浴槽《よくそう》水等の費用は，保険給付の対象外となるため，訪問入浴介護事業者は，**通常の利用料以外の料金として受け取ることができる**。

3 =○　利用者の肌に直接触れるタオル等については，個人専用のものを使うなど**安全清潔なものを使用する**。

4 =○　利用者の身体の状況が安定していること等から，利用者の身体の状況等に支障を生ずるおそれがない場合，主治の医師の意見を確認した上で，**看護職員に代えて介護職員のみで実施することができる**。

5 =×　利用者の心身の状況から全身入浴が困難であって，利用者の希望により清拭《せいしき》のみを実施した場合には，**全身入浴の90％の単位数**を算定することができる。

解答＝2・3・4

問題 53　介護保険における短期入所生活介護について正しいものはどれか。2つ選べ。

1　短期入所生活介護計画は，居宅サービス計画を作成した介護支援専門員が作成しなければならない。

2　短期入所生活介護計画は，利用期間にかかわらず作成しなければならない。

3　短期入所生活介護計画の内容については，利用者及びその家族に説明を行えば，利用者の同意を得る必要はない。

4　短期入所生活介護計画の記録は，その完結の日から２年間保存しなければならない。

5　利用者が連続して 30 日を超えて指定短期入所生活介護を受けている場合には，30 日を超える日以降については短期入所生活介護費は算定できない。

ポイント

【キーワード】短期入所生活介護　**【出題回－問題番号】**26 回－ 53，25 回－ 53，24 回－ 53，23 回－ 50，22 回－ 53

短期入所生活介護の運営基準についてまとめておく。

- 利用料の受領：法定自己負担額の他に，①食事の提供，②滞在，③特別な居室の提供，④特別な食事の提供，⑤送迎（送迎加算算定の場合を除く），⑥理美容に関する費用，⑦その他日常生活においても通常必要となるものに関する費用の支払いを受けることができる。なお，①から④に関する費用にかかる同意は文書によって得ることが必要である。
- 短期入所生活介護計画の作成：管理者は，おおむね４日以上利用する者に対して，短期入所生活介護計画を作成しなければならない。

解説

1 = ✕　短期入所生活介護計画については，短期入所生活介護事業所の管理者が作成する。

2 = ✕　短期入所生活介護計画は，おおむね４日以上継続して利用する利用者に対して作成しなければならない。

3 = ✕　短期入所生活介護計画の内容については，利用者・家族に説明し，利用者の同意を得なければならない。

4 = ○　短期入所生活介護計画の記録については，完結の日から２年間保存しなければならない。

5 = ○　短期入所生活介護費は，連続して 30 日までしか算定することができないため，30 日を超える日以降（31 日目から）については算定することができない。

解答＝４・５

問題 54　介護保険における住宅改修について正しいものはどれか。3つ選べ。

1　取り付けに際し工事の必要のない，便器を囲んで据え置いて使用する手すりは，住宅改修費の支給対象にはならない。

2　浴室の段差解消に伴う給排水設備工事は，住宅改修費の支給対象にはならない。

3　非水洗和式便器から水洗洋式便器に取り替える場合は，水洗化工事の費用も住宅改修費の支給対象になる。

4　引き戸への取替えにあわせて自動ドアを設置した場合は，自動ドアの動力部分の設置は，住宅改修費の支給対象にはならない。

5　畳敷から板製床材への変更は，住宅改修費の支給対象になる。

ポイント

【キーワード】 住宅改修

【出題回－問題番号】 26回－54，24回－54，22回－54

住宅改修の特徴についてまとめておく。支給対象は第22回問題54（303ページ）を参照。

- 償還払いである：住宅改修にかかる費用は，被保険者がかかった費用をいったん立て替え，領収書等に基づいて保険給付分の額（7～9割）が保険者（市町村）から戻ってくる。
- 事業者指定がない：都道府県知事および市町村長の指定を受けなくても事業実施が可能である。
- 事前申請が必要：住宅改修前に，申請書・見積書・写真・理由書などを保険者（市町村）へ提出し，確認を受けなければならない。

解説

1＝○　取り付けに際し工事の必要のない，便器を囲んで据え置いて使用する手すりは，住宅改修費の支給対象にはならず，**福祉用具貸与の対象となる。**

2＝×　浴室の段差解消に伴う給排水設備工事は，**付帯工事として住宅改修費の支給対象となる。**

3＝×　非水洗和式便器から水洗洋式便器に取り替える場合は，水洗化工事の費用は住宅改修費の**支給対象とならない。**

4＝○　引き戸への取替えにあわせて自動ドアを設置した場合，自動ドアの動力部分の設置については，住宅改修費の**支給対象にはならない。**

5＝○　畳《たたみ》敷《じ》きから板製床材への変更は，滑《すべ》り防止および移動の円滑化に関する床材の変更として，住宅改修費の**支給対象になる。**

解答＝1・4・5

問題 55 介護保険における夜間対応型訪問介護について正しいものはどれか。3つ選べ。

1 既に居宅サービス計画が作成されている場合でも，夜間対応型訪問介護計画を作成する必要がある。

2 サービスの提供時間については，24 時から 8 時までの間を最低限含む必要がある。

3 オペレーションセンターを設置している場合には，基本夜間対応型訪問介護費に加え，定期巡回サービス及び随時訪問サービスのそれぞれについて 1 回ごとに介護報酬を算定できる。

4 オペレーターは，定期巡回サービスを行う訪問介護員等に同行し，地域を巡回しながら利用者からの通報に対応することができる。

5 対象者は，一人暮らしの高齢者又は高齢者のみの世帯や中重度の者に限られる。

ポイント

【キーワード】 夜間対応型訪問介護

【出題回－問題番号】 24 回－ 55，22 回－ 56

夜間対応型訪問介護の人員基準についてまとめておく。

・オペレーター：利用者の通報を受ける者。オペレーションセンターを設置しない場合は配置しなくてもよい。訪問介護員と兼務可能。

・面接相談員：オペレーターと同様の資格または知識を有する者を配置する。

・訪問介護員：定期巡回サービスおよび随時訪問サービスを提供するために必要な数以上。

解説

1 = ○ 夜間対応型訪問介護計画は，既に居宅サービス計画が作成されている場合であったとしても作成する必要がある。

2 = × 夜間対応型訪問介護のサービス提供時間は，22 時から 6 時までの間を最低限含む必要がある。

3 = ○ 夜間対応型訪問介護では，定期巡回サービスおよび随時訪問サービスを行った場合，それぞれについて 1 回ごとに介護報酬を算定できる。

4 = ○ オペレーターは，利用者の処遇に支障がない場合，訪問介護員と兼務することができるため，定期巡回サービスを行う訪問介護員等に同行し，地域を巡回しながら利用者からの通報に対応することができる。

5 = × 夜間対応型訪問介護の対象者は，居宅要介護者となっており，一人暮らしや寝たきりなどの状態によって制限されているものではない。

解答＝1・3・4

問題 56　介護保険における認知症対応型通所介護について正しいものはどれか。2つ選べ。

1　生活相談員が認知症対応型通所介護計画を作成する。
2　栄養改善サービスを提供することができる。
3　若年性認知症の者は，要介護であっても対象とならない。
4　認知症対応型共同生活介護事業所の居間や食堂を活用して行うのは，併設型指定認知症対応型通所介護である。
5　認知症対応型通所介護計画に位置付けられ，効果的な機能訓練等のサービスが提供できる場合は，事業所の屋外でサービスを提供することができる。

ポイント

【キーワード】認知症対応型通所介護
【出題回－問題番号】26回－56，24回－56，22回－55

認知症対応型通所介護の類型についてまとめておく。

・単独型：他の入所系施設などに併設せずに単独で行われ，定員が12人以下である。
・併設型：他の入所系施設に併設されて行われ，定員は12人以下である。
・共用型：指定認知症対応型共同生活介護事業所の居間や食堂，指定地域密着型特定施設・指定地域密着型介護老人福祉施設の食堂や共同生活室を利用して行われる。定員は1ユニット（1施設）3人以下である。

解説

1＝× 認知症対応型通所介護計画の作成は，**管理者**が行う。

2＝○ 認知症対応型通所介護では，**栄養改善サービスを提供することができ**，一定の要件に該当した場合，栄養改善加算を算定することができる。

3＝× 認知症対応型通所介護は，要介護者であって，認知症であるものが対象となり，若《じゃく》年《ねん》性認知症の者は，要介護者であれば**利用することができる**。なお，要支援者は，介護予防認知症対応型通所介護を利用することができる。

4＝× 認知症対応型共同生活介護事業所の居間や食堂を活用して行うのは，**共用型指定認知症対応型通所介護**である。

5＝○ 認知症対応型通所介護計画に位置付けられ，効果的な機能訓練等のサービスが提供できる場合は，事業所の屋内に限らず，**屋外でサービスを提供することができる**。

解答＝2・5

問題 57　指定介護老人福祉施設について正しいものはどれか。3つ選べ。

1　介護支援専門員は，入所者の処遇に支障がない場合であっても，他の職務と兼務しない常勤の者でなければならない。

2　管理者は，常勤の者でなければならないが，管理上支障がない場合には，同一敷地内にある他の事業所，施設等の職務に従事することができる。

3　居宅において日常生活を営むことができると認められる入所者に対し，円滑な退所のために必要な援助を行わなければならない。

4　入所者及びその家族から苦情を受け付けた場合でも，その内容等の記録は義務付けられていない。

5　入所者が病院等に入院する際に，おおむね3月以内に退院することが明らかに見込まれる場合には，原則として，退院後再び当該施設に円滑に入所できるようにしなければならない。

ポイント

【キーワード】介護老人福祉施設　**【出題回－問題番号】**26回－57，25回－57，24回－57，23回－57，22回－57

介護老人福祉施設の人員基準についてまとめておく。

・管理者：常勤専従の者を配置する必要がある。ただし，管理上支障がない場合は，同一敷地内の他の事業所，施設等の職務との兼務が可能である。

・介護支援専門員：常勤専従の者を1人（入所者の数が100またはその端数を増す毎に1人を増やす）配置する必要がある。ただし，入所者の処遇に支障がない場合は，他の職務と兼務が可能である。

解説

1＝×　介護支援専門員は，常勤専従の者でなければならない。ただし，入所者の処遇に支障がない場合においては，**他の職務と兼務することができる。**

2＝○　管理者は，常勤専従の者でなければならない。ただし，管理上支障がない場合には，同一敷地内にある他の事業所，施設等の職務に**従事することができる。**

3＝○　指定介護老人福祉施設では，居宅において日常生活を営むことができると認められる入所者に対し，円滑な退所のために**必要な援助を行わなければならない。**

4＝×　指定介護老人福祉施設の入所者およびその家族から苦情を受け付けた場合，適切に対応すると同時に，その内容等について**記録しなければならない。**

5＝○　指定介護老人福祉施設の入所者が病院等に入院する際，おおむね3月以内に退院することが明らかに見込まれる場合には，原則として，退院後**再び当該施設に円滑に入所できるようにしなければならない。**

解答＝2・3・5

問題 58 生活保護制度について正しいものはどれか。3つ選べ。

1 生活保護制度は，市町村の責任と裁量の下で行われる。

2 生活保護制度は，生活困窮に陥った原因にかかわらず，無差別平等に受けることができる。

3 医療扶助による医療の給付は，医療保護施設又は生活保護の指定医療機関に委託して行うことができる。

4 介護扶助には，要介護者に対する住宅改修は含まれない。

5 住宅扶助は，原則として，金銭給付で行われる。

ポイント

【キーワード】 生活保護

【出題回－問題番号】 26回－60，25回－58，24回－58，23回－58，22回－59

生活保護法の扶助についてまとめておく。

- 生活扶助：飲食物費・被服費・光熱水費・介護保険料（普通徴収の場合）
- 教育扶助：義務教育期間中の児童・生徒への学用品費等
- 住宅扶助：被保護者のための地代・家賃等の費用
- 医療扶助：いわゆる医療費と施術や入退院等の場合の交通費等
- 介護扶助：介護保険法に規定される介護給付・予防給付と移送費
- 出産扶助：分娩介助料や分娩前後の処置料などの出産に伴う費用
- 生業扶助：生業費，技能修得費等就労に必要な費用。高校就学に必要な費用
- 葬祭扶助：死体の運搬や火葬・埋葬・納骨等にかかる費用

解説

1＝× 生活保護制度は，憲法第25条に規定された生存権の保障の理念に基づき，国の責任と裁量の下で行われる。

2＝○ 生活保護制度は，無差別平等の原理により，生活困窮に陥った原因にかかわらず，無差別平等に受けることができる。

3＝○ 医療扶助における医療の給付は，医療保護施設または生活保護の指定医療機関に委託して行うことができる。

4＝× 介護扶助には，介護保険で定められたサービスが含まれているため，要介護者に対する住宅改修は含まれる。

5＝○ 地代・家賃等が扶助される住宅扶助は，原則として，金銭給付で行われる。

解答＝2・3・5

□□□

問題 59 生活困窮者自立支援法について適切なものはどれか。3つ選べ。

1 生活困窮者自立相談支援事業は，親に扶養されている成人の子も支援の対象としている。

2 生活困窮者自立相談支援事業の自立相談支援機関には，弁護士の配置が義務付けられている。

3 都道府県，市及び福祉事務所を設置する町村は，生活困窮者自立相談支援事業を行うものとされている。

4 生活困窮者自立相談支援事業は，社会福祉法人等に委託することはできない。

5 生活困窮者一時生活支援事業は，任意事業である。

ポイント

【キーワード】 生活困窮者自立支援制度

【出題回－問題番号】 24 回－ 59，22 回－ 58

生活困窮者自立支援制度についてまとめておく。

・実施機関：都道府県，市および福祉事務所を設置する町村である。

・対象者：生活困窮者

<任意事業の一部>

・生活困窮者一時生活支援事業：住居のない生活困窮者で一定水準以下の者に対して，宿泊場所の供与や衣食の供与等を実施する。

解説

1 = ○ 生活困窮者自立支援制度の対象者である生活困窮者とは，「就労の状況，心身の状況，地域社会との関係性その他の事情により，現に経済的に困窮し，最低限度の生活を維持することができなくなるおそれのある者」とされており，そこには，親に扶養されている成人の子も**支援の対象として含まれている。**

2 = × 生活困窮者自立相談支援事業の自立相談支援機関に，弁護士を配置するという**義務はない。**

3 = ○ 生活困窮者自立相談支援事業を行う者は，「**都道府県，市及び福祉事務所を設置する町村**」である。

4 = × 生活困窮者自立相談支援事業の事務の全部または一部を社会福祉法人，NPO 法人などのほか，都道府県等が適当と認めるものに**委託することができる。**

5 = ○ 一定の住居を持たない生活困窮者に対し，宿泊場所の供与，食事の提供等を行う生活困窮者一時生活支援事業は，生活困窮者自立支援制度の**任意事業として定められている。**

解答＝1・3・5

問題 60 成年後見制度について正しいものはどれか。3つ選べ。

1 親族も成年後見人になることができる。

2 市町村長は，四親等内の親族がいる場合には，後見開始の審判の請求をすることはできない。

3 その理念の一つとして，成年被後見人等の自発的意思の尊重がある。

4 成年後見人は，家庭裁判所の許可を得ずに，成年被後見人の居住用不動産を処分することができる。

5 後見開始の審判は，本人も請求することができる。

ポイント

【キーワード】 成年後見制度

【出題回－問題番号】 26回－58，25回－59，24回－60，23回－59，22回－60

成年後見制度についてまとめておく。

・対象者：判断能力が不十分であるために，意思決定が困難な者（認知症・精神障害・知的障害などが原因）。

①法定後見制度：本人または四親等内の親族等が家庭裁判所に申立（審判請求）を行う制度。対象者が認知症等に「なってから」の申立となる。対象者の状態により，家庭裁判所が「後見」「保佐」「補助」の３類型のうち，該当するものを決定する。

②任意後見制度：本人が認知症等に「なる前」に，任意後見人と契約（任意後見契約）を結ぶ制度である。その後に本人が認知症等になった場合，任意後見人が家庭裁判所へ申立（審判請求）をし，家庭裁判所が任意後見監督人を選任してスタートする。

解説

1＝○ 成年後見人には，**親族や専門職後見人**がなることができる。

2＝× 市町村長は，四親等内の親族がいる場合においても，65歳以上の者につき，特に必要があると認められる場合は，**後見開始の審判の請求をすることができる**。

3＝○ 成年後見制度の理念の一つに，利用者本人の意思決定を支援し，**自発的意思を尊重する「自己決定権の尊重」**が含まれている。

4＝× 成年後見人は，家庭裁判所の許可なしに，成年被後見人の居住用不動産を**処分することはできない**。

5＝○ 後見開始の審判は，**本人**，配偶者，四親等内の親族などが請求することができる。

解答＝1・3・5

年度別過去問
＋
解答・解説
第 23 回
（令和 2 年度）

問題 1　2017（平成 29）年度末における全国の要介護（要支援）認定者数の状況として正しいものはどれか。**2つ選べ。**

1　要介護（要支援）認定者のうち，約１割が第２号被保険者である。
2　女性の要介護（要支援）認定者数は，男性の認定者数の約２倍である。
3　要介護（要支援）認定者数は，前年度末に比べ，第１号被保険者，第２号被保険者ともに増加している。
4　要介護（要支援）状態区分別でみると，認定者数が最も多いのは，要介護１である。
5　第１号被保険者に占める要介護（要支援）認定者の割合は，25％を超えている。

ポイント

【キーワード】介護保険データ　**【出題回－問題番号】**26 回－1，25 回－4，24 回－2，23 回－1

厚生労働省が公表している「平成 29 年度介護保険事業状況報告（年報）」より，要介護（要支援）状態区分別の人数を表にする。

（単位：万人）

要支援１	要支援２	要介護１	要介護２	要介護３	要介護４	要介護５
88	88	129	112	85	79	60

軽度者が全体の約 65％となっており，今後は軽度者に対する重度化防止の施策に積極的に取り組む必要があると考えられる。

解説

1 = ☒　要介護（要支援）認定者のうち，第１号被保険者が 628 万人，第２号被保険者は 13 万人であり※，**第２号被保険者の割合は，0.2 割（２％）**である。

2 = ◎　女性の要介護（要支援）認定者数は 441 万人であり※，男性の要介護（要支援）認定者数（200 万人）の約２倍である。

3 = ☒　要介護（要支援）認定者数は，第１号被保険者が**前年比 9.6 万人増**となっているが，第２号被保険者は**前年比 0.3 万人減**となっている。

4 = ◎　要介護（要支援）状態区分別でみると，認定者数が最も多いのは，**要介護１**（129 万人）である。

5 = ☒　第１号被保険者は 3488 万人であり，そのうち要介護（要支援）認定者は 628 万人※であるため，第１号被保険者に占める要介護（要支援）認定者の割合は 18％であり，**25％を超えていない。**

※「令和２年度介護保険事業状況報告（年報）」では要介護（要支援）認定者数は 682 万人，そのうち第１号被保険者は 669 万人（男性 209 万人，女性 460 万人），第２号被保険者は 13 万人（男性７万人，女性６万人）。

解答＝２・４

問題 2　要支援者が利用できるサービスとして正しいものはどれか。3つ選べ。

1　認知症対応型共同生活介護
2　認知症対応型通所介護
3　看護小規模多機能型居宅介護
4　地域密着型介護老人福祉施設入所者生活介護
5　小規模多機能型居宅介護

ポイント

【キーワード】 保険給付
【出題回－問題番号】 26回－7・8，23回－2・10

地域密着型介護予防サービスについてまとめておく。

・介護予防認知症対応型通所介護：急性期でない認知症の者が対象である。管理者は，介護予防認知症対応型通所介護計画を作成する。
・介護予防小規模多機能型居宅介護：通いを中心とし，訪問や宿泊を1つの事業所で行う。介護支援専門員は介護予防小規模多機能型居宅介護計画を作成する。
・介護予防認知症対応型共同生活介護：認知症のグループホームであり，要支援2の者しか利用できない。計画作成担当者が介護予防認知症対応型共同生活介護計画を作成する。

解説

1＝○　認知症対応型共同生活介護は，要支援者が利用できるサービスである。
2＝○　認知症対応型通所介護は，要支援者が利用できるサービスである。
3＝×　看護小規模多機能型居宅介護は，要支援者が利用できないサービスである。
4＝×　地域密着型介護老人福祉施設入所者生活介護は，要支援者が利用できないサービスである。
5＝○　小規模多機能型居宅介護は，要支援者が利用できるサービスである。

解答＝1・2・5

ときテク

要支援者が利用できる地域密着型サービスは3つだけである。要介護者が利用できる地域密着型サービス9つを覚え，そのうちの3つは要支援者も使えると覚えておくとよい。

問題 3　近年の高齢者や介護に関する状況の説明として適切なものはどれか。3つ選べ。

1　介護を要する高齢者を高齢者が介護する「老老介護」が増加している。
2　80代の親と50代の子が，ひきこもりなどの困難を抱えつつ社会的に孤立している「8050問題」が顕在化している。
3　育児と介護を同時に行う，いわゆる「ダブルケア」が問題となっている。
4　介護職員の離職率の増加が，「介護離職」として問題となっている。
5　人口の半数以上を55歳以上の者が占める集落を「限界集落」という。

ポイント

【キーワード】高齢者を取り巻く状況
【出題回－問題番号】23回－3
出題されているキーワードについてまとめておく。
・老老介護：65歳以上の者が65歳以上の者を介護している状態。
・8050問題：中高年のひきこもりが増えていることが顕在化してきており，80代の親と50代の子の親子関係に関するさまざまな問題。

解説

1＝○　要介護者と同居している者が高齢者である割合は年々増加しており，いわゆる「老老介護」が増加しているといえる。
2＝○　内閣府の調査により，ひきこもりなどの困難を抱えつつ社会的に孤立している「8050問題」が顕在化してきた。
3＝○　内閣府の調査によると，ダブルケアを行う者は約25万人おり，今後も増加すると考えられている。
4＝×　介護離職とは，家族等の介護を理由として，その介護に従事するために離職をすることを指し，介護職員が離職をすることではない。
5＝×　限界集落とは，過疎化などで人口の半数以上を65歳以上が占める集落を指す。

解答＝1・2・3

ときテク

近年の日本の状況について問われている。テキストで学ぶというより，時事問題的な位置づけとなるので試験対策としては難しいものであるが，本問に出題されている知識は覚えておきたい。

問題 4　介護保険制度における都道府県の事務として正しいものはどれか。2つ選べ。

1　財政安定化基金の設置
2　地域支援事業支援交付金の交付
3　第2号被保険者負担率の設定
4　介護保険審査会の設置
5　介護給付費等審査委員会の設置

ポイント

【キーワード】都道府県の事務
【出題回－問題番号】24回－9，23回－4
主な都道府県の事務についてまとめておく。
・介護サービス情報の公表および必要と認める場合の調査
・都道府県介護保険事業支援計画の策定
・介護支援専門員の登録・登録更新・介護支援専門員証の交付
・居宅サービス事業者・介護予防サービス事業者・介護保険施設の指定（または許可）

解説

1＝○　財政安定化基金の設置は，**都道府県の事務**である。
2＝×　地域支援事業支援交付金の交付は，社会保険診療報酬支払基金が行うことであり，**都道府県の事務ではない**。
3＝×　第2号被保険者負担率の設定は，国が行うことであり，**都道府県の事務ではない**。
4＝○　介護保険審査会の設置は，**都道府県の事務**である。
5＝×　介護給付費等審査委員会の設置は，国民健康保険団体連合会が行うことであり，**都道府県の事務ではない**。

解答＝1・4

ときテク

保険者の事務や都道府県の事務については主なものを覚えておく。また，2・3・5についても誰が行うべきか出題されやすいものなので，この機会にすべての選択肢について覚えておきたい。そうすると消去法でも正解を導けるようになる。

問題 5　2017（平成 29）年の介護保険制度改正について正しいものはどれか。3 つ選べ。

1　改正の趣旨は，地域包括ケアシステムの強化である。

2　共生型居宅介護支援を創設した。

3　市町村介護保険事業計画に，自立支援，介護予防・重度化防止等への取組を記載することとした。

4　施設サービスとして，介護医療院サービスを追加した。

5　第 1 号被保険者の保険料に総報酬割を導入した。

ポイント

【キーワード】 介護保険制度改正

【出題回－問題番号】 24 回－1，23 回－5，22 回－1

2017（平成 29）年の介護保険制度改正の「保険者機能の強化等による自立支援・重度化防止に向けた取り組みの推進」について，市町村および都道府県の計画に定めるべき事項についてまとめておく。

・被保険者の自立支援・介護予防と悪化防止・介護費用の適正化に関して市町村が取り組むべき施策（自立支援等施策）とその目標に関する事項を市町村介護保険事業計画に記載する。

・市町村による自立支援等施策への支援に関し都道府県が取り組むべき施策とその目標に関する事項を都道府県介護保険事業支援計画に記載する。

解説

1 =○　2017（平成 29）年の介護保険制度改正では，**地域包括ケアシステムの強化**が掲げられている。

2 =×　2017（平成 29）年の介護保険制度改正で共生型サービスは創設されたが，共生型居宅介護支援は**創設されていない**。

3 =○　2017（平成 29）年の介護保険制度改正において，自立支援，介護予防・重度化防止等への取組（いわゆる「自立支援等施策」）は市町村介護保険事業計画に定めるべき事項とされ，**同計画に記載されることとなった**。

4 =○　2017（平成 29）年の介護保険制度改正で，**介護医療院サービスが追加された**。

5 =×　2017（平成 29）年の介護保険制度改正で総報酬割が導入されたのは，国民健康保険の被保険者を除く**第 2 号被保険者の保険料**である。

解答＝1・3・4

問題 6　介護保険法第２条に示されている保険給付の基本的考え方として正しいものはどれか。３つ選べ。

1　要介護状態等の維持又は悪化の予防に資するよう行われる。
2　被保険者の選択に基づく。
3　総合的かつ効率的に提供されるよう配慮して行わなければならない。
4　快適な日常生活を営むことができるように配慮されなければならない。
5　被保険者の要介護状態等に関し，必要な保険給付を行う。

ポイント

【キーワード】介護保険法条文
【出題回－問題番号】26回－4，25回－3，24回－5，23回－6，22回－2

介護保険法第２条の条文の要約を記載する。
①被保険者の要介護状態等に関し，必要な保険給付を行う。
②保険給付は，要介護状態等の軽減又は悪化の防止に資するよう行われるとともに，医療との連携に十分配慮して行う。
③被保険者の心身の状況，その置かれている環境等に応じて，被保険者の選択に基づき，適切な保健医療サービス及び福祉サービスが，多様な事業者又は施設から，総合的かつ効率的に提供されるよう配慮して行われる。
④保険給付の内容及び水準は，被保険者が要介護状態となった場合においても，可能な限り，その居宅において，その有する能力に応じ自立した日常生活を営むことができるように配慮される。

解説

1＝×　介護保険法第２条には，要介護状態等の維持又は悪化ではなく，軽減又は悪化の予防に資するよう行われることが定められている。
2＝○　介護保険法第２条に，被保険者の選択に基づくことが定められている。
3＝○　介護保険法第２条に，総合的かつ効率的に提供されるよう配慮して行われなければならないことが定められている。
4＝×　介護保険法第２条には，快適な日常生活ではなく，自立した日常生活を営むことができるように配慮されなければならないと定められている。
5＝○　介護保険法第２条に，被保険者の要介護状態等に関し，必要な保険給付を行うことが定められている。

解答＝2・3・5

問題 7　介護サービスに係る利用者負担が高額となった場合の取扱いについて正しいものはどれか。**3**つ選べ。

1　高額介護サービス費の負担上限額は，被保険者の家計に与える影響を考慮して，段階的に設定されている。

2　高額介護サービス費の負担上限額を超えた利用料は，常に現物給付となるため，利用者が直接事業者に支払う必要はない。

3　高額介護サービス費は，世帯単位で算定される。

4　施設介護サービス費に係る利用者負担は，高額介護サービス費の対象となる。

5　高額医療合算介護サービス費は，医療保険から支給される。

ポイント

【キーワード】利用者負担　**【出題回－問題番号】**23回－7・8・9

高額介護サービス費についてまとめておく。

・対象者：すべての被保険者

・対象サービス：居宅サービス・介護予防サービス・施設サービス・地域密着型サービス

・対象となる費用：定率負担額（1割～3割）

・給付方法：償還払い

・負担上限額：140,100円・93,000円・44,400円・24,600円・15,000円の5段階

解説

1＝○　高額介護サービス費の負担上限額は，所得に応じて，**5段階に設定されている**※。

2＝×　高額介護サービス費の負担上限額を超えた利用料については，**いったん事業者・施設に支払う**こととなる。その後，超えた分を保険者（市町村）に請求し，保険者から給付（償還払い）される。

3＝○　高額介護サービス費は，**世帯単位で算定され，負担上限額が定められる**。

4＝○　高額介護サービス費は，施設介護サービス費にかかる利用者負担も**対象となる**。

5＝×　高額医療合算介護サービス費は**介護保険の保険給付**である。

※ 2021（令和3）年8月より，負担上限額は5段階になった。

解答＝1・3・4

ときテク

高額介護サービス費については，ポイントでまとめた内容を覚えておくと，1○2×4○がスムーズに導き出される。

問題 8　特定入所者介護サービス費の支給について正しいものはどれか。3つ選べ。

1　対象となる費用は，食費と居住費（滞在費）である。
2　負担限度額は，所得の状況その他の事情を勘案して設定される。
3　対象となるサービスには，地域密着型介護老人福祉施設入所者生活介護は含まれない。
4　対象となるサービスには，特定施設入居者生活介護は含まれない。
5　対象者には，生活保護受給者は含まれない。

ポイント

【キーワード】利用者負担　**【出題回－問題番号】**23回－7・8・9

特定入所者介護サービス費についてまとめておく。

・対象者：生活保護受給者を含む市町村民税非課税世帯で，かつ配偶者が市町村民税非課税・本人および配偶者の預貯金等の金額の合計額が一定額以下である者。（預貯金の額は所得により異なる）
・対象サービス：介護保険施設・地域密着型介護老人福祉施設入所者生活介護・短期入所生活介護・短期入所療養介護
・対象となる費用：食費・居住費（滞在費）
・給付方法：現物給付

解説

1＝○　特定入所者介護サービス費の対象となる費用は，**食費・居住費（滞在費）**である。
2＝○　特定入所者介護サービス費の負担限度額は，**所得の状況等を勘案して段階別に設定**されている。
3＝×　特定入所者介護サービス費の対象サービスは，介護保険施設・**地域密着型介護老人福祉施設入所者生活介護**・短期入所生活介護・短期入所療養介護である。
4＝○　特定施設入居者生活介護は，特定入所者介護サービス費が対象となるサービスに含まれない。
5＝×　特定入所者介護サービス費の支給は，**生活保護受給者も対象**となる。

解答＝1・2・4

ときテク

ポイントでまとめた内容を覚えておくと，1○3×4○5×が導き出され，消去法で正解することができる。

問題 9　定率の利用者負担を市町村が減免する場合として正しいものはどれか。2つ選べ。

1　要介護被保険者の要介護度が著しく悪化した場合

2　要介護被保険者の属する世帯が住民税非課税世帯になった場合

3　要介護被保険者が災害により住宅に著しい損害を受けた場合

4　要介護被保険者と同居する家族が心身に重大な障害を受けた場合

5　要介護被保険者の属する世帯の生計維持者の収入が冷害による農作物の不作により著しく減少した場合

ポイント

【キーワード】利用者負担

【出題回－問題番号】23回－7・8・9

市町村は利用者負担の支払が一時的に困難と認められる被保険者（もしくは要介護被保険者等やその属する世帯の主たる生計維持者）について減免ができる。その特別な理由として介護保険法に定められている内容は下記の通りである。

・震災・風水害・火災等で住宅等の財産が著しく損害を受けたこと。

・世帯の生計を主として維持する者の死亡，心身の重大な障害や長期入院で収入が著しく減少したこと。

・事業の休廃止や著しい損失，失業等で収入が著しく減少したこと。

・干ばつ，冷害等による農作物の不作や不漁等で収入が著しく減少したこと。

解説

1＝×　市町村は，要介護被保険者の要介護度が著しく悪化した場合であっても，定率の利用者負担を**減免できない**。

2＝×　市町村は，要介護被保険者の属する世帯が住民税非課税世帯になった場合であっても，定率の利用者負担を**減免できない**。

3＝○　市町村は，要介護被保険者が災害により住宅に著しい損害を受けた場合，定率の利用者負担を**減免できる**。

4＝×　市町村は，要介護被保険者と同居する家族が心身に重大な障害を受けた場合であっても，定率の利用者負担を**減免できない**。ただし，世帯の生計維持者が心身に重大な障害を受け，収入が著しく減少した場合は減免されることがある。

5＝○　市町村は，要介護被保険者の属する世帯の生計維持者の収入が冷害による農作物の不作により著しく減少した場合，定率の利用者負担を**減免できる**。

解答＝3・5

問題 10 通所によるサービスについて正しいものはどれか。3つ選べ。

1　指定地域密着型通所介護では，機能訓練を行う必要はない。

2　指定介護予防通所リハビリテーションでは，医師等の従業者により介護予防通所リハビリテーション計画の実施状況の把握が行われなければならない。

3　介護予防・日常生活支援総合事業における通所型サービスは，市町村の保健・医療専門職による運動器の機能向上に限定して実施される。

4　共用型指定認知症対応型通所介護は，指定認知症対応型共同生活介護事業所の居間や食堂を活用して行うことが認められている。

5　指定療養通所介護は，難病等を有する重度要介護者又はがん末期の者のうち，常時看護師による観察が必要なものを対象者とする。

ポイント

【キーワード】保険給付

【出題回－問題番号】26回－7・8，23回－2・10

介護予防・日常生活支援総合事業における通所型サービスについてまとめておく。

- 通所介護（旧介護予防通所介護）：通所介護事業者の従事者による生活機能向上訓練など
- 通所型サービスA：雇用されている労働者やボランティアによるミニデイサービス・運動，レクリエーション等
- 通所型サービスB：ボランティアが主体となり，体操・運動等の活動など自主的な活動の場づくり
- 通所型サービスC：市町村の保健・医療の専門職等による運動器の機能向上や栄養改善，口腔機能向上等のプログラム

解説

1＝×　指定地域密着型通所介護では，機能訓練指導員を配置し，**機能訓練を行う**。

2＝○　指定介護予防通所リハビリテーションでは，医師等の従業者は，介護予防通所リハビリテーション計画に記載したサービスの提供を行う期間が終了するまでに，少なくとも1回は，当該計画の**実施状況の把握を行う**とされている。

3＝×　介護予防・日常生活支援総合事業における通所型サービスは，市町村の保健・医療専門職による**運動器の機能向上以外も行われる**。

4＝○　共用型指定認知症対応型通所介護は，指定認知症対応型共同生活介護事業所の**居間や食堂を活用して行われる**。

5＝○　指定療養通所介護は，難病等を有する重度要介護者またはがん末期の者のうち，**常時看護師による観察が必要なものを対象**とした地域密着型通所介護の一類型である。

解答＝2・4・5

問題 11　介護保険料について正しいものはどれか。２つ選べ。

1　普通徴収による第１号被保険者の保険料については，その配偶者に連帯納付義務がある。

2　第１号被保険者の保険料に係る特別徴収は，社会保険診療報酬支払基金が行う。

3　国民健康保険に加入する第２号被保険者の保険料は，都道府県が徴収する。

4　所得段階別定額保険料の所得区分は原則として９段階であるが，市町村の条例でさらに細分化することができる。

5　第２号被保険者負担率は，市町村が条例で定める。

ポイント

【キーワード】保険料

【出題回－問題番号】25回－10，23回－11，22回－9

第２号被保険者の保険料についてまとめておく。

- 保険料は医療保険者が定める。
- 保険料負担率は国が定める。
- 医療保険者は，社会保険診療報酬支払基金へ納付金を納付する。
- 社会保険診療報酬支払基金は各市町村に交付金を交付する。

解説

1＝○　普通徴収による第１号被保険者の保険料については，その配偶者および別に世帯主がいる場合はその世帯主に**連帯納付義務がある**。

2＝×　第１号被保険者の保険料にかかる特別徴収は，年金保険者が第１号被保険者のうち一定額以上の年金受給者について，年金支給の際に**年金から介護保険料を天引きし，市町村に納入する**方法である。

3＝×　国民健康保険に加入する第２号被保険者の保険料は，国民健康保険の保険者である**市町村・特別区・国民健康保険組合**が徴収する。

4＝○　第１号被保険者にかかる所得段階別定額保険料の所得区分は原則として９段階であるが，市町村の条例で定めるところにより，さらに**細分化することができる**。

5＝×　第２号被保険者負担率は，**国**が定める。

解答＝1・4

ときテク

特別徴収と保険料の徴収について理解しておくと２×３×となる。また，５の保険料負担率は間違いやすいので注意する必要がある。ポイントを参照して覚えておきたい。

問題 12 介護給付及び予防給付に要する費用について正しいものはどれか。3つ選べ。

1 国の負担分は，すべての市町村について同率である。
2 費用の総額は，公費と保険料によりそれぞれ50%ずつ賄われる。
3 市町村の一般会計における負担分は，すべての市町村において同率である。
4 第2号被保険者の保険料負担分は，各医療保険者から各市町村に交付される。
5 保険料負担分の総額は，すべての市町村に係る第1号被保険者と第2号被保険者のそれぞれの見込数の総数の割合で按分される。

ポイント

【キーワード】 介護保険の財政・会計
【出題回－問題番号】 25回－9，24回－12，23回－12，22回－10

公費負担と保険料負担についてまとめておく。

・公費負担：公費は国・都道府県・市町村がそれぞれ負担する。市町村の負担分については，一般会計より拠出されることとなっている。
・保険料負担：第1号被保険者と第2号被保険者の1人当たりの平均的な保険料が同じ水準となるよう，負担割合は国が政令で定めることとなっている。

解説

1 =× 国の負担分は，定率負担分と調整交付金に分類され，調整交付金は市町村によって異なるため，**すべての市町村で同率になることはない**。
2 =○ 介護保険の保険給付にかかる財政構造は，**公費50%**，**保険料50%**となっている。
3 =○ 市町村の一般会計における負担分は，すべての市町村において12.5%となり，**同率**となっている。
4 =× 第2号被保険者の保険料負担分は，**社会保険診療報酬支払基金**より介護給付費交付金・地域支援事業支援交付金として各市町村に交付される。
5 =○ 保険料負担分の総額については，すべての市町村にかかる第1号被保険者と第2号被保険者のそれぞれの**見込数の総数の割合**で按分《あんぶん》されている。

解答＝2・3・5

介護保険財政（72ページ）を理解しておくことで，1×2○3○はわかる。また，社会保険診療報酬支払基金を理解することで4×となり，消去法で正解を導き出すことができる。

問題 13　介護保険事業に係る保険給付の円滑な実施を確保するための基本的な指針について正しいものはどれか。3つ選べ。

1　地域支援事業の実施に関する基本的事項を定める。

2　都道府県知事が定める。

3　変更に当たっては，市町村長と協議しなければならない。

4　地域における医療及び介護の総合的な確保の促進に関する法律に規定する総合確保方針に即して定める。

5　介護給付等対象サービスを提供する体制の確保に関する基本的事項を定める。

ポイント

【キーワード】基本指針

【出題回－問題番号】23回－13

介護保険事業に係る保険給付の円滑な実施を確保するための基本的な指針の「地域包括ケアシステムの基本的理念」についてまとめておく。

①自立支援，介護予防・重度化防止の推進

②介護給付等対象サービスの充実・強化

③在宅医療の充実および在宅医療・介護連携を図るための体制の整備

④日常生活を支援する体制の整備

⑤高齢者の住まいの安定的な確保

解説

1＝○　介護保険事業に係る保険給付の円滑な実施を確保するための基本的な指針において，**地域支援事業の実施に関する基本的事項を定めること**とされている。

2＝×　介護保険事業に係る保険給付の円滑な実施を確保するための基本的な指針は，**国が定めること**となっている。

3＝×　介護保険事業に係る保険給付の円滑な実施を確保するための基本的な指針を変更する際は，**総務大臣その他関係行政機関の長と協議をしなければならない**。

4＝○　介護保険事業に係る保険給付の円滑な実施を確保するための基本的な指針は，「医療介護総合確保法」に規定する「**地域における医療及び介護を総合的に確保するための基本的な方針**」に即して定めることとされている。

5＝○　介護保険事業に係る保険給付の円滑な実施を確保するための基本的な指針において，介護給付等対象サービスを提供する体制の確保および地域支援事業の実施に関する**基本的事項を定める**こととされている。

解答＝1・4・5

問題 14　地域支援事業の任意事業として正しいものはどれか。2つ選べ。

1　地域リハビリテーション活動支援事業
2　家族介護支援事業
3　在宅医療・介護連携推進事業
4　地域ケア会議推進事業
5　介護給付等費用適正化事業

ポイント

【キーワード】 地域支援事業　**【出題回－問題番号】** 26回－13・14，25回－11・12，24回－14，23回－14，22回－12・19

地域支援事業の任意事業についてまとめておく。

・介護給付等費用適正化事業：利用者に適切なサービスを提供できる環境の整備を図るとともに，介護給付等に要する費用の適正化のための事業
・家族介護支援事業：介護方法の指導その他の要介護被保険者を現に介護する者の支援のために必要な事業
・成年後見制度利用支援事業：認知症などにより判断能力が不十分で，かつ，身寄りがないなど，親族などによる後見等開始の審判の申立てができない人について，市区町村長が代わって申立てを行う事業

解説

1＝✕　地域リハビリテーション活動支援事業は，介護予防・日常生活支援総合事業の一般介護予防事業であり，地域支援事業の**任意事業**ではない。
2＝○　家族介護支援事業は，地域支援事業の**任意事業**である。
3＝✕　在宅医療・介護連携推進事業は，地域支援事業の包括的支援事業であり，**任意事業**ではない。
4＝✕　地域ケア会議推進事業は，地域支援事業の包括的支援事業であり，**任意事業**ではない。
5＝○　介護給付等費用適正化事業は，地域支援事業の**任意事業**である。

解答＝2・5

ときテク

覚えておかなければならない任意事業は，「家族介護支援事業」と「介護給付等費用適正化事業」である。これらを覚えておかなくても，介護予防・日常生活支援総合事業や包括的支援事業を覚えていれば消去法で解くことができる。

問題 15　介護保険審査会への審査請求が認められるものとして正しいものはどれか。２つ選べ。

1　要介護認定に関する処分について不服がある被保険者

2　介護報酬の審査・支払について不服がある介護サービス事業者

3　保険料の滞納処分について不服がある被保険者

4　財政安定化基金拠出金への拠出額について不服がある市町村

5　居宅介護支援事業者から支払われる給与について不服がある介護支援専門員

ポイント

【キーワード】審査請求

【出題回－問題番号】26回－16，23回－15，22回－14

都道府県に設置される介護保険審査会についてまとめておく。

・委員は，被保険者代表委員３人・市町村代表委員３人・公益代表委員３人以上。

・委員は，都道府県知事が任命，任期は３年。

・要介護（要支援）認定に関する処分の審査請求は，公益代表委員からなる合議体で取り扱う。

・専門調査員をおくことができる。

解説

1＝○　要介護認定に関する処分について不服がある被保険者は，介護保険審査会への審査請求が認められる。

2＝×　介護報酬の審査・支払について不服がある介護サービス事業者は，介護保険審査会への審査請求は認められない。

3＝○　保険料の滞納処分について不服がある被保険者は，介護保険審査会への審査請求が認められる。

4＝×　財政安定化基金拠出金への拠出額について不服がある市町村は，介護保険審査会への審査請求は認められない。

5＝×　居宅介護支援事業者から支払われる給与について不服がある介護支援専門員は，介護保険審査会への審査請求は認められない。

解答＝1・3

ときテク

審査請求できる内容は，被保険者が保険者から受けた処分（決定）について不服があるものに限られる。単に苦情があるから審査請求できるわけではないので注意したい。ここでは，「被保険者」となっているものを選択すれば正解することができる。

問題 16 介護保険に関して市町村が有する権限について正しいものはどれか。3つ選べ。

1 被保険者の保険料に関し，被保険者の収入について調査する。

2 住宅改修を行う者に対し，文書の提出を求める。

3 介護給付費・地域支援事業支援納付金の算定のために，医療保険者から報告を徴収する。

4 被保険者に対する老齢等年金給付の支給状況について，年金保険者に対し資料の提供を求める。

5 介護サービス情報について，指定居宅サービス事業者を調査する。

ポイント

【キーワード】保険者の事務・条例

【出題回−問題番号】24回−6，23回−16

市町村が行うことができる調査についてまとめておく。

- 市町村は，被保険者の資格，保険給付，地域支援事業および保険料に関して必要があると認めるときは，被保険者，被保険者の配偶者，被保険者の属する世帯の世帯主や世帯員等に対し，文書その他の物件の提出・提示を命じ，または職員に質問させることができる。
- 市町村は，保険給付，地域支援事業および保険料に関して必要があると認めるときは，①被保険者，被保険者の配偶者，被保険者の属する世帯の世帯主や世帯員の資産・収入の状況，②被保険者に対する老齢等年金給付の支給状況について，官公署または年金保険者に対し文書閲覧や資料提供を求め，または銀行・信託会社等の関係機関や被保険者の雇用主等の関係者に報告を求めることができる。

解説

1＝○ 市町村は，被保険者，被保険者の配偶者，被保険者の属する世帯の世帯主や世帯員の**資産・収入の状況を調査することができる**。

2＝○ 市町村は，住宅改修費の支給決定にあたり，住宅改修を行う者に対し，**文書の提出を求めることができる**。

3＝× 介護給付費・地域支援事業支援納付金の算定のために，医療保険者から報告を徴収することができるのは，**厚生労働大臣または都道府県知事**である。

4＝○ 市町村は，被保険者に対する老齢等年金給付の支給状況について，年金保険者に対し**資料の提供を求めることができる**。

5＝× 介護サービス情報について，指定居宅サービス事業者を調査することができるのは**都道府県知事**である。

解答＝1・2・4

問題 17　被保険者の要介護認定を市町村が取り消すことができる場合として正しいものはどれか。２つ選べ。

1　正当な理由なしに，介護給付等対象サービスの利用に関する指示に従わないことにより，要介護状態の程度を増進させたとき。
2　要介護者に該当しなくなったと認めるとき。
3　正当な理由なしに，市町村による文書の提出の求めに応じないとき。
4　災害などの特別の事情がある場合を除き，１年間介護保険料を納付しないとき。
5　正当な理由なしに，職権による要介護状態区分の変更認定を行うための市町村による調査に応じないとき。

ポイント

【キーワード】要介護認定　**【出題回－問題番号】**26回－18・19，25回－8・16・17・18，24回－16・17・18，23回－17・18・19，22回－4・21・22・23

市町村は，被保険者が次のいずれかに該当する場合，要介護認定を取り消すことができる。

①要介護者に該当しなくなったと認めるとき。
②正当な理由なく，職権による要介護状態区分の変更認定または認定の取消を行うための市町村による調査（市町村が調査を委託した場合には委託した調査を含む）に応じないときや，主治医意見書のための診断命令に従わないとき。

解説

1＝×　正当な理由なしに，介護給付等対象サービスの利用に関する指示に従わないことにより，要介護状態の程度を増進させたときであっても，市町村は被保険者の要介護認定を**取り消すことはできない**。

2＝○　要介護者に該当しなくなったと認めるとき，市町村は被保険者の要介護認定を**取り消すことができる**。

3＝×　正当な理由なしに，市町村による文書の提出の求めに応じないときであっても，市町村は被保険者の要介護認定を**取り消すことはできない**。

4＝×　災害などの特別の事情がある場合を除き，１年間介護保険料を納付しないときであっても，市町村は被保険者の要介護認定を**取り消すことはできない**。

5＝○　正当な理由なしに，職権による要介護状態区分の変更認定を行うための市町村による調査に応じないとき，市町村は被保険者の要介護認定を**取り消すことができる**。

解答＝2・5

問題 18　介護認定審査会について正しいものはどれか。3つ選べ。

1　審査及び判定の結果を申請者に通知する。

2　委員は，要介護者等の保健，医療又は福祉に関する学識経験を有する者のうちから任命される。

3　要介護認定の有効期間を定める。

4　必要があると認めるときは，主治の医師の意見を聴くことができる。

5　委員は，職務上知り得た秘密を漏らしてはならない。

ポイント

【キーワード】要介護認定　**【出題回－問題番号】**26回－18・19，25回－8・16・17・18，24回－16・17・18，23回－17・18・19，22回－4・21・22・23

市町村に設置される介護認定審査会についてまとめておく。

- 委員は，保健・医療・福祉の学識経験者である。
- 委員は，市町村長が任命。
- 任期は2年であるが，3年以下の期間で，市町村が条例で定めることができる。
- 定員は，5名を標準として市町村が条例で定める。

解説

1＝×　介護認定審査会での判定結果は，保険者である**市町村**に通知される。

2＝○　介護認定審査会の委員は，**要介護者等の保健，医療または福祉に関する学識経験を有する者**のうちから市町村長が任命する。

3＝×　介護認定審査会は，要介護認定の有効期間について意見を付すことができるが，決定するのは保険者である**市町村**である。

4＝○　介護認定審査会は，審査・判定にあたり必要があると認めるときは，被保険者，家族，主治医等の関係者から**意見を聴くことができる**。

5＝○　介護認定審査会の委員には，職務上知り得た秘密についての**守秘義務が課せられる**。

解答＝2・4・5

ときテク

介護認定審査会は，市町村に設置されるが，認定はあくまで保険者である市町村が行う。1×3×が保険者の権限であることを理解しておけば消去法で答えることができる。

問題 19　要介護認定に係る主治医意見書について正しいものはどれか。3つ選べ。

1　主治医意見書の項目には，社会生活への適応が含まれる。

2　主治医意見書の項目には，認知症の中核症状が含まれる。

3　主治医意見書の項目には，サービス利用による生活機能の維持・改善の見通しが含まれる。

4　介護認定審査会に通知される。

5　要介護認定を受けようとする被保険者は，申請書に添付しなければならない。

ポイント

【キーワード】要介護認定　**【出題回－問題番号】**26回－18・19，25回－8・16・17・18，24回－16・17・18，23回－17・18・19，22回－4・21・22・23

主治医意見書のポイントについてまとめておく。

- 保険者が主治医へ医学的意見について記載するよう求める。
- 介護認定審査会で用いられる。
- 主治医がいない場合，市町村の指定する医師または市町村職員である医師の診断を受け，その医師が記載する。
- 正当な理由なく診断を拒否した場合，市町村は認定申請を却下することができる。

解説

1＝×　要介護認定にかかる主治医意見書の項目には，社会生活への適応が**含まれない**。

2＝○　要介護認定にかかる主治医意見書の項目には，認知症の中核症状が**含まれる**。

3＝○　要介護認定にかかる主治医意見書の項目には，サービス利用による生活機能の維持・改善の見通しが**含まれる**。

4＝○　要介護認定にかかる主治医意見書は，保険者が主治医に記入を依頼し，その結果は**介護認定審査会に通知される**。

5＝×　要介護認定にかかる主治医意見書は，保険者が主治医に記入を依頼するものであり，要介護認定を受けようとする被保険者が**申請書に添付するものではない**。

解答＝2・3・4

ときテク

主治医意見書の内容を覚えていなくても，4○5×は理解したい。1～3については，「医学的見地」として必要な内容はどれかを精査することで，1×を導き出したいところである。

問題 20　指定居宅介護支援等の事業の人員及び運営に関する基準第13条の具体的取扱方針のうち介護支援専門員に係るものとして正しいものはどれか。3つ選べ。

1　要介護認定を受けている利用者が要支援認定を受けたときは，指定介護予防支援事業者と当該利用者に係る必要な情報を提供する等の連携を図るものとする。

2　被保険者証に認定審査会意見の記載があるときは，利用者の理解を得た上で，その内容に沿って居宅サービス計画を作成しなければならない。

3　継続して居宅サービス計画に福祉用具貸与を位置付けるときは，貸与が必要な理由を記載しなくてもよい。

4　居宅サービス計画に地域ケア会議で定めた回数以上の訪問介護を位置付けるときは，それが必要な理由を居宅サービス計画に記載しなければならない。

5　利用者が通所リハビリテーションの利用を希望しているときは，利用者の同意を得て主治の医師等の意見を求めなければならない。

ポイント

【キーワード】居宅介護支援事業者　**【出題回－問題番号】**26回－20，25回－19・20・21，24回－19，23回－20・21，22回－6・15

具体的取扱方針に記載されていることをまとめておく。

・指定居宅介護支援の提供に当たっては，懇切丁寧に行うことを旨とし，利用者またはその家族に対し，サービスの提供方法等について，理解しやすいように説明を行う。

・居宅サービス計画の作成に当たっては，介護給付等対象サービス以外の保健医療サービスまたは福祉サービス，当該地域の住民による自発的な活動によるサービス等の利用も含めて居宅サービス計画上に位置付けるよう努める。

解説

1＝○　介護支援専門員は，要介護認定を受けている利用者が要支援認定を受けた場合，**指定介護予防支援事業者**と当該利用者にかかる必要な情報を提供する等の**連携**を図る。

2＝○　介護支援専門員は，被保険者証に認定審査会意見の記載がある場合，利用者の理解を得た上で，**その内容に沿って居宅サービス計画を作成しなければならない**。

3＝×　継続して福祉用具貸与を受ける必要がある場合には，**その理由を居宅サービス計画に記載しなければならない**。

4＝×　要介護度による訪問介護（生活援助）の上限を定めるのは**厚生労働大臣**である。

5＝○　介護支援専門員は，利用者が通所リハビリテーションの利用を希望している場合には，利用者の同意を得て**主治医等の意見を求めなければならない**。

解答＝1・2・5

問題 21　指定居宅介護支援事業者について正しいものはどれか。３つ選べ。

1　指定居宅介護支援の提供の開始に際し，複数の指定居宅サービス事業者を必ず紹介しなければならない。

2　指定居宅介護支援の提供の開始に際し，利用者に入院する必要が生じたときは，介護支援専門員の氏名と連絡先を入院先の病院又は診療所に伝えるよう，あらかじめ利用者や家族に求めなければならない。

3　指定居宅介護支援の提供の開始に際し，要介護認定申請が行われていない場合は，利用申込者の意思にかかわらず，速やかに申請が行われるよう援助を行わなければならない。

4　通常の事業の実施地域等を勘案し，自ら適切な指定居宅介護支援を提供することが困難なときは，他の指定居宅介護支援事業者を紹介するなど必要な措置を講じなければならない。

5　利用者の選定により通常の事業の実施地域以外の地域で指定居宅介護支援を行うときは，要した交通費の支払を利用者から受けることができる。

ポイント

【キーワード】居宅介護支援事業者　**【出題回－問題番号】**26回－20，25回－19・20・21，24回－19，23回－20・21，22回－6・15

指定居宅介護支援の運営基準についてまとめておく。

・正当な理由なく指定居宅介護支援の提供を拒んではならない。

・指定居宅介護支援の提供を求められた場合には，その者の提示する被保険者証によって，被保険者資格，要介護認定の有無および要介護認定の有効期間を確かめる。

・要介護認定の更新の申請が，遅くとも当該利用者が受けている要介護認定の有効期間の満了日の30日前には行われるよう，必要な援助を行わなければならない。

解説

1＝✕　複数の指定居宅サービス事業者等を紹介するよう求めることができること等につき説明を行う必要があるが，**必ず紹介しなければならないわけではない**。

2＝○　提供の開始に際し，利用者に病院や診療所に入院する必要が生じたときは，介護支援専門員の氏名と連絡先を病院または診療所に**伝えるよう求めなければならない**。

3＝✕　**利用申込者の意思を踏まえて**速やかに申請が行われるよう**援助を行わなければならない**。

4＝○　自ら指定居宅介護支援を提供することが困難である場合は，他の指定居宅介護支援事業者の紹介**その他の必要な措置を講じなければならない**とされている。

5＝○　利用者の選定により通常の事業の実施地域以外の地域の居宅を訪問して指定居宅介護支援を行う場合，交通費の支払を**受けることができる**。

解答＝2・4・5

問題 22 指定居宅介護支援におけるサービス担当者会議について適切なものはどれか。３つ選べ。

1 家庭内暴力がある場合には，必ずしも利用者や家族の参加を求めるものではない。

2 開催の日程調整を行ったが，サービス担当者の事由により参加が得られなかったときは，サービス担当者への照会等により意見を求めることができる。

3 末期の悪性腫瘍の利用者について，日常生活上の障害が１か月以内に出現すると主治の医師が判断した場合には，その助言を得た上で，サービス担当者への照会等により意見を求めることができる。

4 サービス担当者会議の記録は，要介護認定の有効期間に合わせて最長３年間保存しなければならない。

5 要介護更新認定の結果，要介護状態区分に変更がなかった場合には，サービス担当者会議を開催する必要はない。

ポイント

【キーワード】 サービス担当者会議

【出題回－問題番号】 23回－22

指定居宅介護支援事業の運営基準に規定されているサービス担当者会議についてまとめておく。

・利用者の状況等に関する情報を担当者と共有するとともに，当該居宅サービス計画の原案の内容について，担当者から，専門的な見地からの意見を求める。

・末期の悪性腫瘍《しゅよう》の患者の心身の状況等により，主治の医師または歯科医師の意見を勘案して必要と認める場合その他のやむを得ない理由がある場合については，担当者に対する照会等により意見を求めることができる。

解説

1＝○ サービス担当者会議は，本人や家族が参加するべきであるが，家庭内暴力等がある場合，**利用者や家族は参加しなくてもよいとされている。**

2＝○ 介護支援専門員は，サービス担当者会議に参加できなかった者に対して，**サービス担当者への照会等により意見を求めることができる。**

3＝○ 末期の悪性腫瘍《しゅよう》の患者の心身の状況等により，主治の医師等の意見を勘案して必要と認める場合，**担当者に対する照会等により意見を求めることができる。**

4＝× サービス担当者会議の記録は，居宅介護支援の完結の日から**２年間保存しなければならない。**

5＝× 要介護更新認定の結果，要介護状態区分に変更がなかった場合においても，原則として**サービス担当者会議を開催しなければならない。**

解答＝１・２・３

問題 23　介護予防サービス・支援計画書について適切なものはどれか。2つ選べ。

1 「課題に対する目標と具体策の提案」欄には，利用者や家族の意向を踏まえた目標と具体策を記載する。

2 「【本来行うべき支援ができない場合】妥当な支援の実施に向けた方針」は，利用者と家族の考え方の違いが大きい場合には記載しない。

3 「目標とする生活」の「1年」欄には，利用者とともに，生きがいや楽しみを話し合い，今後の生活で達成したい目標を設定する。

4 「期間」は，常に利用者の要支援認定の有効期間と同じ期間にする。

5 「本人等のセルフケアや家族の支援，インフォーマルサービス」欄には，地域のボランティアや近隣住民の協力なども記載する。

ポイント

【キーワード】介護予防サービス計画

【出題回－問題番号】23回－23

介護予防サービス・支援計画書に記載する内容についてまとめておく。

・「課題に対する目標と具体策の提案」「具体策についての意向」：計画作成者が提案した目標と具体策について，利用者・家族の意向を確認しながら，すり合わせて修正していく過程の最初の段階を表したもの。

・「本来行うべき支援ができない場合」の「妥当な支援の実施に向けた方針」：計画作成者と利用者・家族の考え方の違いが大きい場合や必要な社会資源が地域にない場合等に，支援の方向性や方策を記入する。

解説

1＝× 介護予防サービス・支援計画書にある「課題に対する目標と具体策の提案」欄は，専門職からの提案について記載する欄であり，**利用者や家族の意向を踏まえた目標と具体策を記載する欄ではない。**

2＝× **利用者と家族の考え方の違いが大きい場合に記載する。**

3＝○ 介護予防サービス・支援計画書にある「目標とする生活」の「1年」欄には，利用者とともに，生きがいや楽しみを話し合い，1年後にどのようになっていたいかなど，**今後の生活で達成したい目標を設定する。**

4＝× 介護予防サービス・支援計画書の「期間」は，目標等に応じて定めるものであり，**常に利用者の要支援認定の有効期間と同じ期間にする必要はない。**

5＝○ 介護予防サービス・支援計画書にある「本人等のセルフケアや家族の支援，インフォーマルサービス」欄には，**地域のボランティアや近隣住民の協力なども記載する。**

解答＝3・5

問題 24 特別養護老人ホーム入所中のAさん（98歳，女性）は，食事摂取量が激減し，全身衰弱が進行している。発語も困難で，意思疎通も難しい。嘱託医の判断では，Aさんはターミナル期の状態であるとのことであった。Aさん及びその家族の入所時の意思は，「最期まで施設で暮らしたい」とのことであった。この場合の対応として，より適切なものはどれか。**2つ選べ。**

1　看護職員が作成した看取り介護計画があるため，施設サービス計画は作成しない。
2　Aさんと家族の意向は明らかなので，改めて面接をせずに，介護支援専門員が単独でターミナル期の施設サービス計画を作成する。
3　看取りに対する家族の意思を確認するため，介護支援専門員がAさんの家族，嘱託医，生活相談員等との面談の日程調整を行う。
4　Aさんの意思を尊重し，最期まで介護職員が単独で看取りの介護を行った場合は，看取り介護加算を算定できる。
5　終末期の身体症状の変化や介護の状況等を記録し，医師，看護職員，介護職員，介護支援専門員等による情報の共有に努める。

ポイント

【キーワード】事例　**【出題回－問題番号】**26回－23・24・25，25回－23・24・25，24回－23・24・25，23回－24・25，22回－24・25

特別養護老人ホームにおける看取り介護加算（Ⅰ）の主な要件をまとめておく。
- 施設の看護職員，病院等の看護職員との連携で24時間連絡できる体制をとること。
- 看取りに関する指針を定め，施設入所の際に，入所者と家族に看取りに関する指針について内容の説明を行い，同意を得ること。
- 医師，看護職員，介護支援専門員，介護職員などが当該施設においての看取りについての協議を行い，指針について適宜見直し，職員研修を行うこと。

解説

1＝× 特別養護老人ホームに入所している者については，看取り介護計画があったとしても，必ず**施設サービス計画を作成しなければならない**。

2＝× ターミナル期の施設サービス計画については，サービス担当者会議を開催し，**多職種が連携した上で作成しなければならない**。

3＝○ 介護支援専門員は，看取りに対する家族の意思を確認するため，Aさんの家族，嘱託医，生活相談員等との面談の日程調整を行い，**面談を行う必要がある**。

4＝× 看取り介護加算には，介護職員が単独で看取りの介護を行うという**要件はない**。

5＝○ 終末期の身体症状の変化や介護の状況等を記録するとともに，各専門職等による**情報の共有に努める必要がある**。

解答＝3・5

問題 25　Aさん（80歳，女性，要介護２）は，長女（51歳），長女の夫（50歳），孫（17歳，女性，高校生）と同居しており，通所介護を週３回利用している。長女及び長女の夫はフルタイムで働いており，平日は孫が介護を担っている。長女から，「最近娘の学校の成績が下がってきたが，介護が負担なのではないか」との相談を受けた。介護支援専門員の対応として，より適切なものはどれか。**3つ選べ。**

1　長女に対し，仕事を辞めて介護や家事に専念すべきであると説得する。

2　家族と介護支援専門員で，家事や介護の家庭内での分担及び介護サービス利用の見直しについて話し合う場を設ける。

3　長女及び長女の夫に勤務先の介護に関する支援制度を確認するよう依頼する。

4　孫のため，直ちにAさんの短期入所生活介護の手配をする。

5　孫の話を傾聴し，必要に応じて若年介護者（ヤングケアラー）としての悩みを持つ者同士の懇談会などに関する情報を提供する。

ポイント

【キーワード】事例　**【出題回－問題番号】**26回－23・24・25，25回－23・24・25，24回－23・24・25，23回－24・25，22回－24・25

本事例で考えるべきポイントについてまとめておく。

- 家族の就労について：家族は，インフォーマルサポートとして優先すべき社会資源であるが，国が「介護離職ゼロ」を進めているため，強制的に退職させることはできない。
- 家族の介護負担軽減について：本人の意向を確認し，通所介護や短期入所生活介護などの利用とともに，家族会の紹介なども視野に入れる。

解説

1＝×　長女に対して仕事を辞めるよう説得することは，家庭の経済状況や家庭環境を考慮しない方法であり，現状においては，**新たな問題点（収入の減少等）が出てくる可能性があるため，適切であるとはいえない。**

2＝○　Aさんの支援に当たっている関係者で**今後のことについて話し合いの場をもつことは適切である。**

3＝○　長女および長女の夫の勤務先に介護に関する支援制度があれば活用できると考えられるため，**確認の依頼をすることは適切である。**

4＝×　直ちにAさんの短期入所生活介護の手配をするのは，孫の介護負担の軽減になるかもしれないが，Aさんの意向を確認していないため，**現状では適切ではない。**

5＝○　孫の介護負担軽減は考えなければならない。話を聴き，ストレス解消の場となるようであれば，**懇談会などに関する情報を提供することは適切である。**

解答＝2・3・5

【保健医療サービスの知識等】

問題 26　次の記述について，より適切なものはどれか。3つ選べ。

1　老年症候群では，高齢期において生活機能の低下がみられる。
2　高齢者では，身体的な衰えや機能障害，慢性疾患の罹患，家族との死別などにより抑うつが高頻度にみられる。
3　高齢者では，エネルギーの消費が多くなるため，食欲が増す。
4　高齢者では，若年者に比べて体内水分貯蔵量が少なく，口渇も感じにくいため，脱水のリスクが高い。
5　内耳から大脳に異常があるために生じる難聴を，伝音性難聴という。

ポイント

【キーワード】 さまざまな疾病・症状・障害 **【出題回－問題番号】** 26回－26，25回－26・39，24回－26・34・38・39，23回－26・28，22回－31・40

老年症候群についてまとめておく。

・抑うつ：気分の落ち込み，やる気が起きない状態を指し，高齢者の場合は自殺に至ることが多いとされている。

・脱水：体内の水分が不足している状態を指す。口渇《こうかつ》や立ちくらみなどが出現し，1分間に100回以上の頻脈《ひんみゃく》などもみられる。

解説

1＝○　老年症候群とは，**高齢期の生活機能を低下させ**，さらにQOLを低下させる症状・病態を指す。

2＝○　高齢者では，身体的な衰えや機能障害，慢性疾患《しっかん》の罹患《りかん》，家族との死別，社会的な役割の喪失《そうしつ》など身体的，社会心理的な要因のため**抑うつが高頻度《ひんど》にみられる**。

3＝×　高齢者ではエネルギーの消費が少なくなるため，身体がエネルギーを必要とせず，**食欲が低下する**。

4＝○　高齢者は若年《じゃくねん》者に比べて体内水分貯蔵量が少なく，口渇《こうかつ》も感じにくいため，**脱水になるリスクが高くなる**。

5＝×　内耳《ないじ》から大脳に異常があるために生じる難聴は**感音性難聴**という。伝音性難聴は，外耳《がいじ》や中耳《ちゅうじ》に異常があり，内耳《ないじ》に音信号が伝わりにくくなるために生じる難聴である。

解答＝1・2・4

問題 27　次の記述について，より適切なものはどれか。3つ選べ。

1　激しく出血している場合は，出血部位よりも心臓から遠い部位を圧迫して止血する。

2　誤嚥による呼吸困難では，「喉に手を当てる」などの窒息のサインやチアノーゼなどの症状が出現する。

3　洗剤や漂白剤を飲み込んだ場合は，無理に吐かせる。

4　衣服の下をやけどしている場合は，衣服を脱がさずその上から流水を当てる。

5　寝たきりの高齢者に吐き気があるときは，身体を横向きにして，吐物の誤嚥を防ぐ。

ポイント

【キーワード】急変時の対応

【出題回－問題番号】26 回－ 38，25 回－ 38，23 回－ 27，22 回－ 32・33

緊急時の対応についてまとめておく。

・出血：傷口を清潔なガーゼやタオルで圧迫し，止血する。激しい出血の場合，出血部位を心臓より高くすると出血量を減らすことができる。

・窒息《ちっそく》：指を直接かまれないように，清潔な布を指に巻き，口を大きく開け異物を確認して，指を入れて取り出す。それが難しければ，背部叩打《はいぶこうだ》法や腹部突き上げ法（ハイムリック法）を試みる。

・誤薬：意識がある場合は胃の内容物を吐かせるが，意識がない場合は無理に吐かせるのではなく，呼吸しやすい体位を保持し，救急車を呼ぶ。

・やけど：範囲が狭《せま》い場合には，衣服を脱がさずに直ちに冷水で冷やす。

解説

1 =×　激しく出血している場合は，出血部位より**心臓に近い部位を圧迫して止血する**。

2 =○　誤嚥《ごえん》による呼吸困難では，「喉《のど》に手を当てる」「手足をバタバタさせる」などの窒息《ちっそく》**サインや，酸欠のためチアノーゼで唇が青紫色になっているなどの症状が出現する**。

3 =×　洗剤や漂白剤は，酸性やアルカリ性が強い場合もあり，気管に入って，窒息《ちっそく》や誤嚥《ごえん》性肺炎を起こす危険性があるため，**無理に吐かせずに，すぐ医療機関にかかる**。

4 =○　衣服の下をやけどしている場合には，皮膚が衣服に貼りついていることがあるので，**衣服を脱がさずその上から流水を当てて冷やす**。

5 =○　吐き気があるときは**身体を横向きにして，上の脚を曲げ，下になった脚を伸ばして寝かせる**と，吐物の誤嚥《ごえん》を防ぐことができる。

解答＝2・4・5

問題 28 高齢者にみられる疾病について正しいものはどれか。3つ選べ。

1 変形性関節症は，高齢者に多く発症する。

2 筋萎縮性側索硬化症（ALS）では，筋力低下による運動障害は生じない。

3 高次脳機能障害における失語症には，話そうとするが言葉が出てこないという症状も含まれる。

4 パーキンソン病では，認知障害はみられない。

5 骨粗鬆症は，骨折の大きな危険因子である。

ポイント

【キーワード】 さまざまな疾病・症状・障害 **【出題回－問題番号】** 26回－26，25回－26・39，24回－26・34・38・39，23回－26・28，22回－31・40

高齢者に多い疾患《しっかん》についてまとめておく。

- 変形性関節症：関節腔《くう》に存在する関節軟骨が失われることで関節腔《くう》が狭まり，骨端《こったん》がじかに接触することで痛みなどが起こる。
- 高次脳機能障害：脳の病変によってもたらされる障害で，失語症，失行《しっこう》，失認《しつにん》，注意障害，記憶障害，遂行《すいこう》機能障害，社会的行動障害などが含まれる。
- パーキンソン病：脳の黒質《こくしつ》の神経細胞が変性，消失することにより起こる。①振戦《しんせん》，②筋固縮《こしゅく》，③無動《むどう》，④姿勢・歩行障害を四大運動症状とする神経変性疾患《しっかん》である。
- 骨粗鬆症《こつそしょうしょう》：加齢・閉経・妊娠などが原因で発症する原発性骨粗鬆症《こつそしょうしょう》のほか，ホルモン異常，低栄養，薬剤などによる続発性骨粗鬆症《こつそしょうしょう》がある。

解説

1＝○ 変形性関節症は最も多い関節疾患《しっかん》であり，65歳以上の高齢者の大多数に発症する。

2＝× 筋萎縮《きんいしゅく》性側索《そくさく》硬化症（ALS）は，原因が不明で，徐々に全身の骨格筋が萎縮して，四肢《しし》の筋力低下による運動や歩行などの生活機能低下などを生じる疾患《しっかん》である。

3＝○ 高次脳機能障害における失語症には，話そうとするが言葉が出てこないという運動失語が含まれる。

4＝× パーキンソン病は徐々に進行し，起立性低血圧，排尿障害などの自律神経症状，認知障害および治療薬の副作用としての幻覚，妄想などの精神症状が加わってくる。

5＝○ 骨粗鬆症《こつそしょうしょう》は，「低骨量《こつりょう》と骨《こつ》組織の微細構造の異常を特徴とし，骨の脆弱《ぜいじゃく》性が増大し，骨折の危険性が増大する疾患《しっかん》」と定義されている。

解答＝1・3・5

問題 29　次の記述について正しいものはどれか。３つ選べ。

1　稽留《けいりゅう》熱では，急激な発熱と解熱を繰り返す。

2　心房細動では，心房の正常な収縮と拡張ができなくなる。

3　飲酒は，起立性低血圧の原因とはならない。

4　ジャパン・コーマ・スケール（JCS）では，数値が大きいほど意識レベルが低い。

5　口すぼめ呼吸で息を吐くと，気管支内の圧力が高くなり，気管支の閉塞を防ぐ。

ポイント

【キーワード】バイタルサイン

【出題回－問題番号】26回－27・36，25回－28，24回－27，23回－29，22回－26・36

熱型《ねつけい》についてまとめておく。

- 稽留熱《けいりゅうねつ》：解熱《げねつ》せずに持続する発熱。
- 間欠熱《かんけつねつ》：急激な発熱と解熱《げねつ》を繰り返す。
- 弛張熱《しちょうねつ》：完全に解熱《げねつ》せず，微熱になってまた高熱になる。
- 回帰熱《かいきねつ》：有熱期と解熱《げねつ》期を繰り返す。

解説

1＝×　稽留熱《けいりゅうねつ》とは，**解熱《げねつ》せずに持続する発熱**を指す。

2＝○　心房細動《しんぼうさいどう》は高齢者に多くみられる不整脈で，心房全体が小刻みにふるえ，**心房の正常な収縮と拡張ができなくなる不整脈**である。

3＝×　起立性低血圧は，臥位《がい》や座位《ざい》から急に立ち上がったときなどに，ふらつきやめまい，場合によっては眼前暗黒感，失神がみられるものであり，加齢による交感神経系の調節反射の障害が原因で起きる。パーキンソン病などでもみられるが，降圧《こうあつ》薬や利《り》尿《にょう》薬，抗うつ薬，血管拡張薬などの薬剤や**飲酒も原因**となる。

4＝○　ジャパン・コーマ・スケール（JCS）では，**数値が大きいほど意識レベルが低い**。

5＝○　口すぼめ呼吸で息を吐くと，気管支内の圧力が高くなり，**気管支の閉塞《へいそく》を防ぐ**ため，慢性閉塞《へいそく》性肺疾患《しっかん》（COPD）の患者に用いられる呼吸法である。

解答＝2・4・5

問題 30 検査について適切なものはどれか。2つ選べ。

1　高齢者では膝などの関節が十分に伸びなくなるので，BMI（Body Mass Index）は本来の値より小さくなる。

2　CRP（C 反応性たんぱく質）は，体内で炎症が起きているときに低下する。

3　ヘモグロビン A1c の値は，過去6か月間の平均血糖レベルを反映している。

4　腹囲が男性 85cm以上，女性 90cm以上の場合は，メタボリックシンドロームの診断において腹部型の肥満とされる。

5　24 時間心電図（ホルター心電図）検査は，不整脈がある場合や狭心症が疑われる場合に行われる。

ポイント

【キーワード】 検査

【出題回－問題番号】 26 回－ 28，25 回－ 29，24 回－ 28，23 回－ 30，22 回－ 37

高齢者の検査値の特徴についてまとめておく。

・体重減少：6か月で2～3kg 以上の体重減少，あるいは6か月で3％以上の体重減少がある場合には低栄養の危険があるとされる。

・腹囲：メタボリックシンドロームの診断に使われ，男性で 85cm 以上，女性で 90cm 以上が腹部型の肥満とされる。

・ヘモグロビン A1c：糖がヘモグロビンと結合している割合を示し，過去1～2か月の平均的な血糖《けっとう》レベルを反映している。

解説

1 = ×　高齢になると脊椎《せきつい》圧迫骨折などによる脊椎《せきつい》の変形（円背《えんぱい》）や膝《ひざ》などの関節が十分に伸びなくなり，その結果，身長の測定値は見かけ上低下するため，**BMI は本来の値よりも大きめの値をとるようになる。**

2 = ×　CRP（C 反応性たんぱく質）は，**体内で炎症が起きているときに上昇**する。

3 = ×　ヘモグロビン A1c の値は，**過去1～2か月間**の平均血糖《けっとう》レベルを反映している。

4 = ○　腹囲は，メタボリックシンドロームの診断に使われ，**男性で 85cm 以上，女性で 90cm 以上**が腹部型の肥満とされる。

5 = ○　24 時間心電図（ホルター心電図）の検査は，**不整脈がある場合や狭心症が疑われる場合**に行われる。

解答＝4・5

問題 31　食事について適切なものはどれか。３つ選べ。

1　摂食・嚥下プロセスの口腔期では，視覚，触覚，嗅覚の認知により，無条件反射で唾液が分泌される。

2　摂食・嚥下プロセスの咽頭期では，咽頭に食塊が入ると，気道が閉じられて食道に飲み込まれる。

3　食事の介護のアセスメントでは，摂食動作ができているかを確認する。

4　食事の介護のアセスメントでは，食欲がない場合には，痛み，口腔内の状態，服薬状況などを確認する。

5　医師は，食事の介護のアセスメントに関わる必要はない。

ポイント

【キーワード】介護技術の展開**【出題回－問題番号】**26 回－ 29，25 回－ 30・31，24 回－ 29・30，23 回－ 31・32・33，22 回－ 27・28・29

摂食《せっしょく》・嚥下《えんげ》プロセスについてまとめておく。

・先行（認知）期：食物を認識する。
・準備期：食物を咀嚼《そしゃく》し，まとめて食塊《しょっかい》にする。
・口腔《こうくう》期：食塊《しょっかい》を咽頭《いんとう》に送り込む。
・咽頭《いんとう》期：咽頭《いんとう》に送り込まれた食物を嚥下《えんげ》反射により，食道の方向に送り込む。
・食道期：食道に送り込まれた食物を蠕動《ぜんどう》運動により，胃の方向に送り込む。

解説

1 = ×　口腔《こうくう》期は，食塊《しょっかい》を咽頭《いんとう》に送り込む時期である。視覚，触覚，嗅覚《きゅうかく》の認知により，**無条件反射で唾液が分泌《ぶんぴつ》されるのは先行（認知）期**である。

2 = ○　咽頭《いんとう》期は，咽頭《いんとう》に食塊《しょっかい》が入ると気道が閉じられて（嚥下《えんげ》反射），**食道に飲み込まれる時期**である。

3 = ○　食事の介護のアセスメントにおいて，自分自身で摂食《せっしょく》ができるかどうかなど，**摂食《せっしょく》動作の確認が必要**である。

4 = ○　食事の介護のアセスメントにおいて，食欲がないという場合，単なる食欲不振だけではなく，**その他の要因（痛み，口腔《こうくう》内の状態，服薬状況など）**もあわせて確認する必要がある。

5 = ×　多職種連携や医学的見地の重要性の観点においても，**医師が食事のアセスメントに関わることは必要**である。

解答＝２・３・４

問題 32　褥瘡について適切なものはどれか。３つ選べ。

1　褥瘡とは，体外からの圧力による皮下の血流障害により，細胞が壊死してしまう状態をいう。

2　半座位や座位では，肩甲骨部には発生しない。

3　発生要因には，病気や加齢による身体組織の耐久性低下がある。

4　同一部位への長時間にわたる圧力を減少させるためには，体圧分散用具を用いるとよい。

5　指定介護老人福祉施設において，褥瘡マネジメント加算は算定できない。

ポイント

【キーワード】介護技術の展開**【出題回－問題番号】**26回－29，25回－30・31，24回－29・30，23回－31・32・33，22回－27・28・29

褥瘡《じょくそう》マネジメント加算についてまとめておく。

・算定要件：①入所者ごとに褥瘡《じょくそう》の発生にかかるリスクについて，「介護保険制度におけるサービスの質の評価に関する調査研究事業」におけるモニタリング指標を用いて，施設入所時およびその後少なくとも３か月に１回評価を行い，その評価結果を厚生労働省に報告すること。②①の評価の結果，褥瘡《じょくそう》の発生にかかるリスクがあるとされた入所者ごとに，関連職種の者が共同して，褥瘡《じょくそう》管理に関する褥瘡《じょくそう》ケア計画を作成すること。③入所者ごとの褥瘡《じょくそう》ケア計画に基づき，褥瘡《じょくそう》管理を実施するとともに，その管理の内容や入所者の状態について定期的に記録すること。④①の評価に基づき，少なくとも３か月に１回，入所者ごとに褥瘡《じょくそう》ケア計画を見直すこと。

・算定することができる施設：介護老人福祉施設・介護老人保健施設等

解説

1＝○　褥瘡《じょくそう》は床《とこ》ずれともいわれ，皮膚局所への持続的圧迫による**血流障害が原因となった虚血性《きょけつせい》皮層《ひそう》壊死《えし》の状態**である。

2＝×　半座《ざ》位《い》や座《ざ》位《い》であっても，背部《はいぶ》に圧迫が生じると，**肩甲骨《けんこうこつ》部に発生する**ことがある。

3＝○　栄養状態の悪化により，**皮膚や筋肉の耐久性が低下する**ことで褥瘡《じょくそう》リスクが高まるとされている。

4＝○　**体圧分散用具を用いる**ことで，同一部位への長時間にわたる圧力を減少させることができ，褥瘡《じょくそう》予防につながる。

5＝×　指定介護老人福祉施設においては，一定の要件を満たした場合，**褥瘡《じょくそう》マネジメント加算を算定できる**。

解答＝１・３・４

問題 33 次の記述について，より適切なものはどれか。3つ選べ。

1 高齢者では，特に疾患がなくても，気道の閉じるタイミングが遅れることで誤嚥が生じやすくなる。

2 歯のかみ合わせは，咀嚼だけでなく，嚥下にも影響する。

3 唾液腺を刺激しても，唾液は分泌されない。

4 食物残渣は，口臭の原因となる。

5 摂食・嚥下リハビリテーションは，医師のみで行う。

ポイント

【キーワード】介護技術の展開**【出題回－問題番号】**26回－29，25回－30・31，24回－29・30，23回－31・32・33，22回－27・28・29

高齢者の誤嚥《ごえん》についてまとめておく。

・筋力低下や知覚障害のため嚥下《えんげ》反射，咳《せき》反射などが低下・遅延して起こる。

・気道の感覚が低下している場合は，むせなどの反射が起こらない不顕性誤嚥《ふけんせいごえん》が多くみられる。

・誤嚥《ごえん》を防ぐためには嚥下《えんげ》機能評価と嚥下《えんげ》訓練が重要となる。

・食物による窒息《ちっそく》を防ぐためには，食物形態を調整する。

解説

1＝○ 加齢とともに，筋力低下や知覚障害のため**嚥下《えんげ》反射**（**嚥下《えんげ》**した瞬間に**喉頭蓋《こうとうがい》**によって**気道が無意識に閉じる**）**が低下・遅延し**，その結果，嚥下《えんげ》がうまくいかず**誤嚥《ごえん》を引き起こす**ことがある。

2＝○ 歯のかみ合わせが悪いことで咀嚼《そしゃく》機能が低下し，食塊《しょっかい》をうまくつくることができなくなると**嚥下《えんげ》にも影響を与える**こととなる。

3＝× 耳下腺《じかせん》や顎下腺などの唾液腺を刺激することにより，**唾液分泌《だえきぶんぴつ》が促される**。

4＝○ 食物残渣《ざんさ》等が，口腔《こうくう》内の嫌気性《けんきせい》細菌により分解される際に発生する揮発性硫黄《いおう》化合物は，**口臭の原因となる**。

5＝× 摂食《せっしょく》・嚥下《えんげ》リハビリテーションは，医師のみでなく，歯科医師や言語聴覚士など**多職種間で連携して行う**。

解答＝1・2・4

ときテク

高齢者の嚥下《えんげ》状態や誤嚥《ごえん》について理解しておく。5は，多職種連携がいわれているなか，「医師だけ」とは考えにくいので×をつけることができる。このように，選択肢を減らしていく消去法は正解を導き出すためには有効である。

問題 34　認知症のケアや支援について適切なものはどれか。3つ選べ。

1　認知症初期集中支援チームは，都道府県が配置する。

2　認知症カフェは，認知症初期集中支援チームが運営することとされている。

3　認知症初期集中支援チームの対象者は，原則として，40歳以上で，在宅で生活しており，かつ認知症が疑われる人又は認知症の人である。

4　パーソン・センタード・ケアは，認知症を持つ人を一人の「人」として尊重し，その人の立場に立って考え，ケアを行おうとする認知症ケアの1つの考え方である。

5　認知症施策推進大綱では，認知症の人本人からの発信支援を推進するよう明記されている。

ポイント

【キーワード】認知症高齢者への介護　**【出題回－問題番号】**23回－34

認知症施策推進大綱の具体的な施策についてまとめておく。

・普及啓発・本人発信支援：地域で暮らす認知症の人本人とともに普及啓発を進め，認知症の人本人が自《みずか》らの言葉で語り，認知症になっても希望を持って前を向いて暮らすことができている姿等を積極的に発信していく。

・予防：「予防」とは，「認知症にならない」という意味ではなく，「認知症になるのを遅らせる」「認知症になっても進行を緩やかにする」という意味である。

・医療・ケア・介護サービス・介護者への支援：早期発見・早期対応，医療体制の整備，認知症の人の介護者の負担軽減の推進など。

・認知症バリアフリーの推進・若年《じゃくねん》性認知症の人への支援・社会参加支援：成年後見制度の利用促進，虐待防止施策の推進など。

・研究開発・産業促進・国際展開：認知症の予防，診断，治療，ケア等のための研究など。

解説

1＝×　認知症初期集中支援チームは，**市町村**が配置する。

2＝×　認知症カフェとは，認知症の人や家族の集いの場づくりのことで，運営主体はさまざまであり，**認知症初期集中支援チームが運営するという決まりはない**。

3＝○　認知症初期集中支援チームの対象者は，原則40歳以上で，在宅で生活しており，かつ**認知症が疑われる人または認知症の人**とされている。

4＝○　パーソン・センタード・ケアは，イギリスのトム・キットウッドにより提唱されたケアの理念で，**認知症を持つ人を一人の「人」として尊重し，その人の立場に立って考え，ケアを行おうとする認知症ケアの1つの考え方**である。

5＝○　認知症施策推進大綱の施策の中に，**「普及啓発・本人発信支援」**が含まれている。

解答＝3・4・5

問題 35　老年期の精神障害について適切なものはどれか。３つ選べ。

1　老年期うつ病では，心気的な訴えは少ない。

2　老年期うつ病では，気分の落ち込みよりも，不安，緊張，焦燥が目立つ。

3　老年期の統合失調症の症状の再発は，配偶者や近親者の死が要因となることがある。

4　老年期のアルコール依存症は，認知症を合併することはない。

5　遅発パラフレニーは，老年期の妄想性障害の代表的な疾患とされている。

ポイント

【キーワード】精神疾患　**【出題回－問題番号】**26 回－ 32，25 回－ 27，24 回－ 32，23 回－ 35，22 回－ 35

遅発パラフレニーについてまとめておく。

- 「高齢者にみられる人格と感情反応がよく保たれ，体系化された妄想」を指す。
- ①女性，②未婚，③高齢，④独居または社会的孤立，⑤難聴，⑥統合失調質または妄想的な人格傾向が特徴である。
- 発症要因：女性ホルモン・脳内神経伝達物質の異常，脳の血流障害，身体疾患《しっかん》，喪失《そうしつ》体験，孤独感など。

解説

1 = ×　老年期うつ病では，**特に心気的な訴えが多くなり**，めまい，しびれ，排尿障害，便秘などの自律神経症状が目立つようになる。

2 = ○　老年期うつ病では，気分の落ち込みよりも，**不安**，**緊張**，**焦燥《しょうそう》が目立つ**ようになる。

3 = ○　統合失調症は，いったん発症してしまうと，過酷なストレス，家族の対応，社会の偏見，精神作用物質の使用などで回復や再発に大きな影響を受けるとされ，老年期の再発要因としては，**配偶者や近親者の死**，**生活環境の変化**があげられる。

4 = ×　老年期のアルコール依存症には，①離脱症状が遷延《せんえん》しやすい，②糖尿病，高血圧などの身体合併症が高率に出現する，③**認知症やうつ病を合併する割合が高い**，という特徴がある。

5 = ○　高齢者にみられる人格と感情反応がよく保たれ，体系化された妄想を遅発パラフレニーと呼び，**老年期の妄想性障害の代表的な疾患《しっかん》**とされている。

解答＝２・３・５

ときテク

遅発パラフレニーは初出であるが，「老年期うつ病」「統合失調症」は過去にも出題されたことがあるため，過去問を理解しておけば５を除く４つの選択肢で正誤を判断することができる。

問題 36 次の記述について正しいものはどれか。２つ選べ。

1 患者が医師から説明をきちんと受けた上で同意することをインフォームド・コンセントという。

2 医師個人の経験だけに頼るのではなく，科学的な根拠に基づいた医療をナラティブ・ベースド・メディスン（Narrative Based Medicine：NBM）という。

3 個々の人間の感じ方や考え方に耳を傾けて自己決定を促す医療をエビデンス・ベースド・メディスン（Evidence Based Medicine：EBM）という。

4 予後とは，疾患が今後たどり得る経過のことをいう。

5 疾患の予後に関する情報は，高齢者本人にのみ説明する必要がある。

ポイント

【キーワード】 医学的診断・予後予測・医療との連携

【出題回－問題番号】 26回－33・34，25回－35，24回－33，23回－36

EBMとNBMについてまとめておく。

・EBM：Evidence Based Medicineといい，医師個人の経験だけに頼るのではない科学的な診断や治療を行うための，根拠（エビデンス）に基づいた医療のことを指す。

・NBM：Narrative Based Medicineといい，個々の人間の感じ方や考え方に耳を傾けて自己決定を促す医療を指す（Narrative＝語り・物語）。

解説

1＝○ 患者は自分の病気の内容を知り，それに対してどのような治療を受けるか，受けないかを自己決定する権利を有しており，その過程において，患者が説明をきちんと受けたうえで，同意をすることをインフォームドコンセントという。

2＝× 医師個人の経験だけに頼るのではなく，科学的な根拠に基づいた医療をエビデンス・ベースド・メディスン（Evidence Based Medicine：EBM）という。

3＝× 個々の人間の感じ方や考え方に耳を傾けて自己決定を促す医療をナラティブ・ベースド・メディスン（Narrative Based Medicine：NBM）という。

4＝○ 予後《よご》とは，疾患《しっかん》が今後たどり得る経過のことを指し，疾患《しっかん》の予後《よご》を視野に入れて物事の決定を行うことが重要となってくる。

5＝× 基本的に，疾患《しっかん》の予後《よご》に関する情報は，本人に説明されるべきものであるが，高齢者の場合は，認知機能や理解力の低下，心理状態なども考慮し，家族の立ち合いを求めることも必要となる。

解答＝1・4

問題 37　通所リハビリテーション又は介護予防通所リハビリテーションについて正しいものはどれか。3つ選べ。

1　通所リハビリテーションに係る単位数は，事業所の規模とは無関係に設定されている。

2　リハビリテーション会議は，利用者及びその家族の参加が基本とされている。

3　通所リハビリテーション計画に位置付けられていなくても，事業所の屋外で指定通所リハビリテーションのサービスを提供することができる。

4　介護予防通所リハビリテーションにおいて，利用者の居宅と指定介護予防通所リハビリテーション事業所との間の送迎を実施しない場合であっても，利用者の同意があれば，基本報酬を算定できる。

5　指定通所リハビリテーション事業所の管理者は，専ら指定通所リハビリテーションの提供に当たる看護師に管理の代行をさせることができる。

ポイント

【キーワード】 通所リハビリテーション

【出題回－問題番号】 26回－41，25回－42，23回－37

リハビリテーション会議についてまとめておく。

・リハビリテーションの内容や目標を，リハビリテーション事業所の職員，その他関係者と共有するために行う。

・リハビリテーションマネジメント加算を算定する場合は，3か月に1回開催し，計画を適宜見直すこととする。

・利用者の了解を得た上で，テレビ電話等でも可能とする。

解説

1＝×　通所リハビリテーションの単位数は，**事業所の規模や要介護度によって設定されている。**

2＝○　リハビリテーション会議には，医師や理学療法士等のほか，**利用者およびその家族も参加することとなっている。**

3＝×　事業所の屋外で指定通所リハビリテーションのサービスを提供する場合，**通所リハビリテーション計画に位置づけなければならない。**

4＝○　介護予防通所リハビリテーションにおいては，**利用者の同意があった場合**，送迎を行わなくても**減算なく基本報酬を算定することができる。**

5＝○　指定通所リハビリテーション事業所の管理者は，専ら指定通所リハビリテーションの提供に当たる**理学療法士や看護師等に管理の代行をさせることができる。**

解答＝2・4・5

問題 38 次の記述について正しいものはどれか。2つ選べ。

1 栄養素の摂取不足によって，メタボリックシンドロームが引き起こされる。

2 摂食・嚥下機能に合わない食事形態での食事の提供は，誤嚥や窒息を招くことがある。

3 介護保険の短期入所療養介護では，栄養マネジメント加算が算定できる。

4 経口維持加算は，現に経管により食事を摂取している者も対象となる。

5 介護保険の施設サービスにおける栄養マネジメント加算は，管理栄養士が継続的に入所者ごとに栄養管理をした場合に算定できる。

(注) 2020 (令和2) 年10月時点の内容。

ポイント

【キーワード】 栄養・食生活からの支援と介護

【出題回－問題番号】 26回－35・39，25回－36，24回－35，23回－38

栄養マネジメント強化加算についてまとめておく。

- 管理栄養士を常勤換算で，一定数以上配置する。
- 低栄養状態またはそのおそれがある入所者に対して，医師，歯科医師，管理栄養士，看護師，ケアマネジャー等の職種が共同して作成した栄養ケア計画に従い，栄養管理をするための食事の観察を週3回以上行い，食事の調整等を行う。
- 上記以外の入所者に対しても，食事の観察の際に変化を把握し，問題がある場合は早期に対応する。
- 入所者ごとの栄養状態等の情報を厚生労働省に提出し，継続的な栄養管理の実施にあたり当該情報その他継続的な栄養管理の適切かつ有効な実施に必要な情報を活用する。

解説

1＝× メタボリックシンドロームは，**栄養素の過剰**，栄養素の不適切な摂取，あるいは運動・活動量不足によって引き起こされる。

2＝○ 食事形態が合わないと，固い食物をかみ砕けなくなるなど，摂食《せっしょく》・嚥下《えんげ》機能がうまく発揮されず，**誤嚥《ごえん》や窒息《ちっそく》を招くことがある**。

3＝× 短期入所療養介護では，**栄養マネジメント加算を算定できない**※。

4＝× 経口《けいこう》維持加算は，経口《けいこう》による食事を継続するために経口《けいこう》維持計画を作成して行うものであるため，**経管《けいかん》により食事を摂取している者は対象とならない**。

5＝○ 介護保険の施設サービスにおける栄養マネジメント加算については，**管理栄養士が継続的に入所者ごとに栄養管理をした場合**に算定できる※。

※ 2021 (令和3) 年度介護報酬改定で「栄養マネジメント加算」が廃止され，「栄養マネジメント強化加算」が新設された。

解答＝2・5

問題 39　感染症の予防について適切なものはどれか。３つ選べ。

1　標準予防策（スタンダード・プリコーション）とは，感染症の有無にかかわらず，すべての人に実施する感染予防対策である。

2　感染症を予防するためには，感染源の排除，感染経路の遮断，宿主の抵抗力の向上が重要である。

3　手袋を使用すれば，使用後の手指衛生は必要ない。

4　インフルエンザの主な感染経路は，飛沫感染である。

5　肺炎球菌ワクチンを接種すれば，すべての肺炎を予防できる。

ポイント

【キーワード】感染症

【出題回－問題番号】26 回－ 37，24 回－ 36，23 回－ 39，22 回－ 39

感染成立の連鎖についてまとめておく。

・病因：病気の要因（細菌やウイルスなどの微生物）
・病原巣：微生物が生存する場所（患者や介護提供者など）
・排出門戸《もんこ》：微生物が病原巣を出るときに通る身体の開口部（口や鼻，傷口など）
・感染経路：微生物が排出門戸《もんこ》から侵入門戸《もんこ》へ移動するための経路
・侵入門戸《もんこ》：微生物が感受性宿主《しゅくしゅ》に入るときに通る身体の部位（口や鼻，傷口など）
・感受性宿主《しゅくしゅ》：感染を起こす可能性のある人や動物

解説

1＝○　標準予防策（スタンダード・プリコーション）は，すべての人に実施する感染予防対策である。

2＝○　感染症の予防については，感染成立の連鎖を遮断する必要があり，そのためには，感染源の排除，感染経路の遮断，宿主《しゅくしゅ》の抵抗力の向上が重要である。

3＝×　手袋を使用したとしても，目に見えない汚れ等が付着している可能性があるので，使用後に手指《しゅし》衛生を行う必要がある。

4＝○　インフルエンザウイルスの主な感染経路は，飛沫《ひまつ》感染である。

5＝×　肺炎球菌には 93 種類の血清《けっせい》型があり，肺炎球菌ワクチンは，そのうち 23 種類の血《けっ》清《せい》型に効果があるとされている。よってすべての肺炎を予防できるわけではない。

解答＝1・2・4

問題 40　在宅医療管理について正しいものはどれか。３つ選べ。

1　在宅中心静脈栄養法は，医療処置として栄養を補う方法である。

2　在宅中心静脈栄養法では，長期にカテーテルが体内にあるが，細菌感染を引き起こすことはない。

3　ストーマには，消化管ストーマと尿路ストーマがある。

4　腹膜透析の管理について，利用者や家族が在宅で処置を行うことは禁止されている。

5　在宅酸素療法では，携帯用酸素ボンベを使用して外出することができる。

ポイント

【キーワード】在宅での医療管理**【出題回－問題番号】**25回－37，24回－37，23回－40，22回－34

在宅医療管理についてまとめておく。

- 在宅中心静脈栄養法：点滴栄養剤を血管に直接入れる方法である。皮下にポートと呼ばれる接続部を埋め込むこともある。
- ストーマ：消化管や尿路の障害によって，肛門《こうもん》や膀胱《ぼうこう》を通じた通常の排せつができなくなったときに，排せつのルートを人工的に造設した便や尿の排せつ口のことを指す。
- 人工透析《とうせき》：血液透析《とうせき》と腹膜透析《とうせき》の２種類がある。血液透析《とうせき》では，シャントという太い血管を造設して行い，腹膜透析《とうせき》は自身で透析《とうせき》液を交換して行う。
- 在宅酸素療法：呼吸器疾患《しっかん》や心疾患《しっかん》，神経・筋疾患《しっかん》，悪性腫瘍《しゅよう》などによって低酸素血症を起こしている利用者に対して，在宅で酸素投与を行う治療法である。酸素マスクや鼻カニューレを用いて行う。

解説

1＝○　在宅中心静脈栄養法とは，**医療処置として栄養を補う方法**の１つである。

2＝×　在宅中心静脈栄養法は，15～40cm程度の長さのカテーテルを，体表を通して血管内に挿入して行い，また，皮下にポートと呼ばれる接続部を埋め込むこともあるため，注意しないと**細菌感染を引き起こすことがある**。

3＝○　ストーマは，消化管や尿路の障害で，肛門《こうもん》や膀胱《ぼうこう》での排せつができなくなったときに人工的に造設した便や尿の排せつ口で，**消化管ストーマと尿路ストーマ**がある。

4＝×　腹膜透析《とうせき》の管理は，**利用者や家族が在宅で処置を行うことが可能**となっている。

5＝○　在宅酸素療法では，設置型酸素供給装置を設置して自宅の中での生活で使用し，**外出時や災害（停電）時には携帯用酸素ボンベを使用**する。

解答＝１・３・５

問題 41　ターミナルケアに関する次の記述のうち，より適切なものはどれか。3つ選べ。

1　本人の人生観や生命観などの情報は，関係者で共有すべきではない。

2　リビングウィルとは，本人の意思が明確なうちに，医療やケアに関する選択を本人が表明しておくことをいう。

3　重度の認知機能障害などを有する利用者の場合に，家族に加えて複数の医療・介護専門職が集まって方針を決める方法をコンセンサス・ベースド・アプローチという。

4　医学的観点だけに基づく診療方針の決定では，本人の意向に反する結果となるおそれがある。

5　介護保険の特定施設では，ターミナルケアは提供できない。

ポイント

【キーワード】終末期ケア　**【出題回－問題番号】**26回－40，25回－40，24回－40，23回－41，22回－41

リビングウィルについてまとめておく。

・どのような医療や介護を望むかについてなど，あらゆる場面においての本人の意向を意味する。

・意識を喪失《そうしつ》する前などにあらかじめ聴取しておく必要がある。

・リビングウィルを事前に聴取できていない場合などは，コンセンサス・ベースド・アプローチに基づいて支援を決定する。

解説

1＝×　ターミナル期において，本人の人生観や生命観などの情報は，本人の意思決定に重要な意味があるため，**関係者で共有しなければならない。**

2＝○　リビングウィルとは，本人の意思が明確なうちに，要望書として，**医療やケアに関する選択を本人が表明しておくことをいう。**

3＝○　**コンセンサス・ベースド・アプローチ**とは，家族や第三者が単独で方針を決定することには倫理的葛藤を生じかねないことから，家族に加えてかかわっている複数の医療・介護専門職で話し合いを行い，**関係者の総意に基づいて方針をまとめ上げることをいう。**

4＝○　ターミナル期のように，高度に倫理的な判断を行うことは，医学的側面だけに基づく検討では不十分であり，**本人の意向に反する結果となるおそれがある。**

5＝×　有料老人ホームや養護老人ホームなどの介護保険の特定施設であっても，**ターミナルケアを提供できる。**

解答＝2・3・4

問題 42　訪問看護について正しいものはどれか。３つ選べ。

1　特別訪問看護指示書があるときは，７日間に限り，医療保険による訪問看護を提供することができる。

2　訪問看護事業を行う事業所は，指定訪問看護ステーションに限られる。

3　指定訪問看護事業者は，主治の医師に訪問看護計画書及び訪問看護報告書を提出しなければならない。

4　訪問看護の根拠法には，高齢者の医療の確保に関する法律も含まれる。

5　利用者が短期入所療養介護を利用している場合には，訪問看護費は算定できない。

ポイント

【キーワード】 訪問看護

【出題回－問題番号】 25回－41，24回－41，23回－42

訪問看護指示書についてまとめておく。

・指定訪問看護を開始する場合，主治医が記載した訪問看護指示書が必要である。

・訪問看護指示書の有効期間は６か月以内である。

・病状の悪化等により，特別訪問看護指示書が交付された場合，14日間に限り，医療保険からの訪問看護が提供される。

・特別訪問看護指示書は原則１か月に１回交付されるが，①気管カニューレを使用している状態や，②真皮《しんぴ》を越える褥瘡《じょくそう》の状態にある患者に対しては，１か月に２回まで交付することができる。

解説

1＝✕　特別訪問看護指示書があるときは，14日間に限り，医療保険による訪問看護を提供することができる。

2＝✕　訪問看護事業を行う事業所は，指定訪問看護ステーションのほか，病院・診療所によるものもある。

3＝○　指定訪問看護事業者は，主治の医師から訪問看護指示書を受け，それに基づき，訪問看護計画書および訪問看護報告書を提出しなければならない。

4＝○　高齢者の医療の確保に関する法律（高齢者医療確保法）の後期高齢者医療制度には，訪問看護が規定されている。

5＝○　利用者が短期入所療養介護を利用している場合，訪問看護費を同時に算定することはできない。

解答＝3・4・5

□□□

問題 43　指定看護小規模多機能型居宅介護について正しいものはどれか。3つ選べ。

1　事業所の登録定員は，29 人以下である。

2　事業者は，看護サービスを提供する場合は，1 人の利用者について複数の医師から指示を受けなければならない。

3　事業所の管理者は，必ずしも保健師又は看護師でなくてもよい。

4　その利用者については，訪問介護費を算定することができない。

5　事業所には，介護支援専門員を配置する必要はない。

ポイント

【キーワード】 看護小規模多機能型居宅介護

【出題回－問題番号】 26 回－ 43，24 回－ 43，23 回－ 43

看護小規模多機能型居宅介護の人員基準についてまとめておく。

・通いサービスの利用者３人に対して１人以上の看護小規模多機能型居宅介護従業者を配置しなければならない。

・看護小規模多機能型居宅介護従業者のうち，１人以上は常勤の保健師または看護師でなければならない。

・宿泊サービスの利用者がいる場合，夜間および深夜の勤務に当たる者を１人以上および宿直勤務に当たる者を必要な数以上配置しなければならない。

・介護支援専門員を配置しなければならない。

解説

1 = ○　指定看護小規模多機能型居宅介護の登録定員は 29 人以下である。

2 = ×　看護サービスを提供する場合，主治の医師等からの指示を受けなければならないが，**複数の医師から指示を受ける必要はない。**

3 = ○　看護小規模多機能型居宅介護の管理者は，保健師または看護師の他，**3年以上認知症高齢者の介護の経験があり，認知症対応型サービス事業管理者研修を修了した者も従事できる。**

4 = ○　看護小規模多機能型居宅介護の登録者が利用できる居宅サービスは，居宅療養管理指導・福祉用具貸与・訪問リハビリテーションのみであり，**訪問介護費を算定することはできない。**

5 = ×　看護小規模多機能型居宅介護には，登録者の居宅サービス計画と看護小規模多機能型居宅介護計画を作成する**介護支援専門員を配置しなければならない。**

解答＝1・3・4

問題 44　介護老人保健施設について正しいものはどれか。2つ選べ。

1　要介護者であって，主として長期にわたり療養が必要である者に対してサービスを行う施設と定義されている。

2　従来型の多床室に係る介護報酬は，在宅強化型と基本型の2類型だけである。

3　人員に関する基準には，医療分野から介護分野まで幅広い職種が含まれている。

4　利用者の平均要介護度は，介護老人福祉施設の入所者のそれより低い。

5　終末期にある利用者は，皆無である。

ポイント

【キーワード】 介護老人保健施設

【出題回－問題番号】 26回－44，25回－45，24回－44，23回－44

介護老人保健施設の設備基準（一部）についてまとめておく。

- 療養室：定員は4人以下で，入所者1人当たりの床面積は，8 m^2 以上。地階に設けてはならない。寝台またはこれに代わる設備，ナース・コールを設けること。
- 機能訓練室：1 m^2 ×入所定員以上の面積であり，必要な器械・器具を備えること。
- 食堂：2 m^2 ×入所定員以上の面積があること。
- 浴室：身体の不自由な者が入浴するのに適したものとし，一般浴槽《よくそう》のほか，入浴に介助を必要とする者の入浴に適した特別浴槽《よくそう》を設けること。

解説

1＝× 介護老人保健施設は，「要介護者であって，主としてその心身の機能の維持回復を図り，居宅における生活を営むことができるようにするための支援が必要である者に対し，（略）看護，医学的管理の下における介護及び機能訓練その他必要な医療並びに日常生活上の世話を行うことを目的とする施設」と定義されている。

2＝× 従来型の多床室にかかる介護報酬の類型としては，在宅強化型と基本型に加え，その他がある。

3＝○ 介護老人保健施設には，医師・薬剤師・看護職員・介護職員・支援相談員・理学療法士等・栄養士または管理栄養士・介護支援専門員など，医療分野から介護分野まで幅広い職種を配置しなければならない。

4＝○ 厚生労働省の「令和元年度 介護給付費等実態統計の概況」によると，介護老人保健施設では要介護4と5の入所者が約45%，介護老人福祉施設では約70%となっており，介護老人保健施設の平均要介護度のほうが低い。

5＝× 介護老人保健施設では，ターミナルケアも提供しており，終末期の利用者も入所している。

解答＝3・4

問題 45　介護医療院について正しいものはどれか。３つ選べ。

1　要介護者であって，主としてその心身の機能の維持回復を図り，居宅における生活を営むことができるようにするための支援が必要な者に対してサービスを行う施設と定義されている。

2　入所対象者には，身体合併症を有する認知症高齢者も含まれる。

3　介護医療院の創設により，介護療養型医療施設は 2018（平成 30）年４月にすべて廃止された。

4　定員 100 人のⅡ型療養床の場合には，常勤換算で１人の医師の配置が必要である。

5　入所者１人当たりの療養室の床面積は，８m^2 以上とされている。

ポイント

【キーワード】 介護医療院

【出題回－問題番号】 26 回－ 45，24 回－ 45，23 回－ 45，22 回－ 45

介護医療院の設備基準（一部）についてまとめておく。

・療養室：定員は４人以下で，入所者１人当たりの床面積は，８m^2 以上。地階に設けてはならない。入所者のプライバシーの確保に配慮した療養床，ナース・コールを設けること。

・診察室：医師が診察を行う施設，臨床検査を行う施設，調剤を行う施設があること（ただし，臨床検査を行う施設は，検体検査の業務を委託する場合は，検体検査にかかる設備を設けないことができる）。

・処置室：入所者に対する処置が適切に行われる広さのある施設，X 線装置があること。

・食堂：入所者１人当たり１m^2 以上の面積があること。

解説

1 = ×　介護医療院は「要介護者であって，**主として長期にわたり療養が必要である者**に対し，（略）療養上の管理，看護，医学的管理の下における介護及び機能訓練その他必要な医療並びに日常生活上の世話を行うことを目的とする施設」と定義されている。

2 = ○　Ⅰ型療養床では，「主として長期にわたり療養が必要である者であって，重篤《じゅうとく》な身体疾患《しっかん》を有する者，**身体合併症を有する認知症高齢者等**」が対象者とされている。

3 = ×　介護療養型医療施設の廃止は **2024（令和６）年３月 31 日**となっている。

4 = ○　Ⅱ型療養床では，入所者 100 人に１人の医師を配置しなければならないため，定員 100 人のⅡ型療養床には，**常勤換算で１人の医師の配置が必要**である。

5 = ○　介護医療院では，入所者１人当たりの療養室の床面積は，**８m^2 以上**とされている。

解答＝２・４・５

問題 46 面接場面におけるコミュニケーション技術について，より適切なものはどれか。２つ選べ。

1 オープンクエスチョンとは，チェックリストに従って質問していくことである。

2 クローズドクエスチョンは，面接を一方通行にしないために有効である。

3 観察は，非言語的なメッセージを感知することを含む。

4 面接を効果的に実施するためには，面接の焦点を的確に定めることが重要である。

5 明確化とは，クライエントの言葉をそのまま反射することである。

ポイント

【キーワード】基礎相談面接技術 **【出題回－問題番号】**26回－46，25回－46・47，24回－46，23回－46，22回－46

質問の技法についてまとめておく。

- 開かれた質問：答えが限定されず，自由に答えることができる質問。クライエントの答えが制限されない。
- 閉じられた質問：「はい」「いいえ」で答えられる質問および簡単に２～３の単語で答えられる質問。クライエントの意見に対して，何が言いたいのか焦点化することができる。
- 非言語メッセージ：言葉によらないメッセージを指す。具体的には，表情やジェスチャーなどが挙げられる。
- 明確化：相手が言葉に詰まってしまうなど，伝えたいことを表現するのが難しい場合，相手の意図を汲み取り代わりに表現すること。

解説

1＝× オープンクエスチョン（開かれた質問）とは，答えがたくさんあるもので，**チェックリストに従って質問していくものではない。**

2＝× クローズドクエスチョン（閉じられた質問）は，クライエントの意向を制限してしまうことにつながることがあり，**面接が一方通行になってしまうことがある。**

3＝○ 観察することで，クライエントの身振りや視線などで示される**非言語的なメッセージを感知することができる。**

4＝○ **面接の焦点を最初に定めておくことで**，話す内容にブレが生じることが少なくなるため，面接を効果的に実施することができる。

5＝× 明確化とは，**クライエントの思いや主訴《しゅそ》を明らかにすること**であり，言葉をそのまま反射することは反射の技法である。

解答＝3・4

問題 47　ソーシャルワークの視点から，支援困難な高齢者に関する記述として，より適切なものはどれか。**3つ選べ。**

1　近隣住民からの「一人暮らしの高齢者宅から異臭がする」との訴えに対し，まずその高齢者に施設への入所を勧める。

2　支援を拒否している高齢者には，信頼できる人を探し，支援につなげることが有効である。

3　アウトリーチによる対応には，支援のためのネットワークの構築が含まれる。

4　高齢者が不平・不満を何度も訴えるため，担当の介護支援専門員が地域包括支援センターにスーパービジョンを依頼する。

5　セルフ・ネグレクトには，親族による介護放棄が含まれる。

ポイント

【キーワード】 ソーシャルワーク

【出題回－問題番号】 26回－47・48・49，25回－48・49，24回－48・49，23回－47・48・49，22回－47・48・49

社会福祉に関わる用語の解説をしておく。

・アウトリーチ：支援者側から利用者宅などへ出向き，支援を提供する方法。

・スーパービジョン：対人援助に関わる者（スーパーバイジー）がスーパーバイザー（指導者）から教育を受けていく一連の過程。

・セルフ・ネグレクト：支援が必要な状況であるにもかかわらず，本人が周囲に援助を求めない状況。

解説

1＝×　高齢者にいきなり施設への入所を勧めるのではなく，**地域でどのように支援していくことができるかを検討する**必要がある。

2＝○　支援を拒否している高齢者や家族であっても，特定の信頼できる人からの助言や支援を受け入れる場合もあり，このような**キーパーソンを探し，支援につなげていく**ことが有効である。

3＝○　アウトリーチによる対応は，利用者宅への訪問等を意味するが，その後のサービスにもつなげていくことを考えると，**支援のためのネットワークの構築も含まれる。**

4＝○　支援困難な事例については，日常生活圏域ごとに設置されている**地域包括支援センターが必要なスーパービジョンの提供などを行い**，介護支援専門員が抱える支援困難事例のバックアップをする。

5＝×　セルフ・ネグレクトとは，支援が必要であるにもかかわらず，本人が周囲に助けを求めない状況を指し，**親族による介護放棄は含まれない。**

解答＝2・3・4

問題 48　ソーシャルワークに関する次の記述のうち，より適切なものはどれか。２つ選べ。

1　インテーク面接で得られた情報が少ない場合には，それを記録する必要はない。

2　クライエントの主訴のとおりに援助計画を立てることが，重要である。

3　モニタリングとは，援助計画の進捗を定期的，継続的に観察して評価することである。

4　多職種連携の際は，誰もが支援できるように，それぞれの役割を曖昧にすることが重要である。

5　クライエントとソーシャルワーカーとの契約とは，両者の間で焦点となる問題や目標を明らかにして，援助に関する合意をすることである。

ポイント

【キーワード】ソーシャルワーク

【出題回－問題番号】26 回－ 47・48・49，25 回－ 48・49，24 回－ 48・49，23 回－ 47・48・49，22 回－ 47・48・49

ソーシャルワークに関わる用語について解説しておく。

・インテーク：受付面接や受理面接を指す。相談に来た人から話を聴き，今後の支援内容についての整理を行う。

・モニタリング：実施した結果，どのようなことが生じたか，今後の課題がないかなどの評価を行う。

解説

1＝☒　インテークで得られた情報については，情報が多い少ないにかかわらず，記録しなければならない。

2＝☒　援助計画は，クライエントの主訴《しゅそ》などをもとに，客観的情報なども入れ，それらを分析（アセスメント）した上で作成する。

3＝○　作成した援助計画が計画通り進行しているか，設定した目標の達成状況はどうかなどを継続的に観察し評価することをモニタリングという。

4＝☒　多職種連携では，それぞれの専門性を発揮させるため，各専門職の役割を明確にしなければならない。

5＝○　クライエントとソーシャルワーカーとの契約は，焦点となる問題，目標，調整や介入の方法，および相互の役割や分担課題を明確に表現し，合意することである。

解答＝3・5

問題 49　ソーシャルワークにおける集団援助として，より適切なものはどれか。2つ選べ。

1　地域包括支援センターの社会福祉士による一人暮らしの高齢者を集めた生きがいづくりのためのプログラム活動
2　医療機関における医療ソーシャルワーカーによる入院中のクライエントへの相談支援
3　社会福祉協議会の職員と民生委員による「福祉マップ」の作成
4　精神科クリニックで行われるアルコール依存症患者の家族を対象とした交流活動
5　NPO 法人のスタッフと地域住民による高齢者の見守り活動

ポイント

【キーワード】ソーシャルワーク　**【出題回－問題番号】**26回－47・48・49，25回－48・49，24回－48・49，23回－47・48・49，22回－47・48・49

ソーシャルワークの出題でよく使われるキーワードをまとめておく。

・個別援助：面接・面談・相談支援
・集団援助：プログラム活動・グループ・会員向け
・地域援助：地域住民向け・組織化・世代間交流・ネットワーク

解説

1＝○　地域包括支援センターの社会福祉士による一人暮らしの高齢者を集めた生きがいづくりのためのプログラム活動は，ソーシャルワークにおける**集団援助**である。

2＝×　医療機関における医療ソーシャルワーカーによる入院中のクライエントへの相談支援は，ソーシャルワークにおける**個別援助**である。

3＝×　社会福祉協議会の職員と民生委員による「福祉マップ」の作成は，ソーシャルワークにおける**地域援助**である。

4＝○　精神科クリニックで行われるアルコール依存症患者の家族を対象とした交流活動は，ソーシャルワークにおける**集団援助**である。

5＝×　NPO 法人のスタッフと地域住民による高齢者の見守り活動は，ソーシャルワークにおける**地域援助**である。

解答＝1・4

ときテク

集団援助は「特定の小集団」に対して行うものである。1は「一人暮らしの高齢者を集めた」，4は「アルコール依存症患者の家族」なので，2つに○をつけることができる。また，個人に対して行っている2×と，地域に対して行っている3×5×を消去法で解くことも可能である。

問題 50 介護保険における短期入所生活介護について正しいものはどれか。２つ選べ。

1　利用者 20 人未満の併設事業所の場合には，管理者は常勤でなくてもよい。
2　利用者 20 人未満の併設事業所の場合でも，生活相談員は常勤でなければならない。
3　利用者 20 人未満の併設事業所の場合でも，機能訓練指導員は他の職務と兼務することはできない。
4　利用者 40 人以下の事業所の場合には，他の施設の栄養士との連携があり，利用者の処遇に支障がなければ，栄養士は配置しなくてもよい。
5　食事の提供と機能訓練に支障のない広さを確保できる場合には，食堂と機能訓練室は同一の場所とすることができる。

ポイント

【キーワード】短期入所生活介護
【出題回－問題番号】26 回－53，25 回－53，24 回－53，23 回－50，22 回－53

単独型短期入所生活介護の設備基準についてまとめておく。

・定員：20 人以上。
・居室：居室の定員は４人以下で，１人当たりの床面積は，10.65m^2 以上。
・食堂および機能訓練室：合計した面積は，利用定員×３m^2 以上。
・廊下幅：1.8m 以上。ただし，中廊下の幅は，2.7m 以上。

解説

1＝✕　利用者 20 人未満の併設型短期入所生活介護事業所の場合であっても，**管理者は常勤でなければならない。**

2＝✕　利用者 20 人未満の併設型短期入所生活介護事業所の場合は，**生活相談員は常勤でなくてもよい。**

3＝✕　利用者 20 人未満の併設型短期入所生活介護事業所では，**機能訓練指導員は他の職務と兼務することができる。**

4＝○　利用者 40 人以下の短期入所生活介護事業所の場合，他の施設の栄養士との連携があり，利用者の処遇に支障がなければ，**栄養士は配置しなくてもよい。**

5＝○　短期入所生活介護事業所では，食事の提供と機能訓練に支障のない広さを確保できる場合，**食堂と機能訓練室は同一の場所とすることができる。**

解答＝４・５

問題 51　介護保険における福祉用具貸与の対象となるものとして正しいものはどれか。２つ選べ。

1　エアマットレスなどの床ずれ防止用具

2　移動用リフトのつり具の部分

3　入浴用介助ベルト

4　浴槽内いす

5　特殊寝台からの起き上がりや移乗の際に用いる介助用ベルト

ポイント

【キーワード】福祉用具　**【出題回－問題番号】**25回－54，23回－51

特定福祉用具販売の６種目をまとめておく。

- 腰掛便座：ポータブルトイレ
- 自動排泄処理装置の交換可能部品：本体部分は福祉用具貸与
- 排泄予測支援機器（2022年４月より追加）
- 入浴補助用具：入浴用いす・浴槽《よくそう》用手すり・浴槽《よくそう》内いす・入浴用介助ベルトなど
- 簡易浴槽《よくそう》：空気式や折りたたみ式など
- 移動用リフトのつり具の部分：本体部分は福祉用具貸与

解説

1＝○　エアマットレスなどの床ずれ防止用具は，介護保険における福祉用具貸与の**対象となる**。

2＝×　移動用リフトのつり具の部分は，特定福祉用具販売の対象となり，介護保険における福祉用具貸与の**対象とならない**。

3＝×　入浴用介助ベルトは，特定福祉用具販売の対象となり，介護保険における福祉用具貸与の**対象とならない**。

4＝×　浴槽《よくそう》内いすは，特定福祉用具販売の対象となり，介護保険における福祉用具貸与の**対象とならない**。

5＝○　特殊寝台からの起き上がりや移乗の際に用いる介助用ベルトは，特殊寝台付属品として介護保険における福祉用具貸与の**対象となる**。

解答＝1・5

ときテク

福祉用具貸与と特定福祉用具販売の種目は，特定福祉用具販売のほうが少なく，先にそちらを覚えておく。特定福祉用具販売のキーワードは「入浴・排せつ」である。3と4に×をつけることができる。また，「自動排泄処理装置の交換可能部品」と「移動用リフトのつり具の部分」も特定福祉用具販売なので２×となる。

問題 52 介護保険における訪問介護について正しいものはどれか。3つ選べ。

1 指定訪問介護事業所の管理者については，特段の資格は不要である。

2 サービス提供責任者は，介護福祉士でなければならない。

3 介護支援専門員は，一定回数以上の生活援助中心型の訪問介護を居宅サービス計画に位置付ける場合には，その居宅サービス計画を市町村に届け出なければならない。

4 利用者が保険給付の範囲外のサービス利用を希望した場合には，訪問介護員は，居宅介護支援事業者又は市町村に連絡するものとする。

5 指定訪問介護事業者は，利用申込者の要介護度が重いことを理由として，サービスの提供を拒むことができる。

ポイント

【キーワード】訪問介護　**【出題回－問題番号】**26回－50，25回－50，24回－50，23回－52，22回－50

サービス提供責任者の責務についてまとめておく。

・指定訪問介護の目標，当該目標を達成するための具体的なサービスの内容等を記載した訪問介護計画を作成しなければならない。

・既に居宅サービス計画が作成されている場合は，その内容に沿って訪問介護計画を作成しなければならない。

・訪問介護計画の内容について利用者またはその家族に対して説明し，利用者の同意を得なければならない。

解説

1＝○ 指定訪問介護事業所の管理者については，「専らその職務に従事する常勤の管理者を置かなければならない」とあるが，**特段の資格は不要**である。

2＝× サービス提供責任者は，介護福祉士のほか，**介護福祉士実務者研修修了者等も従事することができる**。

3＝○ 介護支援専門員は，居宅サービス計画に厚生労働大臣が定める回数以上の訪問介護を位置付ける場合は，その利用の妥当性を検討し，居宅サービス計画に訪問介護が必要な理由を記載するとともに，計画を**市町村に届け出なければならない**。

4＝○ 訪問介護員は，利用者が保険給付の範囲外のサービス利用を希望する場合は，**居宅介護支援事業者または市町村に連絡**した上で，特定非営利活動法人（NPO法人）などの住民参加型福祉サービス，ボランティアなどの活用のための助言等を行う。

5＝× 事業者は，正当な理由なくサービスの提供を拒んではならず，要介護度が重いことは正当な理由に該当しないため，この場合**サービスの提供を拒むことはできない**。

解答＝1・3・4

問題 53　介護保険における通所介護について正しいものはどれか。２つ選べ。

1　通所介護費は，事業所の規模によって２つに分けて設定されている。

2　通所介護費は，サービスの所要時間によって３つに分けて設定されている。

3　サービスの所要時間が同じ区分の利用者については，サービス提供開始時刻を同じにしなければならない。

4　送迎時に実施した居宅内での介助は，１日30分以内を限度に，通所介護を行うのに要する時間に含めることができる。

5　通常の事業の実施地域以外に住む利用者の送迎にかかる費用は，利用料以外の料金として支払いを受けることができる。

ポイント

【キーワード】通所介護　**【出題回－問題番号】**26回－52，25回－51，24回－51，23回－53，22回－51

通所介護の設備基準についてまとめておく。

・定員：19人以上。

・食堂および機能訓練室：指定通所介護事業所の利用定員×３m^2以上。

・相談室：遮へい物の設置等により相談の内容が漏えいしないよう配慮する。

解説

1＝×　通所介護費は，事業所の規模によって，通常規模型・大規模型（Ⅰ）・大規模型（Ⅱ）の３つに分けて設定されている。

2＝×　通所介護費は，サービスの所要時間によって，６つに分けて設定されている。

3＝×　サービスの所要時間が同じ区分の利用者であっても，午前開始の利用者と午後開始の利用者を分けるように，サービス提供開始時刻を別に定めることができる。

4＝○　送迎時に実施した居宅内での介助は，居宅サービス計画および通所介護計画に位置付けた上で実施し，かつ一定の資格を有する者等が行った場合，１日30分以内を限度に，通所介護を行うのに要する時間に含めることができる。

5＝○　通常の事業の実施地域以外に住む利用者の送迎にかかる費用については，利用者の同意のもと，利用料以外の料金として支払いを受けることができる。

解答＝４・５

ときテク

選択肢１～３については覚えていない受験生も多かったと思うが，４○５○については過去にも出題されたことがあるので，正解することはできるだろう。５は「通常の実施地域以外」について問われているので注意してほしい。

問題 54 介護保険における訪問入浴介護について正しいものはどれか。3つ選べ。

1 利用者宅に浴室があっても，訪問入浴介護を提供することができる。

2 利用者が訪問入浴介護事業所と同一の建物に居住する場合でも，訪問入浴介護を提供することができる。

3 利用者が短期入所生活介護を利用している間は，訪問入浴介護費は算定しない。

4 訪問入浴介護は，事業所数が少ないため，通常の事業の実施地域を定めなくてもよい。

5 サービスの提供の責任者は，専らその職務に従事する常勤のものとする。

ポイント

【キーワード】訪問入浴介護 **【出題回－問題番号】**26回－51，25回－52，24回－52，23回－54，22回－52

訪問入浴介護の具体的取扱方針についてまとめておく。

- 1回の訪問につき，看護職員1人および介護職員2人をもって行うものとし，これらの者のうち1人をサービスの提供の責任者とする。ただし，利用者の身体の状況が安定していること等から，入浴により利用者の身体の状況等に支障を生ずるおそれがないと認められる場合，主治の医師の意見を確認した上で，看護職員に代えて介護職員を充《あ》てることができる。
- サービスの提供に用いる設備，器具その他の用品の使用に際して安全および清潔の保持に留意し，特に利用者の身体に接触する設備，器具その他の用品については，サービスの提供ごとに消毒したものを使用する。

解説

1＝○ 訪問入浴介護の提供を行うにあたり，自宅の浴槽《よくそう》の有無は関係ないため，利用者宅に浴室があっても，**訪問入浴介護を提供することができる。**

2＝○ 利用者が訪問入浴介護事業所と同一の建物に居住する場合，減算はされるが，**訪問入浴介護を提供することができる。**

3＝○ 利用者が短期入所生活介護を利用している間は，訪問入浴介護の提供はできないため，**訪問入浴介護費は算定しない。**

4＝× 訪問入浴介護事業所は，運営規程により，**通常の事業の実施地域を定めなければならない。**

5＝× サービスの提供の責任者は，その日サービスを提供する者から1名が選ばれるだけであり，**専らその職務に従事する常勤のものでなくてもよい。**

解答＝1・2・3

問題 55　介護保険における小規模多機能型居宅介護について正しいものはどれか。２つ選べ。

1　小規模多機能型居宅介護は，宿泊を中心として，利用者の様態や希望に応じて，随時訪問や通いを組み合わせてサービスを提供するものである。

2　従業者は，介護福祉士又は訪問介護員でなければならない。

3　小規模多機能型居宅介護の本体事業所とサテライト事業所の距離は，自動車等でおおむね 20 分以内の近距離でなければならない。

4　利用者は，複数の小規模多機能型居宅介護事業所への登録を希望しても，１つの事業所にしか登録できない。

5　運営推進会議は，当該事業所を指定する市町村が設置する。

ポイント

【キーワード】小規模多機能型居宅介護

【出題回－問題番号】26 回－ 55，25 回－ 55，23 回－ 55

小規模多機能型居宅介護の設備基準についてまとめておく。

・登録定員：29 人（サテライト型は 18 人）以下。

・利用定員：通いサービスは登録定員の２分の１から 15 人まで。宿泊サービスは通いサービスの利用定員の３分の１から９人まで。

・宿泊室：定員は１人。ただし，利用者の処遇上必要と認められる場合は，２人とすることができる。床面積は，7.43 m^2 以上とする。

・立地場所：利用者の家族との交流の機会の確保や地域住民との交流を図る観点から，住宅地または住宅地と同程度に利用者の家族や地域住民との交流の機会が確保される地域にあるようにしなければならない。

なお，地域密着型サービスの基準は，2021 年８月「従うべき基準」から「標準とすべき基準」に改正された。

解説

1 = ×　小規模多機能型居宅介護は，通いを中心として，利用者の様態や希望に応じて随時訪問や宿泊を組み合わせてサービスを提供するものである。

2 = ×　従業者は，１人以上は看護師または准看護師でなければならないが，介護福祉士または訪問介護員でなければならないという規定はない。

3 = ○　小規模多機能型居宅介護については，本体事業所とサテライト事業所の距離は，自動車等でおおむね 20 分以内の近距離でなければならない。

4 = ○　登録は，１か所のみ行うことができ，複数の事業所へ行うことはできない。

5 = ×　運営推進会議は，市町村の指定を受けた小規模多機能型居宅介護事業者が設置する。

解答＝３・４

問題 56 介護保険における認知症対応型共同生活介護について正しいものはどれか。２つ選べ。

1 事業所の立地場所については，園芸や農作業を行いやすい自然の豊かな場所でなくてはならない。

2 １つの共同生活住居の入居定員は，５人以上９人以下である。

3 複数の共同生活住居がある事業所の場合には，認知症対応型共同生活介護計画の作成担当者のうち１人は，介護支援専門員でなくてはならない。

4 認知症対応型共同生活介護計画を作成した期間についても，居宅サービス計画を作成しなければならない。

5 認知症対応型共同生活介護事業者は，提供するサービスの質について，定期的に外部評価を受けていれば，自己評価を行う必要はない。

（注）2020（令和２）年10月時点の内容。

ポイント

【キーワード】認知症対応型共同生活介護

【出題回－問題番号】25回－56，23回－56

認知症対応型共同生活介護の設備基準についてまとめておく。

・共同生活住居の数と定員：１以上３以下（サテライト事業所の場合は，１または２）。１つにつき定員は，５人以上９人以下。

・居室：１つの居室の定員は１人。ただし，利用者の処遇上必要と認められる場合は，２人とすることができる。床面積は，7.43 m^2 以上。

・立地場所：住宅地または住宅地と同程度に利用者の家族や地域住民との交流の機会が確保される地域にあるようにしなければならない。

解説

1＝× 立地場所は，園芸や農作業を行いやすい自然の豊かな場所と限定されてはいない。

2＝○ 共同生活住居の入居定員は，１つの共同生活住居当たり５人以上９人以下である。

3＝○ 複数の共同生活住居がある事業所の場合※，複数名いる認知症対応型共同生活介護計画の作成担当者のうち１人は，介護支援専門員でなければならない。

4＝× 認知症対応型共同生活介護計画を作成した期間については，認知症対応型共同生活介護に入居中であるため，居宅サービス計画を作成する必要はない。

5＝× 認知症対応型共同生活介護事業者は，定期的に外部評価を受け，自《みずか》らその提供する指定認知症対応型共同生活介護の質の評価を行わなければならない。

※ 2021（令和３）年度介護報酬改定で，「共同生活住居ごと」ではなく，「認知症対応型共同生活介護事業所に１人以上」置くこととなった。

解答＝2・3

問題 57　指定介護老人福祉施設について正しいものはどれか。3つ選べ。

1　身体的拘束等の適正化のための指針を整備している場合には，その対策を検討する委員会は開催しなくてもよい。

2　入所者が居宅での生活を営むことができるかどうかについて，生活相談員，介護職員，看護職員，介護支援専門員等の従業者間で協議しなくてはならない。

3　施設サービスを受ける必要性が高いと認められる入所申込者を優先的に入所させるよう努めなければならない。

4　夜間には，常勤の介護職員が介護に従事しなくてもよい。

5　サービス提供上必要と認められる場合であれば，1の居室の定員を2人にすることができる。

ポイント

【キーワード】 介護老人福祉施設　**【出題回－問題番号】** 26回－57，25回－57，24回－57，23回－57，22回－57

介護老人福祉施設の設備基準についてまとめておく。

- 居室：1の居室の定員は1人で，入所者1人当たりの床面積は，10.65m^2以上。ブザーまたはこれに代わる設備を設けること。
- 静養室：介護職員室または看護職員室に近接して設けること。
- 医務室：医療法に規定する診療所。入所者を診療するために必要な医薬品および医療機器を備えるほか，必要に応じて臨床検査設備を設けること。
- 廊下幅：1.8 m以上とすること。ただし，中廊下の幅は，2.7 m以上とすること。

解説

1＝×　身体的拘束等の適正化を図るため，身体的拘束等の適正化のための対策を検討する委員会を3か月に1回以上**開催しなければならない**。

2＝○　入所者の心身の状況，その置かれている環境等に照らし，その者が居宅において日常生活を営むことができるかどうかについて，**生活相談員，介護職員，看護職員，介護支援専門員等の従業者の間で定期的に協議しなければならない**。

3＝○　指定介護老人福祉施設では，空きが出た場合，介護の必要の程度および家族等の状況を勘案し，**指定介護福祉施設サービスを受ける必要性が高いと認められる入所申込者を優先的に入所させるよう努めなければならない**。

4＝×　夜間を含めて，**常時1人以上の常勤の介護職員**をおかなければならない。

5＝○　1の居室の定員は，1人とされているが，**入所者への指定介護福祉施設サービスの提供上必要と認められる場合は，2人にすることができる**。

解答＝2・3・5

問題 58　生活保護制度について正しいものはどれか。3つ選べ。

1　すべての被保護者に対する要介護認定は，介護扶助の必要性を判断するため，生活保護制度で独自に行う。

2　生活に困窮する外国人は，生活保護の取扱いに準じて必要な保護を受けることができる。

3　居宅介護支援事業所が生活保護受給者に対して居宅介護支援を行う場合には，介護保険法の指定のほかに，生活保護法による指定を受ける必要がある。

4　葬祭扶助は，原則として，現物給付である。

5　福祉事務所で生活保護を担当する査察指導員と現業員は，社会福祉主事でなければならない。

ポイント

【キーワード】生活保護　**【出題回－問題番号】**26回－60，25回－58，24回－58，23回－58，22回－59

福祉事務所に配置される査察指導員と現業員についてまとめておく。

・査察指導員：スーパーバイザーとも呼ばれ，現業員（ケースワーカー）に対して，指導監督として専門的助言，指導訓練，業務の進行管理・職員管理などを行う。

・現業員：ケースワーカーと呼ばれ，家庭訪問・面接・生活指導などの現業を行う。

解説

1＝× 介護保険の被保険者である被保護者に対する要介護認定は，介護保険制度で行われるため，**生活保護制度独自で行うものではない**。

2＝○ 生活に困窮する外国人については，生活保護の受給要件に該当した場合，生活保護の取扱いに準じて**必要な保護を受けることができる**。

3＝○ 居宅介護支援事業所が生活保護受給者に対して居宅介護支援を行う場合，介護保険法の指定のほかに，**生活保護法による指定を受け**，指定介護機関になる必要がある。

4＝× 葬祭扶助は，原則として，**金銭給付**となっている。

5＝○ 福祉事務所に配属される査察指導員や現業員は，**社会福祉主事任用資格を取得していなければならない**。

解答＝2・3・5

ときテク

査察指導員や現業員は初出であるが，扶助の方法（現物給付か金銭給付か）と，給付調整（優先関係）を覚えておけば，消去法で解くことができる。

問題 59　成年後見制度について正しいものはどれか。３つ選べ。

1　本人以外の者の請求により補助開始の審判をするには，本人の同意が必要である。

2　後見開始の申立は，本人の所在地を管轄する地方裁判所に行う。

3　市町村は，当該市町村における成年後見制度の利用の促進に関する施策についての基本的な計画を定めるよう努めることとされている。

4　後見開始の審判は，事実上婚姻関係と同様の事情にある者も請求することができる。

5　任意後見人の配偶者，直系血族及び兄弟姉妹は，任意後見監督人となることができない。

ポイント

【キーワード】成年後見制度

【出題回－問題番号】26回－58，25回－59，24回－60，23回－59，22回－60

法定後見制度の概要についてまとめておく。

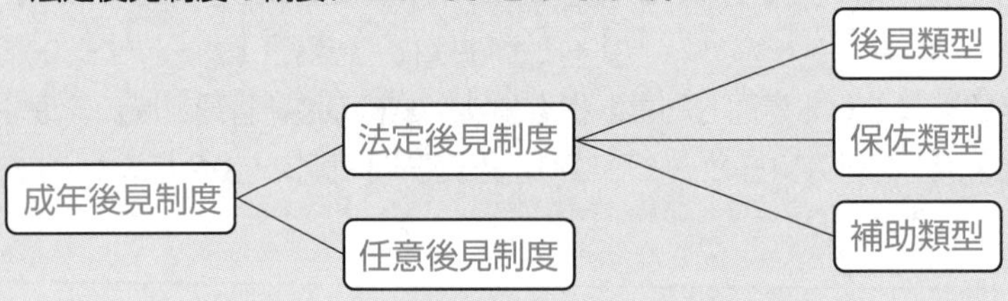

解説

1＝○　補助開始の審判については，**本人の同意が必要**である。

2＝×　後見開始の申立は，本人の所在地を管轄する**家庭裁判所**に行う。

3＝○　市町村は，成年後見制度利用促進基本計画を勘案して，当該市町村における成年後見制度の利用の促進に関する施策についての基本的な計画を**定めるよう努めることとされている**。

4＝×　後見開始の審判の請求ができる者は，本人，配偶者，四親等内の親族などとなっており，事実上婚姻関係と同様の事情にある者は**請求することができない**。

5＝○　任意後見人の配偶者，直系血族および兄弟姉妹は，**任意後見監督人となることができない**。

解答＝1・3・5

問題 60　高齢者虐待の防止，高齢者の養護者に対する支援等に関する法律について正しいものはどれか。２つ選べ。

1　養護者による高齢者を衰弱させるような著しい減食は，高齢者虐待に当たる。

2　市町村又は市町村長は，虐待の通報又は届出があった場合には，高齢者を一時的に保護するために老人短期入所施設等に入所させることができる。

3　養介護施設には，地域包括支援センターは含まれない。

4　養護者による高齢者虐待により高齢者の生命又は身体に重大な危険が生じているおそれがあると認める場合であっても，市町村の職員は，警察の許可なく高齢者の居所に立ち入ることはできない。

5　都道府県は，養護者の負担軽減のため，養護者の相談，指導及び助言その他の必要な措置を講じなければならない。

ポイント

【キーワード】虐待

【出題回－問題番号】26回－59，23回－60

介護保険制度の養介護施設と養介護事業についてまとめておく。

養介護施設
介護保険施設
地域密着型介護老人福祉施設
地域包括支援センター

養介護事業
居宅サービス事業
地域密着型サービス事業
居宅介護支援事業
介護予防サービス事業
地域密着型介護予防サービス事業
介護予防支援事業

解説

1＝○　養護者による高齢者を衰弱させるような著しい減食は，介護放棄（ネグレクト）であり，**高齢者虐待に当たる**。

2＝○　市町村または市町村長は，虐待の通報または届出があった場合，高齢者を一時的に保護するために**老人短期入所施設等に入所させることができる**。

3＝×　養介護施設に，**地域包括支援センターは含まれる**。

4＝×　養護者による高齢者虐待により高齢者の生命または身体に重大な危険が生じているおそれがあると認める場合，市町村職員は，警察の許可なく高齢者の居所に**立ち入ることができる**。

5＝×　養護者の負担軽減のため，養護者の相談，指導および助言その他の必要な措置《そち》を講じなければならないのは**市町村**である。

解答＝1・2

年度別過去問
＋
解答・解説
第 22 回
（令和元年度）

問題 1　2017（平成 29）年の介護保険制度改正について正しいものはどれか。3つ選べ。

1　介護医療院の創設
2　共生型サービスの創設
3　看護小規模多機能型居宅介護の創設
4　介護給付及び予防給付に係る 3 割負担の導入
5　介護予防訪問介護及び介護予防通所介護の介護予防・日常生活支援総合事業への移行

ポイント

【キーワード】介護保険制度改正
【出題回－問題番号】24 回－1，23 回－5，22 回－1

2017（平成 29）年の介護保険制度改正で覚えておくことをまとめておく。

・地域包括ケアシステムの深化・推進：自立支援等施策への取り組みなど
・医療と介護の連携の推進等：介護医療院の創設など
・地域共生社会の実現に向けた取り組みの推進等：共生型サービスの創設など
・介護保険制度の持続可能性の確保：高所得者の利用者負担の 2 割から 3 割への引き上げなど

解説

1 =○　介護医療院の創設は 2017（平成 29）年の介護保険制度改正で導入された。
2 =○　共生型サービスの創設は 2017（平成 29）年の介護保険制度改正で導入された。
3 =×　看護小規模多機能型居宅介護の創設は 2011（平成 23）年の介護保険制度改正で導入された。
4 =○　介護給付および予防給付にかかる 3 割負担の導入は 2017（平成 29）年の介護保険制度改正で導入された。
5 =×　介護予防訪問介護および介護予防通所介護の介護予防・日常生活支援総合事業への移行は 2014（平成 26）年の介護保険制度改正で導入された。

解答＝1・2・4

ときテク

過去の改正まで把握するのは困難なので，この問では 2017（平成 29）年の改正で介護医療院の創設・共生型サービスの創設・3 割負担の導入などのキーワードをおさえておくとよい。

問題 2　介護保険法第２条に示されている保険給付の基本的考え方として正しいものはどれか。２つ選べ。

1　介護支援専門員の選択に基づくサービスの提供
2　被保険者の所得及び資産による制限
3　同一の事業者による複合的かつ集中的なサービスの提供
4　医療との連携への十分な配慮
5　被保険者の有する能力に応じ自立した日常生活を営むことができるようにすることへの配慮

ポイント

【キーワード】介護保険法条文
【出題回－問題番号】26回－4，25回－3，24回－5，23回－6，22回－2

介護保険法第２条に示されている保険給付の基本的理念についてまとめておく。

・要介護状態・要支援状態の軽減・悪化防止
・医療との連携への十分な配慮
・被保険者の選択に基づく適切なサービスの総合的・効率的な提供
・多様な事業者・施設によるサービスの提供
・居宅における自立した日常生活の重視

解説

1 =×　介護支援専門員の選択に基づくサービスの提供については介護保険法に示されていない。
2 =×　被保険者の所得および資産による制限については介護保険法に示されていない。
3 =×　同一の事業者による複合的かつ集中的なサービスの提供については介護保険法に示されていない。
4 =○　医療との連携への十分な配慮については介護保険法第２条第２項に示されている。
5 =○　被保険者の有する能力に応じ自立した日常生活を営むことができるようにすることへの配慮については介護保険法第２条第４項に示されている。

解答＝4・5

ときテク

条文の内容を知らなくても，選択肢をよく読むと消去法で１～3が×になる問題であるが，条文問題というだけで難しく考えてしまう傾向にあるため，最初は飛ばしておき，余った時間でチャレンジすればよい。

問題 3　65 歳以上の者であって，介護保険の被保険者とならないものとして正しいものはどれか。２つ選べ。

1　老人福祉法に規定する軽費老人ホームの入所者
2　生活保護法に規定する救護施設の入所者
3　生活保護法に規定する更生施設の入所者
4　障害者総合支援法の自立訓練及び施設入所支援の支給決定を受けて，指定障害者支援施設に入所している知的障害者
5　障害者総合支援法の生活介護及び施設入所支援の支給決定を受けて，指定障害者支援施設に入所している精神障害者

ポイント

【キーワード】被保険者

【出題回－問題番号】26 回－５・６，25 回－５，24 回－４，22 回－３

介護保険の被保険者資格については，その要件に該当した場合，強制的に被保険者資格を取得するという強制適用のしくみが採られているが，一定の施設（適用除外施設）に入所している者は当面の間被保険者としないとしている。

・障害者総合支援法上の生活介護および施設入所支援を受けて指定障害者支援施設に入所している身体障害者
・身体障害者福祉法に基づく措置《そち》により障害者総合支援法上の障害者支援施設に入所している身体障害者
・児童福祉法上の医療型障害児入所施設の入所者
・厚生労働大臣が指定する児童福祉法に基づく医療型児童発達支援を行う医療機関の入院者
・独立行政法人国立重度知的障害者総合施設のぞみの園が設置する施設の入所者
・ハンセン病問題の解決の促進に関する法律上の国立ハンセン病療養所等の入所者
・生活保護法上の救護施設の入所者　等

解説

1＝× 老人福祉法に規定する軽費老人ホームの入所者は被保険者となる。
2＝○ 生活保護法に規定する救護施設の入所者は被保険者とならない。
3＝× 生活保護法に規定する更生施設の入所者は被保険者となる。
4＝× 障害者総合支援法の自立訓練および施設入所支援の支給決定を受けて，指定障害者支援施設に入所している知的障害者は被保険者となる。
5＝○ 障害者総合支援法の生活介護および施設入所支援の支給決定を受けて，指定障害者支援施設に入所している精神障害者は被保険者とならない。

解答＝２・５

問題 4　介護保険における特定疾病として正しいものはどれか。3つ選べ。

1　筋萎縮性側索硬化症
2　黄色靭帯骨化症
3　心筋梗塞
4　脊柱管狭窄症
5　閉塞性動脈硬化症

ポイント

【キーワード】要介護認定
【出題回－問題番号】26回－18・19，25回－8・16・17・18，24回－16・17・18，23回－17・18・19，22回－4・21・22・23

特定疾病《しっぺい》についてまとめておく。25回－17も参照。

・筋萎縮《きんいしゅく》性側索《そくさく》硬化症：原因が不明で，徐々に全身の骨格筋が萎縮して，四肢の筋力低下による運動や歩行などの生活機能低下，嚥下《えんげ》障害，言語障害などを生じる疾《しっ》患《かん》。
・脊柱管狭窄症《せきちゅうかんきょうさくしょう》：主に腰部において脊柱管《せきちゅうかん》，神経根管，椎間孔における狭窄《きょうさく》が起きるため，馬尾，神経根，脊髄《せきずい》などが圧迫されることで症状をきたす症候群。
・閉塞《へいそく》性動脈硬化症：動脈硬化を基礎に血管が狭窄《きょうさく》，閉塞《へいそく》し十分な血液が末梢へ送れなくなる病態。

解説

1＝○　筋萎縮《きんいしゅく》性側索《そくさく》硬化症（ALS）は介護保険における特定疾病《しっぺい》である。
2＝×　黄色靭帯骨化《おうしょくじんたいこっか》症は介護保険における特定疾病《しっぺい》でない。
3＝×　心筋梗塞《こうそく》は介護保険における特定疾病《しっぺい》でない。
4＝○　脊柱管狭窄症《せきちゅうかんきょうさくしょう》は介護保険における特定疾病《しっぺい》である。
5＝○　閉塞《へいそく》性動脈硬化症は介護保険における特定疾病《しっぺい》である。

解答＝1・4・5

ときテク

16の特定疾病《しっぺい》を覚えることが難しいが，保健医療分野で学ぶ「高齢者の疾病《しっぺい》」と併せて覚えて欲しい。また，心筋梗塞《こうそく》（3×）はなじみのある疾病《しっぺい》であるが，特定疾病《しっぺい》ではないため間違えないようにしたい。

問題 5　指定居宅サービス事業者の指定について正しいものはどれか。3つ選べ。

1　共生型居宅サービス事業者の指定は，市町村長が行う。

2　居宅サービスの種類ごとに行う。

3　6年ごとに更新を受けなければ，効力を失う。

4　申請者が都道府県の条例で定める者でないときは，指定をしてはならない。

5　都道府県介護保険事業支援計画の見込量に達しているときは，指定をしてはならない。

ポイント

【キーワード】居宅サービス事業者　**【出題回－問題番号】**26回－9，22回－5

指定居宅サービス事業者とは，居宅サービス事業を行う者として，都道府県知事に申請を行い，その指定を受けた者である。指定に関しては，下記に注意する必要がある。

・指定をしてはいけない場合（例：一部の医療系サービスを除き，法人でない者等）

・指定をしないことができる場合（例：介護専用型特定施設入居者生活介護について，都道府県介護保険事業支援計画の目標をすでに超えているか，もしくは指定をすると目標を超え，計画達成に支障を生じるおそれがあるとき）

解説

1＝✕　共生型居宅サービス事業者の指定は，**都道府県知事**が行う。

2＝○　都道府県知事による指定は，居宅サービス事業者の申請に基づき，指定にかかる要件を満たしている場合は，**居宅サービスの種類ごと**，かつ居宅サービス事業を行う事業所ごとに行われる。

3＝○　指定居宅サービス事業者の指定は6年間有効であり，6年ごとに更新を受けなければ，**効力を失う**。

4＝○　申請者が都道府県の条例で定める者（具体的には法人格を有するなど）でないときは，**指定をしてはならない**。

5＝✕　都道府県介護保険事業支援計画の見込量に達しているときなど，計画の達成に支障を生ずるおそれがあるときは，**指定しないことができるとされ，指定をしてはならない，とは定められていない**。

解答＝2・3・4

問題 6　指定居宅介護支援事業者について正しいものはどれか。2つ選べ。

1　被保険者証に認定審査会意見の記載があるときは，その意見に配慮した指定居宅介護支援の提供に努めなければならない。

2　事業所の現員では利用申込に応じきれない場合には，サービスの提供を拒むことができる。

3　管理者は，管理者研修の受講が義務づけられている。

4　通常の事業の実施地域以外であっても，交通費を受け取ることはできない。

5　利用者が 30 人の場合には，介護支援専門員は，非常勤で 1 人置けばよい。

ポイント

【キーワード】 居宅介護支援事業者　**【出題回－問題番号】** 26 回－ 20，25 回－ 19・20・21，24 回－ 19，23 回－ 20・21，22 回－6・15

指定居宅介護支援事業者とは，居宅介護支援事業（要介護者に対するケアマネジメント事業）を行う者として，市町村長に申請を行い，その指定を受けたものである。サービス提供に際しては，以下の点に留意するとされている。

- 要介護者の心身の状況等に応じて適切な居宅介護支援を提供するとともに，自《みずか》らその質の評価を行う等により，常に利用者の立場に立つこと。
- 要介護者の人格を尊重するとともに，介護保険法やこれに基づく命令を遵守《じゅんしゅ》し，要介護者のため忠実に職務を遂行《すいこう》しなければならない。

解説

1 = ○　指定居宅介護支援事業者は，被保険者証に認定審査会意見の記載があるときは，その意見に配慮した指定居宅介護支援の提供に**努めなければならない**とされている。

2 = ○　指定居宅介護支援事業者では，正当な理由なくサービス提供を断ってはならないとされているが，事業所の現員では利用申込に応じきれない場合には，サービスの提供を**拒むことができる**。

3 = ×　管理者は，主任介護支援専門員が就任しなければならないが，管理者研修の受講が**義務づけられてはいない**。

4 = ×　通常の事業の実施地域以外で居宅介護支援の提供を行った場合，利用者の同意を得た上で，交通費を**受け取ることができる**。

5 = ×　利用者が 30 人の場合には，指定居宅介護支援事業者では，**常勤の介護支援専門員を 1 人置かなければならない**。

解答＝1・2

問題 7　介護支援専門員の義務として正しいものはどれか。３つ選べ。

1　介護保険事業の円滑な運営に必要な助言をしなければならない。

2　介護支援専門員でなくなった後も，正当な理由なしに，その業務に関して知り得た人の秘密を漏らしてはならない。

3　特定の種類のサービスに不当に偏ることのないよう，業務を行わなければならない。

4　認知症に関する施策を総合的に推進しなければならない。

5　その名義を他人に介護支援専門員の業務のため使用させてはならない。

ポイント

【キーワード】介護支援専門員

【出題回－問題番号】25回－6，24回－10，22回－7・16

介護保険法に規定された介護支援専門員の義務についてまとめておく。

- 公正・誠実な業務遂行《すいこう》義務
- 名義貸しの禁止
- 基準遵守《じゅんしゅ》義務
- 信用失墜行為の禁止
- 資質向上努力義務
- 秘密保持義務
- 介護支援専門員証の不正使用の禁止

解説

1＝× 介護支援員には，介護保険事業の円滑な運営に必要な助言をするという**義務はない**。

2＝○ 介護支援専門員は，介護支援専門員でなくなった後も，正当な理由なしに，その業務に関して知り得た人の秘密を**漏らしてはならない**とされている。

3＝○ 介護支援専門員は，公正・誠実な業務遂行《すいこう》義務として，担当する要介護者等の人格を尊重し，常にその要介護者等の立場に立って，要介護者等に提供されるサービスが特定の種類または特定の事業者・施設に不当に偏ることのないよう，**公正かつ誠実にその業務を行わなければならない**。

4＝× 介護支援専門員には，認知症に関する施策を総合的に推進しなければならないという**義務はない**。

5＝○ 介護支援専門員は，その名義を，介護支援専門員の業務のために**他人に使用させてはならない**。

解答＝２・３・５

ときテク

介護支援専門員の義務については覚えておく必要がある。消去法では難しいが，１×４×は行政の仕事となるため，その違いに気づきたい。

問題 8　市町村介護保険事業計画について正しいものはどれか。3つ選べ。

1　都道府県知事の定める基本指針に基づき作成されなければならない。

2　市町村老人福祉計画と一体のものとして作成されなければならない。

3　市町村地域福祉計画と調和が保たれたものでなければならない。

4　介護サービス情報の公表に関する事項を定めなければならない。

5　変更したときは，遅滞なく，都道府県知事に提出しなければならない。

ポイント

【キーワード】介護保険事業計画

【出題回－問題番号】26回－10，24回－13，22回－8

市町村介護保険事業計画についてまとめておく。

- 国の基本指針に則して，3年を1期として策定する。
- 「定めるべき事項」と「定めるよう努める事項」がある。
- 市町村老人福祉計画と一体のものとして作成する。
- 市町村地域福祉計画などと調和が保たれたものを作成する。
- 医療及び介護の総合的な確保のための事業の実施に関する計画を作成する場合には，これとの整合性の確保を図る。

解説

1＝× 市町村は，国の基本指針に即して，3年を1期とする市町村介護保険事業計画を策定しなければならない。

2＝○ 市町村介護保険事業計画は，市町村老人福祉計画と一体のものとして作成されなければならない。

3＝○ 市町村介護保険事業計画は，地域の福祉サービスの適切な利用の推進に関する事項等を定める市町村地域福祉計画と調和が保たれたものでなければならない。

4＝× 介護サービス情報の公表に関する事項は，都道府県介護保険事業支援計画に定めるよう努める事項に含まれている。

5＝○ 市町村介護保険事業計画の策定・変更に当たっては，市町村は，あらかじめ，被保険者の意見を反映させるために必要な措《そ》置《ち》を講ずるとともに，変更したときは，遅滞なく，都道府県知事に提出しなければならないとされている。

解答＝2・3・5

問題 9　介護保険における第１号被保険者の保険料について正しいものはどれか。２つ選べ。

1　保険料率は，毎年度改定しなければならない。

2　年額 18 万円以上の遺族厚生年金受給者は，特別徴収の対象となる。

3　年金を受給していない者は，市町村民税に合算して徴収される。

4　世帯主は，普通徴収の場合には，その世帯に属する第１号被保険者と連帯して納付する義務を負う。

5　保険料減免の対象者は，政令で定められる。

ポイント

【キーワード】保険料

【出題回－問題番号】25 回－ 10，23 回－ 11，22 回－ 9

第１号被保険者の保険料についてまとめておく。

・納入通知書で納める普通徴収と公的年金から天引きされる特別徴収がある。

・保険料は市町村の条例で定める。

・所得段階別定額保険料となっており，９段階に分類されるが，市町村条例に定めるところにより細分化することができる。

・市町村特別給付や財政安定化基金への拠出金，市町村条例で定める支給限度基準額の上乗せ分や財政安定化基金で貸付を受けた分の返済を賄《まかな》う。

解説

1 =×　第１号被保険者の保険料率は，**３年に１回**改定しなければならない。

2 =○　**年額 18 万円以上**の遺族厚生年金（公的年金）受給者は，特別徴収の対象となる。

3 =×　年金を受給していない者は，普通徴収として，**市町村から送付された納入通知書**により納付することとなっている。

4 =○　世帯主は，普通徴収の場合には，その世帯に属する第１号被保険者と連帯して納付する義務（**連帯納付義務**）を負うこととなっている。

5 =×　保険料減免の対象者は，**市町村の条例**で定められる。

解答＝２・４

ときテク

第１号被保険者の保険料の納入方法（２○３×）や保険料率の改定時期（１×）などは理解しておきたいところである。

問題 10 介護保険の調整交付金について正しいものはどれか。3つ選べ。

1 国が市町村に交付する。
2 すべての市町村に一律に交付される定率の公費負担となっている。
3 調整交付金の総額は，介護給付費及び予防給付費の総額の５％に相当する額とする。
4 市町村ごとの第１号被保険者の年齢階級別の分布状況を考慮して交付される。
5 市町村ごとの第２号被保険者の所得の分布状況を考慮して交付される。

ポイント

【キーワード】介護保険の財政・会計 **【出題回－問題番号】**25回－9，24回－12，23回－12，22回－10

介護保険の調整交付金についてまとめておく。
①要介護状態となるリスクが高い75歳以上の後期高齢者の加入割合の違い
②第１号被保険者の所得（保険料負担能力）の格差
③災害時の保険料減免等の特殊事情といった保険者の責によらない事由
（①②を普通調整交付金・③を特別調整交付金という）

①については，後期高齢者が多いほど保険給付が多く必要と考えられるため，調整交付金は上がり，②については，所得が高ければ第１号被保険者から保険料が多く納付されるため調整交付金が下がることになる。

解説

1＝○ 調整交付金は，国が市町村に対して交付するものである。

2＝× 調整交付金は，当該市町村の財政力の強弱に応じて傾斜的に交付されるものであり，一律ではない。

3＝○ 調整交付金は，総額で保険給付費の5%となっている。

4＝○ 調整交付金は，「①要介護状態となるリスクが高い75歳以上の後期高齢者の加入割合の違い，②第１号被保険者の所得（保険料負担能力）の格差，③災害時の保険料減免等の特殊事情といった保険者の責によらない事由」に考慮して交付される。

5＝× 第２号被保険者の所得の分布状況は調整交付金の交付に関して考慮される事項ではない。

解答＝１・３・４

ときテク

調整交付金については「総額が５％」「調整交付金の決め方」「国庫負担の一部」などのキーワードを覚えておくとよい。「一律でない」と「第２号被保険者は関係ない」ことを踏まえると，２×５×の消去法で解けると思われる。

問題 11　社会保険診療報酬支払基金の介護保険関係業務について正しいものはどれか。２つ選べ。

1　市町村に対し介護給付費交付金を交付する。
2　介護保険財政の収入不足が生じた市町村に不足額を交付する。
3　医療保険者から介護給付費・地域支援事業支援納付金を徴収する。
4　介護保険サービスに関する苦情への対応を行う。
5　業務の一部を年金保険者に委託することができる。

ポイント

【キーワード】社会保険診療報酬支払基金
【出題回－問題番号】26回－12，22回－11

社会保険診療報酬支払基金は，もともとは健康保険法をはじめとする医療保険における診療報酬の審査および支払いを行うことを目的として設立された機関である。介護保険制度創設後に行われるようになった主な介護保険関係業務をまとめておく。
①医療保険者からの介護給付費・地域支援事業支援納付金の徴収
②市町村に対する介護給付費交付金の交付
③市町村に対する地域支援事業支援交付金の交付

解説

1＝○　社会保険診療報酬支払基金は，市町村に対する介護給付費交付金および地域支援事業支援交付金の**交付を行う**。
2＝×　介護保険財政の収入不足が生じた市町村に不足額を交付するのは，**財政安定化基金**の業務である。
3＝○　社会保険診療報酬支払基金は，医療保険者からの介護給付費・地域支援事業支援納付金の**徴収を行う**。
4＝×　介護保険サービスに関する苦情への対応は，**国民健康保険団体連合会**などの業務である。
5＝×　年金保険者に委託できる業務は，市町村が行うべき**第１号被保険者の特別徴収**に関する業務である。

解答＝1・3

ときテク

社会保険診療報酬支払基金（支払基金）は，「第２号被保険者」「(医療保険者から支払基金へ) 納付」「(支払基金から各介護保険者へ) 交付」というキーワードを覚えていると，1○3○で正解が出る。

問題 12　地域支援事業のうち包括的支援事業として正しいものはどれか。3つ選べ。

1　生活支援体制整備事業
2　介護予防把握事業
3　認知症総合支援事業
4　介護給付等費用適正化事業
5　在宅医療・介護連携推進事業

ポイント

【キーワード】 地域支援事業　**【出題回－問題番号】** 26回－13・14，25回－11・12，24回－14，23回－14，22回－12・19

包括的支援事業には，以下のものがある。

①第1号介護予防支援事業（地域包括支援センターが運営）
②総合相談支援業務（地域包括支援センターが運営）
③権利擁護業務（地域包括支援センターが運営）
④包括的・継続的ケアマネジメント支援業務（地域包括支援センターが運営）
⑤在宅医療・介護連携推進事業（地域包括支援センター以外も運営可）
⑥認知症総合支援事業（地域包括支援センター以外も運営可）
⑦生活支援体制整備事業（地域包括支援センター以外も運営可）
⑧地域ケア会議推進事業（地域ケア会議は，市町村，地域包括支援センターが主催）

解説

1＝○　生活支援体制整備事業は，地域支援事業の包括的支援事業の1つである。
2＝×　介護予防把握事業は，地域支援事業の介護予防・日常生活支援総合事業の1つである。
3＝○　認知症総合支援事業は，地域支援事業の包括的支援事業の1つである。
4＝×　介護給付等費用適正化事業は，地域支援事業の任意事業の1つである。
5＝○　在宅医療・介護連携推進事業は，地域支援事業の包括的支援事業の1つである。

解答＝1・3・5

ときテク

包括的支援事業は地域包括支援センターの運営4つ，社会保障充実分4つの合計8つある。必ず覚えておきたい。

問題 13　介護サービス情報に係る事業者の報告について正しいものはどれか。3つ選べ。

1　指定居宅サービス事業者は，その介護サービス情報を都道府県知事に報告しなければならない。

2　指定地域密着型サービス事業者は，その介護サービス情報を市町村長に報告しなければならない。

3　介護サービス事業者がその介護サービス情報を報告しなかった場合には，その指定又は許可が取り消されることがある。

4　介護サービス事業者がその介護サービス情報を報告するのは，その介護サービスの提供を開始するときのみである。

5　介護サービス事業者が報告する介護サービス情報には，第三者による評価の実施状況が含まれる。

ポイント

【キーワード】介護サービス情報の公表制度

【出題回－問題番号】26回－15，25回－14，24回－15，22回－13

介護サービス情報の公表の手続きについてまとめておく。

・介護サービスを行う事業者・施設（介護サービス事業者）は，①介護サービスの提供を開始しようとするとき，②都道府県知事が毎年の計画で定めるときに，介護サービス情報を都道府県知事に報告しなければならない。

・都道府県知事は，報告の方法，期限その他の厚生労働省令で定める事項を記載した介護サービス情報の報告に関する計画を毎年定め，公表する。

解説

1＝○　介護サービス情報は**都道府県知事**に報告しなければならない。

2＝×　介護サービス情報は市町村長ではなく，**都道府県知事**に報告しなければならない。

3＝○　都道府県知事は，介護サービス事業者が，報告をしなかった場合，虚偽の報告をした場合などは，事業者に対し，期間を定めて，報告すること・報告内容を是正すること・調査を受けることを**命ずることができ，この命令に従わないときは，指定（または許可）の取消などをすることができる**。

4＝×　介護サービス事業者は，都道府県知事が毎年の計画で定めるときについても，介護サービス情報を**都道府県知事**に報告しなければならない。

5＝○　第三者による評価の実施状況については，介護サービスの内容に関する事項として**公表しなければならない**。

解答＝1・3・5

問題 14 介護保険審査会への審査請求が認められるものとして正しいものはどれか。３つ選べ。

1 被保険者証の交付の請求に関する処分
2 市町村特別給付に関する処分
3 国民健康保険団体連合会が行う介護報酬の請求に関する審査
4 特定入所者介護サービス費の支給に関する処分
5 介護給付費・地域支援事業支援納付金に関する処分

ポイント

【キーワード】 審査請求
【出題回－問題番号】 26回－16，23回－15，22回－14

審査請求は「不服申立」であり，介護保険法における行政処分（行政が被保険者に対して決めたこと）に不服がある場合に申立を行うことをいう。審査請求は，都道府県に設置された介護保険審査会に対して行う。介護保険審査会についてまとめておく。

・委員については，被保険者を代表する委員および市町村を代表する委員各３名と，３名以上の公益を代表する委員（公益代表委員）で構成される。
・要介護認定等に関する処分の審査請求は，公益代表委員からなる合議体で行う。
・要介護認定等の審査請求を迅速に行うため，専門調査員を置くことができる。

解説

1＝○ 被保険者証の交付の請求に関する処分は，介護保険審査会への審査請求が認められる。
2＝○ 市町村特別給付に関する処分は，介護保険審査会への審査請求が認められる。
3＝× 国民健康保険団体連合会が行う介護報酬の請求に関する審査については，介護保険審査会への審査請求が認められない。
4＝○ 特定入所者介護サービス費の支給に関する処分は，介護保険審査会への審査請求が認められる。
5＝× 介護給付費・地域支援事業支援納付金に関する処分については，介護保険審査会への審査請求が認められない。

解答＝1・2・4

ときテク

審査請求の内容は，保険者が被保険者に対して行った処分についてのものになる（1○2○4○）。事業者に対する苦情などは対象外となっているので注意しよう。

問題 15　指定居宅介護支援の業務について，より適切なものはどれか。3つ選べ。

1　利用者の身体機能に特化したアセスメントを行う。

2　利用希望者が要介護認定の結果の通知を受ける前に，居宅介護支援を提供してはならない。

3　地域で不足していると認められるサービスがあった場合には，それが地域で提供されるよう関係機関に働きかけることが望ましい。

4　利用者が訪問看護の利用を希望した場合には，利用者の同意を得て主治の医師に意見を求めなければならない。

5　指定居宅介護支援の提供の開始に際し，あらかじめ，複数の指定居宅サービス事業者等の紹介を求めることができることを利用者に説明しなければならない。

ポイント

【キーワード】 居宅介護支援事業者　**【出題回－問題番号】** 26回－20，25回－19・20・21，24回－19，23回－20・21，22回－6・15

指定居宅介護支援の業務を理解するために，居宅介護支援の定義をまとめておく。

①心身の状況，おかれている環境，本人・家族の希望等を勘案した居宅サービス計画を作成する。

②居宅サービス計画に基づくサービス提供が確保されるように，サービス事業者等との連絡調整を行う。

③介護保険施設等への入所が必要な場合は紹介などを行う。

解説

1＝×　アセスメントは，利用者の身体機能に特化したものではなく，**精神面や社会生活面についても行う必要がある**。

2＝×　スムーズに居宅サービス利用が行えるよう，利用希望者が要介護認定の結果の通知を受ける前に，**居宅介護支援を提供することが可能**である。

3＝○　介護支援専門員には，社会資源の開発という役割があるため，地域で不足していると認められるサービスがあった場合には，それが地域で提供されるよう**関係機関に働きかけることが望ましい**とされる。

4＝○　利用者が訪問看護を含んだ医療サービスの利用を希望した場合には，介護支援専門員は利用者の同意を得て**主治の医師に意見を求めなければならない**。

5＝○　介護支援専門員は，指定居宅介護支援の提供の開始に際し，あらかじめ，複数の指定居宅サービス事業者等の紹介を求めることができることを**利用者に説明しなければならない**。

解答＝3・4・5

問題 16　担当する利用者に対する介護支援専門員の基本姿勢として，より適切なものはどれか。２つ選べ。

1　心身機能が一時的に低下した場合には，利用者の状態にかかわらず，介護保険サービスを区分支給限度基準額まで活用するよう勧める。

2　利用者の自己決定を尊重するため，求めがなければサービス利用に関する情報提供はしない。

3　利用者が認知症のため自分の意向をうまく伝えられない場合には，その意向を推し測り，利用者の尊厳が保持されるように努める。

4　特定のサービス事業者に不当に偏ることなく，公正中立に支援する。

5　利用者と家族の意向が一致しない場合には，家族の意向を優先する。

ポイント

【キーワード】 介護支援専門員

【出題回－問題番号】 25回－6，24回－10，22回－7・16

介護支援専門員が理解しておくべき自立支援のポイントをまとめておく。

①利用者の望む暮らしについて，自己決定ができるように支援すること。

②自己決定を最大限に尊重するために，利用者がサービス提供者などに対して適切に発言できない場合などには，利用者の意向を代弁して，サービス利用の権利を擁護すること。

③利用者の意欲を引き出すとともに，潜在能力，利用者の強み，できそうなことなどを見出し，それを最大限に発揮できるように支援すること。

④利用者の要介護状態等の軽減または悪化の防止に役立つような支援を行うこと。

解説

1＝× 心身機能が一時的に低下した場合には，必要に応じて区分支給限度基準額まで活用することはあるが，**利用者の状態にかかわらず勧めることは適切ではない。**

2＝× 利用者の求めの有無にかかわらず，利用者に対しては**サービス利用に関する情報提供を行わなければならない。**

3＝○ 利用者が認知症のため自分の意向をうまく伝えられない場合，自己決定を最大限に尊重するために，介護支援専門員には利用者の意向を代弁して，**サービス利用の権利を擁護することが求められる。**

4＝○ 介護支援専門員は，居宅サービス計画の作成に際し，特定のサービス事業者に不当に偏ることなく，**公正中立に支援しなければならない。**

5＝× 利用者と家族の意向が一致しない場合には，双方の意見を聴取し，双方が納得するよう**意見を調整する必要がある。**

解答＝3・4

問題 17　介護サービス計画作成のための課題分析標準項目として正しいものはどれか。3つ選べ。

1　資産の状況
2　コミュニケーション能力
3　改善／維持の可能性
4　課題分析（アセスメント）理由
5　口腔衛生

ポイント

【キーワード】居宅サービス計画
【出題回－問題番号】26回－21，24回－20・21，22回－17

課題分析標準項目についてまとめておく。

・基本情報に関する項目
①基本情報，②生活状況，③利用者の被保険者情報，④現在利用しているサービスの状況，⑤障害老人の日常生活自立度，⑥認知症である老人の日常生活自立度，⑦主訴《しゅそ》，⑧認定情報，⑨課題分析理由

・課題分析に関する項目
⑩健康状態，⑪ADL，⑫IADL，⑬認知，⑭コミュニケーション能力，⑮社会との関わり，⑯排尿・排便，⑰褥瘡《じょくそう》・皮膚の問題，⑱口腔《こうくう》衛生，⑲食事摂取，⑳問題行動，㉑介護力，㉒居住環境，㉓特別な状況

解説

1＝×　資産の状況は，介護サービス計画作成のための課題分析標準項目に含まれない。
2＝○　コミュニケーション能力は，課題分析標準項目に含まれる。
3＝×　改善／維持の可能性は，課題分析標準項目に含まれない。
4＝○　課題分析（アセスメント）理由は，課題分析標準項目に含まれる。
5＝○　口腔《こうくう》衛生は，課題分析標準項目に含まれる。

解答＝2・4・5

ときテク

課題分析標準項目を覚えている受験生は少なかったと思う。正答率も低いため，間違えても気にする必要はないが，どのような点についてアセスメントをするのかについてはケアマネジメントの要になるため，理解しておきたい。

問題 18 指定介護老人福祉施設における施設サービス計画の作成について正しいものはどれか。3つ選べ。

1　アセスメントは，入所者及びその家族に面接して行う必要がある。
2　原案の内容については，入所者の同意は必要がない。
3　他の担当者と連携体制がとれている場合には，モニタリングのための利用者との定期的な面接は必要がない。
4　地域住民による自発的な活動によるサービスの利用を含めるよう努めなければならない。
5　作成した計画は，入所者に交付しなければならない。

ポイント

【キーワード】施設サービス計画
【出題回－問題番号】26回－22，24回－22，22回－18
施設のケアマネジメントプロセスについて確認しておくとよい。

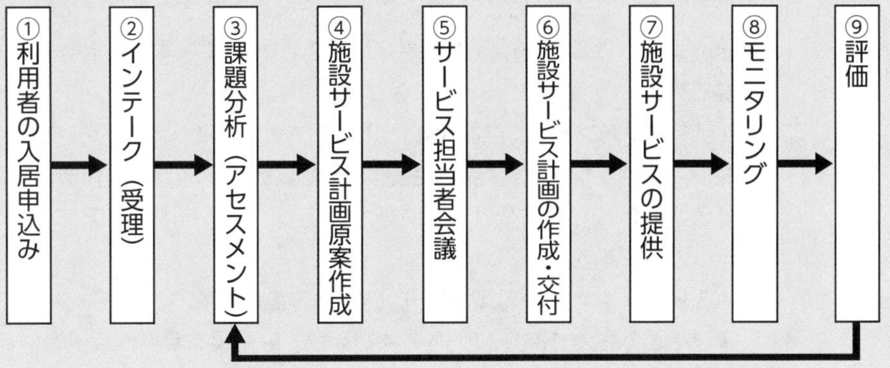

解説

1＝○　施設サービス計画作成に当たって行われるアセスメントは，入所者およびその家族に面接して行わなければならない。
2＝×　施設サービス計画原案の内容についても，入所者の同意が必要である。
3＝×　施設内において他の担当者と連携体制がとれている場合でも，モニタリングのための利用者との定期的な面接が必要である。
4＝○　施設サービス計画には，インフォーマルサービスとして地域住民による自発的な活動によるサービスの利用を含めるよう努めなければならない。
5＝○　施設サービス計画は，入所者に文書で説明し，同意を得た上で，入所者に交付しなければならない。

解答＝1・4・5

問題 19　第１号介護予防支援事業の実施について正しいものはどれか。２つ選べ。

1　地域包括支援センターは，指定居宅介護支援事業所に委託することができない。

2　利用者本人が居住していない地域の地域包括支援センターでも，実施が可能である。

3　介護予防ケアマネジメントについては，サービス担当者会議を行う必要がない場合がある。

4　介護予防ケアマネジメントについては，モニタリングを行う必要がない場合がある。

5　要支援者は，対象とならない。

ポイント

【キーワード】 地域支援事業

【出題回－問題番号】 26 回－ 13・14，25 回－ 11・12，24 回－ 14，23 回－ 14，22 回－ 12・19

第１号介護予防支援事業についてまとめておく。

・ケアマネジメントＡ：原則的な介護予防ケアマネジメントのプロセスをたどるものであり，モニタリングについては，少なくとも３か月ごとに行い，利用者の状況等に応じてサービスの変更を行うことも可能な体制をとっておくことが必要である。

・ケアマネジメントＢ：簡略化した介護予防ケアマネジメントのプロセスをたどるものであり，サービス担当者会議を省略したケアプランの作成と，間隔をあけて必要に応じてモニタリング時期を設定し，評価およびケアプランの変更等を行うものである。

・ケアマネジメントＣ：初回のみの簡略化した介護予防ケアマネジメントのプロセスをたどるものであり，ケアマネジメントの結果を受け，利用者自身が，現況，目標の達成等を確認し，住民主体のサービス等を利用する場合に実施する。

解説

1 = ×　地域包括支援センターは，第１号介護予防支援事業の一部を指定居宅介護支援事業所に**委託することができる**。

2 = ×　第１号介護予防支援事業は，利用者本人が居住していない地域の地域包括支援センターでは**実施することができない**。

3 = ○　ケアマネジメントＣなど，サービス担当者会議を行う**必要がない場合がある**。

4 = ○　ケアマネジメントＣなど，モニタリングを行う**必要がない場合がある**。

5 = ×　第１号介護予防支援事業は，要支援者も**利用することができる**。

解答＝３・４

問題 20 指定介護予防支援について正しいものはどれか。3つ選べ。

1 目標指向型の介護予防サービス計画原案を作成しなければならない。

2 その事業所の管理者については，地域包括支援センターの業務との兼務は認められない。

3 苦情を受け付けた場合には，その内容等を記録しなければならない。

4 サービス提供事業者と継続的な連絡が行われている場合には，利用者との面接や連絡は必要がない。

5 地域ケア会議から個別のケアマネジメントの事例の提供の求めがあった場合には，これに協力するよう努めなければならない。

ポイント

【キーワード】介護予防支援事業者 **【出題回－問題番号】**25回－22，22回－20

指定介護予防支援事業者とは，介護予防支援事業（要支援者に対するケアマネジメント事業）を行う者として市町村長に申請を行い，その指定を受けたものである。指定介護予防支援事業者についてまとめておく。

・事業者は，地域包括支援センターの設置者と指定居宅介護支援事業者である。

・事業の基準として，人員・運営に関する基準に加え，「介護予防のための効果的な支援の方法に関する基準」が定められている（設備基準はない）。

・市町村長は，指定を行おうとする場合は，あらかじめ，その市町村の介護保険の被保険者その他の関係者の意見を反映させるために必要な措置《そち》を講じなければならない。

・事業者は，指定介護予防支援の一部を，指定居宅介護支援事業者に委託できる。

解説

1＝○ 指定介護予防支援では，目標指向型の介護予防サービス計画原案を作成しなければならない。

2＝× 指定介護予防支援事業者の管理者は，利用者の処遇に支障がない場合に限り，地域包括支援センターの業務との兼務をすることができる。

3＝○ 指定介護予防支援事業者で苦情を受け付けた場合には，その内容等を記録しなければならない。

4＝× サービス提供事業者と継続的な連絡が行われている場合であっても，利用者との面接や連絡を行わなければならない。

5＝○ 指定介護予防支援事業者は，地域ケア会議から個別のケアマネジメントの事例の提供の求めがあった場合には，これに協力するよう努めなければならない。

解答＝1・3・5

問題 21　要介護認定について申請代行を行うことができるものとして正しいものはどれか。3つ選べ。

1　指定地域密着型特定施設入居者生活介護事業者
2　指定居宅介護支援事業者
3　指定認知症対応型共同生活介護事業者
4　地域包括支援センター
5　地域密着型介護老人福祉施設

ポイント

【キーワード】要介護認定
【出題回－問題番号】26回－18・19，25回－8・16・17・18，24回－16・17・18，23回－17・18・19，22回－4・21・22・23

要介護認定について申請代行を行うことができる者をまとめておく。
①成年後見人，②地域包括支援センター，③民生委員，④社会保険労務士，⑤指定居宅介護支援事業者，⑥地域密着型介護老人福祉施設，⑦介護保険施設

なお，申請代行は職務として行うものであるが，家族・親族等は，代理申請を行うことができる。

解説

1＝☒　指定地域密着型特定施設入居者生活介護事業者は，要介護認定について申請代行を行うことができない。
2＝◯　指定居宅介護支援事業者は，要介護認定について申請代行を行うことができる。
3＝☒　指定認知症対応型共同生活介護事業者は，要介護認定について申請代行を行うことができない。
4＝◯　地域包括支援センターは，要介護認定について申請代行を行うことができる。
5＝◯　地域密着型介護老人福祉施設は，要介護認定について申請代行を行うことができる。

解答＝2・4・5

ときテク

申請代行ができる者と認定調査の更新認定の委託を受けることができる者については共通するものが多いので，あわせて覚えておくとよい。

問題 22　要介護認定の認定調査について正しいものはどれか。2つ選べ。

1　被保険者が必要な調査に応じない場合は，市町村は認定の申請を却下しなければならない。

2　新規認定の調査は，地域包括支援センターに委託できる。

3　更新認定の調査は，指定居宅介護支援事業者に委託できる。

4　指定市町村事務受託法人は，認定調査を実施できる。

5　遠隔地に居住する被保険者から認定の申請があった場合には，現に居住する市町村が調査を実施しなければならない。

ポイント

【キーワード】要介護認定

【出題回－問題番号】26回－18・19，25回－8・16・17・18，24回－16・17・18，23回－17・18・19，22回－4・21・22・23

更新認定調査が行える者をまとめておく。

①市町村職員，②指定市町村事務受託法人，③指定居宅介護支援事業者，④地域密着型介護老人福祉施設，⑤介護保険施設，⑥地域包括支援センター，⑦介護支援専門員

解説

1＝× 被保険者が，正当な理由なしに，認定に必要な調査に応じず，または，市町村の指定する医師等の診断を受けないときは，市町村は認定申請を却下することができるが，却下しなければならないとはされていない。

2＝× 新規認定の調査は，原則として市町村職員のみが行うことができ，地域包括支援センターに委託することができない。

3＝○ 更新認定の調査は，指定居宅介護支援事業者に委託することができる。

4＝○ 指定市町村事務受託法人は，新規および更新に関する認定調査を実施することができる。

5＝× 遠隔地に居住する被保険者からの申請にかかる調査については，その被保険者の居住市町村に嘱託できることとなっている。

解答＝3・4

ときテク

新規認定調査は原則市町村職員が行い，更新認定調査のみ委託が可能である。また，更新認定調査の委託を受けることができる者も覚えておけば，2×3○4○は導き出すことができる。

問題 23　要介護認定について正しいものはどれか。2つ選べ。

1　更新認定の申請ができるのは，原則として，有効期間満了日の30日前からである。

2　新規認定の効力は，申請日にさかのぼって生ずる。

3　介護認定審査会は，申請者が利用できる介護サービスの種類を指定することができる。

4　要介護認定の処分の決定が遅れる場合の処理見込期間の通知は，申請日から60日以内に行わなければならない。

5　市町村が特に必要と認める場合には，新規認定の有効期間を3月間から12月間までの範囲内で定めることができる。

ポイント

【キーワード】要介護認定　**【出題回－問題番号】**26回－18・19，25回－8・16・17・18，24回－16・17・18，23回－17・18・19，22回－4・21・22・23

要介護認定等の認定有効期間についてまとめておく。

・新規認定：認定の効力は申請日にさかのぼる。
原則6月。短縮は3月，延長は12月まで可能である。

・更新認定：認定の効力は，現在の認定有効期間満了日の翌日から有効。
原則12月。短縮は3月，延長は36月まで可能である（同じ要介護度であれば，48月まで可能）。また，区分変更認定については，新規認定に準ずることになる。

解説

1＝✕　更新認定の申請ができるのは，原則として，**有効期間満了日の60日前から**である。

2＝○　新規認定の効力は，**申請日にさかのぼって生ずる**（遡《そ》及効《きゅうこう》）。

3＝✕　介護認定審査会は，申請者が利用できる介護サービスの種類に関する意見を述べることはできるが，それを指定するのは保険者である**市町村**である。

4＝✕　要介護認定の処分の決定が遅れる場合の処理見込期間の通知は，**申請日から30日以内**に行わなければならないとされている。

5＝○　新規認定の有効期間は原則6月間であるが，市町村が特に必要と認める場合には，**3月間から12月間**までの範囲内で定めることができる。

解答＝2・5

問題 24　A さん（78歳，男性）は，２年前に妻を病気で亡くし，一人暮らしをしていた。その後，A さんは脳卒中で入院し，右半身に麻痺がある状態で退院するに当たり，要介護２の認定を受けた。本人の意向では，自宅で暮らし，訪問介護は利用したいが，通所のサービスは利用したくないとのことだった。その理由は，知り合いに今の姿を見られたくないことに加えて，妻を亡くした悲しみから同年代の夫婦を見るとつらくなるということだった。その時点における介護支援専門員の対応として，より適切なものはどれか。**２つ選べ。**

1　訪問介護サービス以外のサービスは利用しないことに決める。
2　自宅ではなく，居住系サービスを利用するよう説得する。
3　在宅生活を続けるうえでの機能回復の重要性を説明し，訪問リハビリテーションの利用を勧める。
4　福祉用具や住宅改修を利用し，住環境を改善することを勧める。
5　近隣住民から高齢者サロンに誘ってもらう。

ポイント

【キーワード】事例　**【出題回－問題番号】**26回－23・24・25，25回－23・24・25，24回－23・24・25，23回－24・25，22回－24・25

一人暮らしの要介護者のケースである。原因と理由が明らかにされているため，ニーズは抽出しやすいと考えられる。現状を正しく読み取って把握し，対応を考えていきたい。

解説

1＝✕　他の居宅サービスを利用する必要が生じる可能性があるため，訪問介護サービス以外のサービスは利用しないことに決めることは**適切ではない**。

2＝✕　自宅で生活したいという本人の意向は尊重すべきであるので，居住系サービスを利用するよう説得することは**適切ではない**。

3＝○　機能回復のリハビリテーションは必要であると考えられるため，**適切である**。

4＝○　自宅での生活を継続するために住環境の整備は必要であるため，**適切である**。

5＝✕　近隣住民に個人情報を漏らすこととなってしまうので，**適切ではない**。

解答＝3・4

ときテク

周囲が「説得する」「決める」というのは利用者本位に反する言葉であるため，×であることが多い。5はAさんにとって一見よさそうであるが，個人情報の漏《ろう》洩《えい》になるため，そこに気づくことができれば×をつけることができるだろう。

問題 25　Bさん（75歳，女性）は，夫と二人で暮らしている。Bさんは，高血圧及び糖尿病のため，近所の診療所に定期的に通院している。最近，Bさんは，認知症により，昼夜逆転の生活になり，夜中に外に出て自宅に戻れなくなることもある。夫としては，介護の負担が増しているが，できる限り在宅生活を継続したいと思っている。要介護認定の結果，要介護２の認定を受けた。介護支援専門員の当面の対応として，より適切なものはどれか。**3つ選べ。**

1　外に出て戻れなくなったときの対応のため，地域包括支援センターに協力を依頼し，民生委員や近隣の商店との連携を図る。

2　夜中に外に出ていく背景や理由についてアセスメントを行う。

3　主治医を認知症の専門医に変更することを勧める。

4　介護老人福祉施設への入所を提案する。

5　夫の休息とBさんの生活リズムを整えるため，認知症対応型通所介護の利用を提案する。

ポイント

【キーワード】事例　**【出題回－問題番号】**26回－23・24・25，25回－23・24・25，24回－23・24・25，23回－24・25，22回－24・25

認知症のケースである。同居者に介護疲れが出ているため，本人の支援とともに，家族に対する支援を入れていく必要がある。また，どのようにすれば在宅生活を継続できるかという視点も求められる事例である。

解説

1＝○　地域包括支援センターに協力を依頼し，地域との連携を図るという対応は**適切である。**

2＝○　昼夜逆転や夜間徘徊には理由があるため，アセスメントを行うことは**適切である。**

3＝×　現在の主治医との信頼関係などがあるかもしれないため，専門医だからといって安易に変更を勧めることは**適切ではない。**

4＝×　現在要介護２であることと，在宅生活の継続を希望していることを考えると，今の段階で介護老人福祉施設への入所を提案することは**適切ではない。**

5＝○　日中の介護負担軽減のため，認知症対応型通所介護の利用を提案することは**適切。**

解答＝1・2・5

ときテク

3×は「勧める」という言葉を使っているが，利用者本位に反する言葉がけになっている。また，介護老人福祉施設は原則要介護３以上の者が入所できることがわかれば消去法で正解を導き出すことができる。

【保健医療サービスの知識等】

問題 26 呼吸について適切なものはどれか。２つ選べ。

1 高齢者は，一般に，若年者と比べ，１回換気量は低下する。

2 頻呼吸は，発熱や心不全でもみられる。

3 心不全による呼吸困難は，起座位又は半座位で増強し，臥位で軽減する。

4 下顎呼吸は，慢性気管支炎や肺気腫などの慢性閉塞性肺疾患（COPD）の患者でよくみられる。

5 チェーンストークス呼吸では，小さい呼吸から徐々に大きい呼吸となり，その後徐々に小さい呼吸となって，一時的な呼吸停止を伴う呼吸状態を繰り返す。

ポイント

【キーワード】 バイタルサイン **【出題回－問題番号】** 26回－27・36，25回－28，24回－27，23回－29，22回－26・36

呼吸器系キーワードをまとめておく。

・慢性閉塞《へいそく》性肺疾患《しっかん》：肺気腫《きしゅ》と慢性気管支炎などを総称して慢性閉塞《へいそく》性肺疾患《しっかん》と呼ぶ。たばこの煙などの有害物質を長期に吸入することで生じる肺の炎症性疾患《しっかん》であり，主に中高年に発症する。

・呼吸数：正常の高齢者で１分間に15～20回であるが，呼吸回数が１分間に25回以上で１回の換気量が減る状態を頻呼吸，逆に呼吸回数が９回以下を徐呼吸という。

解説

1＝× 高齢者と若年《じゃくねん》者での１回換気量の違いはないとされている。

2＝○ 呼吸回数が１分間に25回以上で１回の換気量が減る状態を頻呼吸といい，**発熱や心不全，呼吸器疾患《しっかん》**などでみられる。

3＝× 心不全による呼吸困難は，**起座位《きざい》または半座位《ざい》で軽減し，臥位《がい》で増強する。**

4＝× 下顎《かがく》呼吸は，ターミナル期に出現し，**下顎《かがく》呼吸が始まると１～２時間で亡くなることが多い**といわれている。

5＝○ チェーンストークス呼吸は，**小さい呼吸が徐々に大きな呼吸になり，しだいに呼吸が小さくなり一時的に呼吸停止となる**ような呼吸を規則的に繰り返す呼吸である。

解答＝2・5

ときテク

心不全の呼吸困難（３×）やチェーンストークス呼吸（５○）は頻出であるので覚えておく必要がある。

□□□

問題 27　食事について適切なものはどれか。２つ選べ。

1　摂食・嚥下プロセスの先行期（認知期）は，食べ物を咀嚼する段階である。

2　摂食・嚥下プロセスの咽頭期の障害では，胃からの逆流がみられる。

3　食事の介護のアセスメントには，福祉用具専門相談員が関わることもある。

4　食事の介護のアセスメントには，利用者が調理を行っているかどうかの確認は含まれない。

5　食事の介護のアセスメントでは，利用者の普段の活動性や睡眠状況も確認する。

ポイント

【キーワード】介護技術の展開　**【出題回－問題番号】**26 回－ 29，25 回－ 30・31，24 回－ 29・30，23 回－ 31・32・33，22 回－ 27・28・29

食事のアセスメントにおいて確認すべき主観的・客観的情報についてまとめておく。

- 身体測定（身長・体重・BMI）：体重は栄養状態を表現している最も重要な指標。
- 上腕周囲長，下腿《かたい》周囲長：慢性的に栄養状態が低下していく場合には，筋肉や体脂肪の減少が起こる。
- 体重減少：定期的に体重測定し，できるだけ早く知ることが重要。
- 食事摂取量：何を残すのか，なぜ食事が進まないのか等を観察することが大切。
- 水分摂取量：脱水症に陥《おちい》りやすくなっている場合もある。
- 栄養補給法：経管《けいかん》栄養法や静脈栄養法では，栄養補給が十分か確認する。
- 褥瘡《じょくそう》：栄養状態の悪化は，皮膚や筋肉の耐久性を低下させる要因の１つである。
- 服薬：薬剤の副作用により，味覚低下，味覚異常，食欲低下等に影響することがある。

解説

1 = × 摂食《せっしょく》・嚥下《えんげ》プロセスの先行期（認知期）は，**食べ物を取り込む前の過程**である。

2 = × 摂食《せっしょく》・嚥下《えんげ》プロセスの咽頭《いんとう》期の障害では，**咽頭《いんとう》に食塊《しょっかい》が残りやすくなる**。

3 = ○ 食事のアセスメントは，多くの概念を含むものであるため，医師，看護師，歯科医師，歯科衛生士，理学療法士，作業療法士，言語聴覚士，管理栄養士，薬剤師，介護福祉士，**福祉用具専門相談員等がかかわることが多くなる**。

4 = × 食事の介護のアセスメントには，利用者が調理（献立を考えるところから後片付けまで）を行っているかどうかの確認も**含まれる**。

5 = ○ 食事の介護のアセスメントでは，普段の活動性はどのくらいか，睡眠は足りているかも**確認する**。

解答＝３・５

問題 28 睡眠について正しいものはどれか。3つ選べ。

1 床に就いてもなかなか眠れないことを，熟眠障害という。

2 眠りが浅く，すっきりと目覚められないことを，早朝覚醒という。

3 かゆみによって睡眠障害が生じることがある。

4 薬の副作用によって，夜間に興奮又は覚醒し，不眠になることがある。

5 起床時の覚醒水準を高めるケアを行うことで，規則的な排便リズムへの効果が期待できる。

ポイント

【キーワード】介護技術の展開 **【出題回－問題番号】**26回－29，25回－30・31，24回－29・30，23回－31・32・33，22回－27・28・29

睡眠障害についてまとめておく。

・入眠困難：床についても30分～1時間程度入眠できない状態。

・早朝覚醒《かくせい》：朝早く目が覚めてしまう状態。

・中途覚醒《かくせい》：眠りが浅く，すぐ目が覚めてしまう状態。

・熟眠障害：眠りが浅く，すっきりと目覚められない状態。

解説

1＝× 床に就いてもなかなか眠れないことを，**入眠困難**という。

2＝× 眠りが浅く，すっきりと目覚められないことを，**熟眠障害**という。

3＝○ かゆみは身体的要因として，**睡眠障害を引き起こすことがある**。

4＝○ 薬の副作用によって**不眠になることがある**。

5＝○ 起床時のケアとして，就寝中に失われた水分を補給し，洗顔をすることで，覚醒《かくせい》水準を高め，**規則的な排便リズムをつくり出す効果も期待できる**。

解答＝3・4・5

ときテク

ポイントに記載した睡眠障害については高齢者によくみられるため，出題される可能性は高いと考える。正しく覚えておきたい項目である。これらを覚えておくと，1×2×はスムーズに導きだすことができるだろう。

問題 29 口腔機能や口腔ケアについて正しいものはどれか。3つ選べ。

1 摂食・嚥下は，中枢神経と末梢神経により制御されている。

2 嚥下反射により，食物が気道に入らないよう気管の入り口が閉鎖される。

3 すべての歯を喪失しても，咀嚼能力は低下しない。

4 脱落した粘膜上皮細胞も，口臭の原因となる。

5 口腔内を清掃する際は，義歯は外さない。

ポイント

【キーワード】介護技術の展開 **【出題回－問題番号】**26回－29，25回－30・31，24回－29・30，23回－31・32・33，22回－27・28・29

口腔《こうくう》機能についてまとめておく。

- 咀嚼《そしゃく》：食物を噛み砕くこと。う歯《し》・歯周病等の進行により保存処置が不可能である場合には，抜歯するが，ブリッジや義歯《ぎし》で補い，常に上下の歯が対合《たいごう》して咬《こう》合《ごう》を保ち，咀嚼《そしゃく》ができる状態にしておくことが重要である。
- 嚥下《えんげ》：嚥下《えんげ》反射は咽頭《いんとう》や軟口蓋《なんこうがい》の感覚および知覚神経の刺激により起き，1秒以内に食塊《しょっかい》が咽頭《いんとう》から食道に送られる。さらに食塊《しょっかい》が気道に入らないように喉頭《こうとう》蓋《がい》が後屈《こうくつ》して気管を閉鎖し，声門《せいもん》も閉鎖して食道へ送り込まれる。
- 発音：肺から横隔膜《おうかくまく》と肋骨《ろっこつ》の動きにより押し出される空気が，閉じた声門《せいもん》の声帯を振動させ，さらに咽頭《いんとう》，口腔《こうくう》等の振動によって発声する。
- 呼吸：呼吸をするときには喉頭蓋《こうとうがい》・声門《せいもん》が開いて，空気が気管に送られる。

解説

1＝○ 摂食《せっしょく》・嚥下《えんげ》は，中枢《ちゅうすう》神経と末梢《まっしょう》神経が一連のシステムで制御しているとされる。

2＝○ 嚥下《えんげ》反射により，食物が気道に入らないよう喉頭蓋《こうとうがい》が後屈《こうくつ》して気管の入り口が閉鎖され，声門《せいもん》も閉鎖される。

3＝× 残存歯数と咀嚼《そしゃく》能力との間には関連があり，咀嚼《そしゃく》能力は歯数が20本以上では維持されるが，それ以下になると義歯《ぎし》の有無にかかわらず低下するといわれており，8020運動の根拠となっている。

4＝○ 口臭の元となるものは，食物残渣《ざんさ》や脱落した粘膜上皮《ねんまくじょうひ》細胞等が，口腔《こうくう》内の嫌気性《けんきせい》細菌により分解される際に発生する揮発性硫黄《いおう》化合物である。

5＝× 口腔《こうくう》内を清掃する際は，義歯《ぎし》を外して行う。

解答＝1・2・4

問題 30　認知症について正しいものはどれか。３つ選べ。

1　抗精神病薬が過量だと，意欲や自発性などの低下（アパシー）をきたす場合がある。

2　若年性認知症支援コーディネーターは，すべての市町村に配置されている。

3　認知症の評価として，長谷川式認知症スケールが用いられている。

4　認知症の評価として，Mini-Mental State Examination（MMSE）が用いられている。

5　レビー小体型認知症では，幻視はみられない。

ポイント

【キーワード】認知症

【出題回－問題番号】26 回－ 31，25 回－ 32，24 回－ 31，22 回－ 30

認知症の評価テストについてまとめておく。

・長谷川式認知症スケール：30 点満点中 20 点以下で認知症を疑う。認知機能全般というよりも記憶の配点が高く，アルツハイマー型認知症で低得点になる傾向がある。

・MMSE：30 点満点中 23 点以下で認知症を疑う。学歴の影響を受けやすく，高学歴では，認知症でも満点近い高得点となることがある。

解説

1 =○　抗精神病薬が過量だと意欲や自発性などの低下（アパシー）をきたす場合があるが，薬剤を減量すれば活動性が戻るとされる。

2 =×　若年《じゃくねん》性認知症支援コーディネーターは，都道府県に配置され，市町村と連携して若《じゃく》年《ねん》性認知症およびその家族等の支援を行う。

3 =○　長谷川式認知症スケールは，認知症の評価として用いられる質問式の評価テストである。

4 =○　Mini-Mental State Examination（MMSE）は，認知症の評価として用いられる質問式の評価テストである。

5 =×　レビー小体型認知症では，特徴的な症状として，リアルな幻視がみられる。

解答＝1・3・4

ときテク

認知症評価テストは質問式の２つ（長谷川式認知症スケールと MMSE）を覚えるだけでよい（3○4○）。アルツハイマー型・血管性・レビー小体型・前頭側頭型のそれぞれの認知症の特徴も覚えておく（5×）。

問題 31　次の記述のうち適切なものはどれか。３つ選べ。

1　フレイルとは，健康な状態と介護を要する状態の中間的な状態である。
2　高次脳機能障害の主な症状には，失行や失認が含まれる。
3　心筋梗塞は，冠動脈が破裂して起こる疾患である。
4　糖尿病は，肝臓で作られるインスリンの不足によるものである。
5　高齢者に多い骨折部位には，大腿骨頸部や胸腰椎が含まれる。

ポイント

【キーワード】 さまざまな疾病・症状・障害
【出題回－問題番号】 26回－26，25回－26・39，24回－26・34・38・39，23回－26・28，22回－31・40

高次脳機能障害についてまとめておく。

・脳の病変によってもたらされる障害で，失語症，失行《しっこう》，失認《しつにん》，注意障害，記憶障害，遂行《すいこう》機能障害，社会的行動障害などが含まれる。
・麻痺《まひ》などの目に見える障害に比べ，とらえにくい障害であるが，日常生活やケアに大きな影響を与える。

解説

1＝○　フレイルとは，高齢になって筋力や活動が低下している状態であり，**健康と病気の中間的な段階**とされている。

2＝○　高次脳機能障害とは，脳の病変によってもたらされる障害で，失語症，注意障害，記憶障害，遂行《すいこう》機能障害，社会的行動障害などに加え，**失行《しっこう》，失認《しつにん》が含まれる**。

3＝✕　心筋梗塞《こうそく》は，冠動脈の動脈硬化病変の粥腫《じゅくしゅ》が破綻《はたん》することにより**血管が閉塞《へいそく》**して，その結果心筋が壊死《えし》し，心臓のポンプ機能が低下する病態である。

4＝✕　糖尿病は，**膵臓《すいぞう》で作られるインスリンが不足**するため，血液中に糖があふれ，慢性の高血糖《こうけっとう》状態となる病態を指す。

5＝○　高齢者に多い骨折部位は，**大腿骨頸部《だいたいこつけいぶ》や胸腰椎《きょうようつい》**のほか，橈骨遠位端《とうこつえんいたん》や上腕骨近位端《じょうわんこつきんいたん》がある。

解答＝１・２・５

ときテク

フレイル（１○），心筋梗塞《こうそく》（３×），糖尿病（４×）など毎年出題される選択肢が多い。出題されているような基本的な知識をおさえておくとよい。

問題 32 次の記述のうち，より適切なものはどれか。3つ選べ。

1　自治体によっては，救急車を呼ぶべきかどうかの相談に対応する窓口がある。
2　介護保険施設の介護職員であれば，研修を受けなくても，喀痰吸引を行える。
3　高齢者によくみられる疾患には，日常の生活機能に障害を引き起こすものが多くある。
4　高齢者は，加齢により生体機能が低下しているため，薬剤の副作用が出やすい。
5　一次救命処置とは，医師の指示のもとに救急隊員が行う応急処置のことである。

ポイント

【キーワード】急変時の対応　**【出題回－問題番号】**26回－38，25回－38，23回－27，22回－32・33

救命処置についてまとめておく。

・一次救命処置：その場に居合わせた人（資格の有無は問わない）が，救急隊や医師に引き継ぐまでの間に行う応急手当のこと。
・二次救命処置：病院など設備の整った環境で，状態像の広範な患者に対して有資格者により行われる救命処置のこと。

解説

1＝○　救急安心センター（＃7119）など，自治体によっては，救急車を呼ぶべきかどうかの**相談に対応する窓口がある**。

2＝×　介護保険施設の介護職員であっても，喀痰《かくたん》吸引等の医療的ケアを行う場合，一定の研修を受け，都道府県から**認定特定行為業務従事者認定証の交付を受ける**とともに，事業者が登録特定行為事業者として登録を行わなければならない。

3＝○　高齢者によくみられる疾患《しっかん》には，骨《こつ》粗《そ》鬆症《しょうしょう》や変形性膝《しつ》関節症，慢性心不全，閉塞《へいそく》性肺疾患《しっかん》など，**日常の生活機能に障害を引き起こすものが多くある**。

4＝○　高齢者は，加齢により生体機能が低下しており，さらに多くの種類の薬剤を服用している場合も多いため，**薬剤の副作用が出やすい**とされる。

5＝×　一次救命処置とは，救急隊や医師に引き継ぐまでの間に**その場に居合わせた人が行う応急手当**のことである。

解答＝1・3・4

ときテク

介護職員による医療的ケア（2×），薬剤の副作用（4○）や日常生活に支障が出る（3○）などはスムーズに導き出したいところである。

問題 33 高齢者の急変時の対応について適切なものはどれか。3つ選べ。

1　心肺蘇生時の胸骨圧迫は，仰臥位で行う。

2　出血量が多い場合は，傷口を清潔なタオルなどで圧迫し，出血部位を心臓の位置より低くする。

3　両手足に力が入らず，頸椎損傷が疑われる場合には，極力身体を動かさないようにする。

4　服の下をやけどしたときは，服を脱がせて流水で冷やす。

5　食物で窒息したときは，腹部突き上げ法（ハイムリック法）を行うこともある。

ポイント

【キーワード】急変時の対応　**【出題回－問題番号】**26回－38，25回－38，23回－27，22回－32・33

窒息《ちっそく》時の対応についてまとめておく。

・背部叩打《はいぶこうだ》法：背中をたたいて排出させる旨を伝えたうえで，要介護者が座っている場合は頭を下げて前屈みにさせ，頭を胸の位置より低くする。自分の手の付け根の硬い部分で，両肩の肩甲骨《けんこうこつ》の間を頭の方向に強くたたく。

・腹部突き上げ法（ハイムリック法）：座位《ざい》あるいは立位《りつい》の要介護者の背後に立って，自分の両腕を要介護者の両脇に通して腹部に回し，片手で握りこぶしをつくり，その上にもう一方の手を重ねてこぶしをつかみ，胸骨《きょうこつ》とへその間を上向きに強く圧迫する。

解説

1 =○　心肺蘇生時の胸骨《きょうこつ》圧迫は，平らな場所に移動し，**仰臥位《ぎょうがい》で行う。**

2 =×　出血量が多い場合は，傷口を清潔なタオルなどで圧迫し，出血部位を**心臓の位置より高くしなければならない。**

3 =○　両手足に力が入らない，しびれがある，首の後ろに触れると痛がる場合には頸椎《けいつい》損傷の可能性があり，動かすと損傷が悪化するので，**極力動かさないようにする。**

4 =×　服の下をやけどしている場合には，皮膚が衣服に貼りついていることがあるので，**脱がさず衣服の上から流水を当てて冷やす。**

5 =○　流動物等による誤嚥《ごえん》を起こし，窒息《ちっそく》したときは，**腹部突き上げ法（ハイムリック法）を行うこともある。**

解答＝1・3・5

問題 34　在宅医療管理について，より適切なものはどれか。3つ選べ。

1　腹膜透析は，血液透析に比べて食事内容の制限が多い。

2　人工的に造設した便や尿の排泄口のことを，ストーマという。

3　在宅経管栄養法で栄養剤を注入する際の体位は，座位又は半座位が望ましい。

4　在宅酸素療法の利用者が呼吸苦を訴えた場合は，ただちに酸素流量を増やす。

5　在宅中心静脈栄養法を実施している利用者が入浴する場合は，特別な配慮が必要である。

ポイント

【キーワード】在宅での医療管理　**【出題回－問題番号】**25 回－ 37，24 回－ 37，23 回－ 40，22 回－ 34

ストーマの種類についてまとめておく。

・消化管ストーマ：大腸がんなどの腫瘍《しゅよう》により腸管が閉塞《へいそく》し肛門《こうもん》を通じた排せつができない場合や，潰瘍《かいよう》性大腸炎やがんなどの治療のために，肛門《こうもん》近くの大腸を切除した場合などに造られる。

・尿路ストーマ：膀胱《ぼうこう》がんや前立腺《ぜんりつせん》がんなどの腫瘍《しゅよう》性疾患《しっかん》で尿路の変更が必要になった場合や，脊髄《せきずい》損傷などによる神経因性膀胱《ぼうこう》機能不全などの場合に造設される。

解説

1 = ×　腹膜透析《とうせき》では，食事内容の制限が**血液透析《とうせき》に比べて緩い**とされている。

2 = ○　ストーマとは，消化管や尿路の障害によって，肛門《こうもん》や膀胱《ぼうこう》を通じた通常の排せつができなくなったときに，排せつのルートを**人工的に造設した便や尿の排せつ口**のことをいう。

3 = ○　在宅経管《けいかん》栄養法で栄養剤を注入する際の体位は，逆流防止のため，**座《ざ》位《い》または半座《ざ》位《い》が望ましい**。

4 = ×　在宅酸素療法の利用者が呼吸苦を訴えた場合は，**ただちに医療職に連絡する**。介護職が勝手に酸素流量を変えることはできない。

5 = ○　在宅中心静脈栄養法など，医療器具をつけているような利用者が入浴する場合は，**医師の指示のもとで行うため，特別な配慮が必要**である。

解答＝2・3・5

ときテク

在宅医療管理については，人工透析《とうせき》（血液透析《とうせき》と腹膜透析《とうせき》）（1 ×）・在宅経管《けいかん》栄養法（3○）・在宅酸素療法（4 ×）などは頻出であるため，覚えておきたい。

問題 35 老年期うつ病について，より適切なものはどれか。3つ選べ。

1 めまい，便秘などの自律神経症状が目立つ。
2 脳の器質的疾患は，原因とはならない。
3 家族，友人などの喪失体験も発症のきっかけとなる。
4 自殺企図の危険性は低い。
5 認知症を合併することがある。

ポイント

【キーワード】 精神疾患 **【出題回－問題番号】** 26回－32，25回－27，24回－32，23回－35，22回－35

老年期うつ病についてまとめておく。

・特徴：特に心気的な訴えが多くなり，めまい，しびれ，排尿障害，便秘などの自律神経症状が目立つ。さらに，気分の落ち込みよりも，不安，緊張，焦燥《しょうそう》が目立つ。

・発症要因：女性ホルモン・脳内神経伝達物質の異常，脳の血流障害，身体疾患《しっかん》，喪失《そうしつ》体験，孤独感など。

解説

1＝○ 老年期うつ病では，特に心気的な訴えが多くなり，めまい，しびれ，排尿障害，便秘などの**自律神経症状が目立つ**。

2＝× 老年期うつ病は，脳内神経伝達物質の異常，脳の血流障害など**脳の器質的疾患《しっかん》も原因となる**。

3＝○ 老年期うつ病は，家族，友人などの**喪失《そうしつ》体験も発症のきっかけとなる**。

4＝× 老年期うつ病がひどくなると，罪業《ざいごう》妄想や心気妄想などをもち，**自殺企図の危険性が高まる**。

5＝○ 老年期うつ病は，長引き治りにくいという特徴があり，一部は**認知症を合併することがある**。

解答＝1・3・5

ときテク

老年期うつ病の特徴や発症要因はすべて覚えられないかもしれないが，老年期における特徴的な症状と照らし合わせると，自死を図ることがある（4×）・器質的疾患《しっかん》も原因となる（2×）を覚えれば消去法で導き出すことができる。

問題 36 バイタルサインについて，より適切なものはどれか。3つ選べ。

1 やせているため体温計を腋窩部に密着できない場合には，腋窩部では正確に体温を測定できない。

2 脈の結滞（拍動が欠けること）は，健常高齢者でもよくみられる。

3 大動脈疾患の患者の血圧測定は，左右両方の腕で行う。

4 呼吸数は，聴診器がないと計測できない。

5 パルスオキシメータは，指先から血液を針で採取して測定する。

ポイント

【キーワード】バイタルサイン **【出題回－問題番号】**26回－27・36，25回－28，24回－27，23回－29，22回－26・36

バイタルサインのキーワードをまとめておく。

・パルスオキシメーター：手足の指先に光センサーを装着し，血液中にどの程度の酸素が含まれているか（酸素飽和度：SpO_2）を測定する機器である。呼吸の苦しさを訴えることができない利用者の場合にSpO_2の値の変化が，喀痰《かくたん》吸引の必要性や緊急連絡の判断をする目安となる。

・血圧測定：以前は水銀血圧計で聴診器を用いる血圧測定が一般的であったが，水銀の使用が規制され，自動血圧測定器が臨床の場でも使われるようになってきている。自動血圧測定器による血圧測定は，訪問介護員が身体介護として行うことができる。

解説

1＝○ 著しくやせた高齢者では，腋窩部《えきかぶ》で体温計を密着させることが困難で，**体温が正確に測れないこともあるため**注意が必要である。

2＝○ 脈拍の結滞《けったい》やリズムの乱れは，**健常高齢者でもよくみられる**ので頻度《ひんど》が高くなければ通常は問題とならない。

3＝○ 大動脈疾患《しっかん》，片麻痺《かたまひ》や進行した動脈硬化では血圧に左右差がみられることがあり，**左右両方での血圧測定が必要**である。

4＝× 呼吸数については，脈拍測定を行いながら測定するなど，**聴診器がなくとも測定は可能**である。

5＝× パルスオキシメーターとは，**手足の指先に光センサーを装着**し，血液中にどの程度の酸素が含まれているかを測定する機器である。

解答＝1・2・3

問題 37　検査について，より適切なものはどれか。2つ選べ。

1　血清グロブリンは，栄養状態をみる指標として最も有用である。

2　脊椎の圧迫骨折で身長が低くなると，BMI（Body Mass Index）は，骨折前と比較して高くなる。

3　血中尿素窒素（BUN）は，肥満の程度を示す。

4　24時間心電図（ホルター心電図）の検査中は，臥床している必要がある。

5　C反応性たんぱく質（CRP）は，感染症で高値になることが多い。

ポイント

【キーワード】 検査　**【出題回－問題番号】** 26回－28，25回－29，24回－28，23回－30，22回－37

検査値についてまとめておく。

・24時間心電図（ホルター心電図）：小さい機器を身体に装着し，日常生活の中で24時間心電図をとり続けることができるものである。

・血中尿素窒素《ちっそ》（BUN）：腎機能が悪くなると高値になる検査である。脱水，高たんぱく食，消化管出血，悪性腫瘍《しゅよう》や高熱などの消耗性疾患《しっかん》の場合も高くなる。

解説

1＝×　栄養状態をみる指標として最も有用であるのは，**血清《けっせい》アルブミン**である。

2＝○　高齢になると脊椎《せきつい》圧迫骨折などによる円背《えんぱい》や膝《ひざ》などの関節が十分に伸びなくなり，その結果，身長の測定値は見かけ上，低下していくためBMIは**本来の値よりも大きめの値をとるようになる**。

3＝×　血中尿素窒素《ちっそ》（BUN）は，**腎機能を知るための値**であり，腎機能が悪くなると高値になる。

4＝×　24時間心電図（ホルター心電図）は，日常生活の中で測定するものであるため，**臥《が》床《しょう》している必要はない**。

5＝○　C反応性たんぱく質（CRP）は，感染症などの炎症性疾患《しっかん》における炎症の程度を判定する検査で，**感染症で高値になることが多い**。

解答＝2・5

ときテク

頻出である血中尿素窒素《ちっそ》（BUN）（3×），24時間心電図（4×），C反応性たんぱく質（5○）で正解を導き出したい。

問題 38 次の記述のうち，より適切なものはどれか。3つ選べ。

1 インフォームド・コンセントは，治療に関わるものなので，検査には必要とされない。

2 認知機能が低下している場合には，本人への治療方法の説明は省略する。

3 指定居宅介護支援事業者は，あらかじめ，利用者又はその家族に対し，入院する場合には，担当の介護支援専門員の氏名及び連絡先を入院先に伝えるよう求めなければならない。

4 認知症高齢者では，生活や療養の場所が変わることが心身の状況に悪影響を及ぼすおそれがある。

5 入院時情報連携加算は，指定居宅介護支援事業者が，その利用者が入院した医療機関に対し，ファックス等で情報提供した場合でも算定することができる。

ポイント

【キーワード】 医療と介護　**【出題回－問題番号】** 22回－38

出題されているキーワードについてまとめておく。

・インフォームドコンセント：患者が説明をきちんと受けたうえで，同意をすること。

・リロケーションダメージ：高齢者は，新しい場所になじむのが困難になるといわれており，居住環境や療養環境が変化（入所や入院，引越など）することによって悪影響を受けること。

解説

1＝× インフォームドコンセントは，患者が説明をきちんと受けたうえで，同意をすることをいい，**検査や診断後の治療においても必要**である。

2＝× 認知機能が低下している場合であっても，伝達手段を考慮しつつ，**本人へ治療方法の説明を行わなければならない。**

3＝○ 指定居宅介護支援事業者は，あらかじめ，利用者またはその家族に対し，入院する場合には，担当の介護支援専門員の氏名および連絡先を入院先に伝えるよう**求めなければならない**と運営基準に定められている。

4＝○ 認知症高齢者では，**生活や療養の場所が変わることによる悪影響が生じる**，いわゆる「リロケーションダメージ」について十分に留意する必要がある。

5＝○ 入院時情報連携加算は，指定居宅介護支援事業者が，その利用者が入院した医療機関に対し，訪問をしなくとも，**ファックス等で情報提供した場合でも算定することができる。**

解答＝3・4・5

□□□

問題 39 感染症について適切なものはどれか。２つ選べ。

1　標準予防策（スタンダード・プリコーション）は，すべての人の体液や排泄物等に感染性があると考えて取り扱うことである。

2　インフルエンザに罹患した者が職場に復帰する場合は，治癒証明書を提出する法的な義務がある。

3　ウイルス性肝炎は，飛沫感染する。

4　ノロウイルス感染者の便や吐物には，ノロウイルスが排出される。

5　高齢者は，肺炎球菌ワクチンを毎年接種しなければならない。

ポイント

【キーワード】 感染症　**【出題回－問題番号】** 26 回－ 37，24 回－ 36，23 回－ 39，22 回－ 39

高齢者が接種すべきワクチンについてまとめておく。

・肺炎球菌ワクチン：成人における重症の肺炎球菌感染症の原因となる肺炎球菌の約６割に対して効果を発揮するといわれる。

・インフルエンザワクチン：インフルエンザの発症や重症化の防止に有効とされる。1年に1回，流行前の接種が推奨されている。

解説

1 =○　標準予防策（スタンダード・プリコーション）は，**すべての人に実施する感染対策**であり，すべての人の体液や排せつ物等に感染性があると考えて取り扱うことである。

2 =×　インフルエンザに罹患《りかん》した者が職場に復帰する場合は，治癒《ちゆ》証明書を提出するのが望ましいが，**法的な義務はない**。

3 =×　A 型肝炎ウイルスは**経口《けいこう》（接触）感染**，B 型および C 型肝炎ウイルスは**血液感染**である。

4 =○　ノロウイルス感染では激しい嘔吐《おうと》と下痢が特徴であり，その中には**ノロウイルスが排出される**。

5 =×　肺炎球菌ワクチンの**定期接種の機会は 1 回のみ**である。

解答＝1・4

ときテク

感染経路を覚えておくと，3 × 4 ○は導き出しやすい。標準予防策（スタンダード・プリコーション）は頻出であるため，覚えておきたい。

問題 40　高齢者の疾患の特徴として，より適切なものはどれか。3つ選べ。

1　慢性の疾患が多い。
2　加齢に伴う個人差は少ない。
3　一人で多くの疾患を併せもっている。
4　予後は社会的要因に影響されない。
5　症状は非定型的であることが多い。

ポイント

【キーワード】 さまざまな疾病・症状・障害
【出題回－問題番号】 26 回－ 26，25 回－ 26・39，24 回－ 26・34・38・39，23 回－ 26・28，22 回－ 31・40

高齢者の疾患《しっかん》の特徴を簡単にまとめておく。
①一人で多くの疾患《しっかん》を併せもっている。②加齢に伴い，個人差が大きくなる。③症状が非定型的である。④慢性の疾患《しっかん》が多い。⑤高齢者に特有な病態である老年症候群がある。⑥薬剤の副作用が出やすい。⑦生体防御力・免疫《めんえき》機能が低下しており，疾患《しっかん》が治りにくい。⑧予後《よご》や QOL が社会的要因により大きく影響される。⑨水・電解質の代謝《たいしゃ》異常を起こしやすい。⑩負荷時にみられる潜在的機能低下がある。

解説

1 =○　高齢者の疾患《しっかん》は，若い人より回復が遅く，後遺症として残りやすくなり，かつ，治療も長引き，**慢性化しやすい**。
2 =×　高齢者の疾患《しっかん》は，加齢に伴い**個人差が大きくなる**。
3 =○　高齢者は加齢に伴い多くの臓器の機能が低下していくため，**一人で多くの疾患《しっかん》をもっていることが多くなる**。
4 =×　高齢者の疾患《しっかん》の予後《よご》は，療養環境の変化に左右されてしまうように，**社会的要因に大きく影響を受ける**。
5 =○　診断の基準となる症状や徴候がはっきりしないことが多くなっており，高齢者の疾《しっ》患《かん》についての**症状は非定型的**である。

解答＝1・3・5

ときテク

高齢者の疾患《しっかん》の特徴である「非定型的」（5○），「多くの疾患《しっかん》を抱える」（3○），「慢性の疾患《しっかん》が多い」（1○）を覚えておけば正解を導き出しやすい。特徴を理解しておこう。

問題 41　アドバンス・ケア・プランニング（ACP）について，より適切なものはどれか。２つ選べ。

1　人生の最終段階において自らが望む医療・ケアについて，医療・ケアチーム等と話し合い，共有するための取組をいう。

2　本人が死の直前になったときにのみ話し合う。

3　話し合った内容は，文書にまとめておく。

4　本人の考えより，医療・ケアチームの方針が優先される。

5　話合いは，一度だけ行えばよい。

ポイント

【キーワード】終末期ケア

【出題回－問題番号】26回－40，25回－40，24回－40，23回－41，22回－41

自《みずか》らが望む人生の最終段階における医療・ケアについて，前もって考え，医療・ケアチーム等と繰り返し話し合い，共有する取組を「アドバンス・ケア・プランニング（ACP）」愛称「人生会議」と呼ぶ。

厚生労働省「「人生会議」してみませんか」が参考となる。
https://www.mhlw.go.jp/stf/newpage_02783.html（2023年11月現在）

解説

1 =○　「アドバンス・ケア・プランニング（ACP）」とは，人生の最終段階において自《みずか》らが望む医療・ケアについて，前もって考え，**医療・ケアチーム等と話し合い共有するための取組**をいう。

2 =×　人生の最終段階において自《みずか》らが望む医療・ケアについて，**普段から話し合うようにする**。

3 =○　多職種で連携するためにも，話し合った内容は，**文書にまとめて記録を残しておく**必要がある。

4 =×　「アドバンス・ケア・プランニング（ACP）」では，利用者自《みずか》らが希望する医療・ケアを受けるために，大切にしていることや望んでいること，どこで，どのような医療・ケアを望むかを**自分自身で前もって考え**，周囲の信頼する人たちと話し合い，共有することが重要とされている。

5 =×　利用者の気持ちの変化も考えられるため，話し合いは一度だけでなく，**何度も行われるべきである**。

解答＝１・３

問題 42 指定短期入所療養介護について適切なものはどれか。3つ選べ。

1 家族の疾病，冠婚葬祭，出張等の理由では，利用できない。

2 喀痰吸引や酸素療法など医療ニーズが高い要介護者も利用できる。

3 虐待等やむを得ない事情がある場合でも，利用定員を超えて受け入れることはできない。

4 サービス提供施設として，介護老人保健施設，介護医療院，指定介護療養型医療施設，療養病床を有する病院又は診療所がある。

5 療養型以外の介護老人保健施設が提供する短期入所療養介護には，在宅強化型，基本型，その他がある。

ポイント

【キーワード】 短期入所療養介護

【出題回－問題番号】 26回－42，25回－43，22回－42

短期入所療養介護の利用者の特性についてまとめておく。

- 医療的なニーズをもった利用者：短期入所生活介護より看護職員の配置が手厚い。
- リハビリテーションに対するニーズをもった利用者：介護老人保健施設・介護医療院には理学療法士等が配置されている。
- 介護者の介護負担の軽減に対するニーズをもった利用者：いわゆるレスパイトケアである。
- 緊急事態に対するニーズをもった利用者：緊急時対応もあわせて行う。

解説

1＝✕ 短期入所療養介護では，家族の介護負担軽減（レスパイトケア）のほかにも，**家族の疾病《しっぺい》，冠婚葬祭，出張等の理由でも利用することができる。**

2＝○ 短期入所療養介護は病院や診療所，介護老人保健施設や介護医療院で提供されるため，喀痰《かくたん》吸引や酸素療法など**医療ニーズが高い要介護者も利用することができる。**

3＝✕ 定員は原則として遵守《じゅんしゅ》しなければならないが，虐待等やむを得ない事情がある場合，**利用定員を超えて受け入れることができる。**

4＝○ 短期入所療養介護を提供できる施設は，**介護老人保健施設，介護医療院，指定介護療養型医療施設，療養病床《びょうしょう》を有する病院または診療所**である。

5＝○ 療養型以外の介護老人保健施設が提供する短期入所療養介護では，形態の違いにより，**在宅強化型，基本型，その他**が挙げられる。

解答＝2・4・5

問題 43　指定看護小規模多機能型居宅介護について正しいものはどれか。3つ選べ。

1　事業者は，看護サービスの提供の開始に際し，主治の医師の指示を文書で受ける必要はない。

2　看護小規模多機能型居宅介護計画の作成に当たっては，地域における活動への参加の機会も考慮し，利用者の多様な活動が確保できるよう努めなければならない。

3　事業者は，看護小規模多機能型居宅介護計画及び看護小規模多機能型居宅介護報告書を主治の医師に提出しなければならない。

4　訪問介護や訪問看護などの訪問サービスと通いサービスを一体的に提供するもので，宿泊サービスは含まない。

5　看護小規模多機能型居宅介護を受けている間についても，訪問リハビリテーション費，居宅療養管理指導費及び福祉用具貸与費は算定できる。

ポイント

【キーワード】看護小規模多機能型居宅介護

【出題回－問題番号】26回－43，24回－43，23回－43，22回－43

看護小規模多機能型居宅介護計画についてまとめておく。

・介護支援専門員が作成する。

・援助の目標，当該目標を達成するための具体的なサービスの内容等を記載した計画を作成する。

・利用者の日々の様態，希望等を勘案し，随時適切に通いサービス，訪問サービスおよび宿泊サービスを組み合わせた看護および介護を行わなくてはならない。

解説

1＝×　看護小規模多機能型居宅介護事業者が看護サービスの提供を開始する場合は，**主治の医師の指示を必ず文書で受けなければならない。**

2＝○　地域密着型サービスであるため，計画作成に当たっては，地域における活動への参加の機会も考慮し，**利用者の多様な活動が確保できるよう努めなければならない。**

3＝○　看護サービスの提供に当たり，看護小規模多機能型居宅介護計画および看護小規模多機能型居宅介護報告書を**主治の医師に提出しなければならない。**

4＝×　看護小規模多機能型居宅介護事業者は，**訪問サービス・通いサービス・宿泊サービスを提供しなければならない。**

5＝○　看護小規模多機能型居宅介護を受けている間，訪問リハビリテーション費・居宅療養管理指導費・福祉用具貸与費を**算定することができる。**

解答＝2・3・5

問題 44 医師が行う居宅療養管理指導について正しいものはどれか。3つ選べ。

1 要介護状態の悪化の防止等に資するよう，計画的に行われなければならない。

2 交通費を受け取ることはできない。

3 区分支給限度基準額が適用される。

4 保険医療機関として指定を受けている病院は，都道府県知事の指定があったものとみなされる。

5 サービス担当者会議への参加が困難な場合には，原則として，文書により情報提供・助言を行わなければならない。

ポイント

【キーワード】 居宅療養管理指導

【出題回－問題番号】 22回－44

居宅療養管理指導とは，在宅療養中で通院が困難な利用者に対して，医師，歯科医師，薬剤師，管理栄養士，歯科衛生士等が居宅を訪れて行う療養上の管理や指導・助言のことである。医師が行う居宅療養管理指導についてまとめておく。

・医療保険における訪問診療または往診など，居宅を訪問して行う計画的・継続的な医学的管理に基づき，居宅介護支援事業者等に居宅サービス計画の作成に必要な情報の提供を行う。

・利用者・家族には，サービス利用上の留意点や介護方法等について指導・助言を行う。

解説

1＝○ 居宅療養管理指導は，要介護状態の悪化の防止等に資するよう，**計画的に行われなければならない**こととなっている。

2＝× 居宅療養管理指導を行う場合は，通常の事業の実施地域であるか否かにかかわらず，**利用者の同意を得て交通費を受け取ることができる**。

3＝× 居宅療養管理指導は，**区分支給限度基準額が適用されない**サービスである。

4＝○ 保険医療機関として指定を受けている病院は，**みなし指定として居宅療養管理指導を提供することができる**。

5＝○ 居宅療養管理指導を提供する場合には，原則としてサービス担当者会議に参加して情報提供をしなければならないが，参加が困難な場合には，**文書により情報提供・助言を行わなければならない**。

解答＝1・4・5

問題 45 介護医療院について適切なものはどれか。２つ選べ。

1　原則として，個室である。

2　ターミナルケアの機能を有する。

3　医療法の医療提供施設には該当しない。

4　必要な医療の提供が困難な場合には，他の医師の対診を求める等適切な措置を講じなければならない。

5　Ⅱ型では，Ⅰ型に比してより重篤な身体疾患を有する患者等に対応できる体制が求められている。

ポイント

【キーワード】介護医療院　**【出題回－問題番号】**26回－45，24回－45，23回－45，22回－45

介護医療院の主な運営基準をまとめておく。

・正当な理由がなく介護医療院サービスの提供を拒んではならない。
（正当な理由：入院治療の必要がある場合など，入所者に対し自《みずか》ら適切な介護医療院サービスを提供することが困難な場合など）

・施設サービス計画の作成は計画担当介護支援専門員が行う。

・介護医療院の医師は，自《みずか》ら必要な医療を提供することが困難であると認めたときは，協力病院等への入院のための措置《そち》を講じたり，他の医師の対診を求めたりしなければならない。

解説

1＝× 介護医療院の設備基準では，**居室の定員は４人以下**となっている。

2＝○ 介護医療院は，長期にわたって療養が必要とされる入所者に対して，生活の場を提供するとともに，日常的な療養上の管理，看護・介護，リハビリテーション，在宅復帰支援，**ターミナルケアなどのサービスを提供**し，尊厳の保持を旨とする自立支援を行うことが目的である。

3＝× 介護医療院には医師が配置され，医療法に該当する診察室等を配置するため，**医療法の医療提供施設**に該当する。

4＝○ 必要な医療の提供が困難な場合には，別の医療機関の医師による立会診療である対診を求める等，**適切な措置《そち》を講じなければならない**。

5＝× Ⅰ型療養床は，「重篤《じゅうとく》な身体疾患《しっかん》を有する者，身体合併症を有する認知症高齢者等」が対象で，Ⅱ型療養床はそれ以外のものが対象であるため，**Ⅰ型の療養床に重篤《じゅうとく》な身体疾患《しっかん》を有する患者等に対応できる体制**が求められている。

解答＝２・４

問題 46　面接場面におけるコミュニケーション技術について，より適切なものはどれか。3つ選べ。

1　共感とは，クライエントの考え方について，援助者がクライエントの立場に立って理解しようとすることをいう。
2　援助者は，援助者自身の過去の重要な人との関係をクライエントに投影するように努めるべきである。
3　クライエントが沈黙している場合には，援助者は，常に積極的に話しかけなければならない。
4　クローズドクエスチョンは，事実の確認を行う場合に用いる。
5　直面化とは，クライエントが目を背けていることに気づかせることをいう。

ポイント

【キーワード】基礎相談面接技術　**【出題回－問題番号】**26回－46，25回－46・47，24回－46，23回－46，22回－46

コミュニケーション技術で出題されている言葉についてまとめておく。

・共感：援助者がクライエントの世界を，クライエント自身がとらえるように理解する能力。これまでの人生・暮らし，そして，現在の生活，今後につながるさまざまな契機を，その人自身がどのようにとらえているかを理解することである。
・クローズドクエスチョン（閉じられた質問）：「はい」「いいえ」で答えられる質問および簡単に2～3の単語で答えられる質問。頻回に用いすぎると，クライエントの世界を，ケアする側が狭めてしまうおそれもある反面，相手の語ることを明確化し，焦点を当てていくことも可能となる。
・直面化：感情・体験・行動の三者間で，何かが相異なる状況に対して問いかけることで，自分自身の感情・体験・行動を見直していくことへと誘うものとされる。

解説

1＝○　共感とは，援助者がクライエントの世界を，クライエント自身がとらえるように理解する能力である。

2＝×　援助者は，個別化の原則として，過去の事例を当てはめることなく，一人ひとりに合った対応をしなければならない。

3＝×　沈黙を通して伝わるメッセージもあるため，聴き手は急がず，ゆったりと丁寧《ていねい》に待つことも重要である。

4＝○　「はい」「いいえ」で答えられる質問および簡単に2～3の単語で答えられる質問で，相手の語ることを明確化し，事実を確認することもできる。

5＝○　クライエントが目を背けていることに気づかせることを，直面化という。

解答＝1・4・5

問題 47 ソーシャルワークに関する次の記述のうち，より適切なものはどれか。2つ選べ。

1 ラポールとは，主訴をとらえてニーズを確定することである。
2 アセスメントシートの順番に従い，すべての項目を尋ねなければならない。
3 アセスメントは，クライエント本人からの情報のみで行うものではない。
4 援助計画は，柔軟に変更できるよう，可能な限り抽象的に立てることが重要である。
5 事後評価には，スーパービジョンを受けることも含まれる。

ポイント

【キーワード】ソーシャルワーク
【出題回－問題番号】26 回－ 47・48・49，25 回－ 48・49，24 回－ 48・49，23 回－ 47・48・49，22 回－ 47・48・49

ソーシャルワークの基本的な言葉についてまとめておく。

・ラポール：「信頼」というフランス語であるが，福祉・心理では「信頼関係」という意味で使われる。
・アセスメントシート：課題分析を行う際，必要な情報を聴き取るために項目が書かれている用紙。
・スーパービジョン：社会福祉援助技術の1つであり，経験豊富な援助職（スーパーバイザー）が，経験が未熟である援助職（スーパーバイジー）に対して，支持的に接したり，助言や指導を行ったりするもの。

解説

1 =× ラポールとは，信頼関係のことである。
2 =× すべての項目を，クライエントが答えやすいものから質問していくとよい。
3 =○ アセスメントは，クライエント本人からの情報（主観的情報）とクライエント以外からの情報（客観的情報）で行う。
4 =× 可能な限り具体的に立てることが重要である。
5 =○ 事後評価には，ソーシャルワーカーの援助実践過程での力量や有用性の検証を含めるため，スーパービジョンやコンサルテーションを活用していくことが必要である。

解答＝3・5

ときテク

社会福祉援助技術で問われるような言葉について正しい理解が必要である。2×4×はケアマネジメントにも共通するためしっかりと消したい。

問題 48 ソーシャルワークにおける個別援助として，より適切なものはどれか。2つ選べ。

1 社会福祉協議会の社会福祉士による成年後見制度の利用に関する面接
2 介護老人福祉施設の生活相談員によるカラオケ大会などのレクリエーション活動
3 地域包括支援センターの主任介護支援専門員による家族介護者との相談
4 キャラバン・メイトによる認知症サポーター養成講座
5 社会福祉協議会のボランティアコーディネーターによる災害ボランティアセンターの設置準備

ポイント

【キーワード】 ソーシャルワーク
【出題回－問題番号】 26回－47・48・49，25回－48・49，24回－48・49，23回－47・48・49，22回－47・48・49

出題されている言葉についてまとめておく。

・キャラバン・メイト：認知症サポーター養成講座を行うことができる者を指し，全国キャラバン・メイト連絡協議会が養成をしている。公的な資格ではない。
・ボランティアコーディネーター：必要とされている現場などにボランティアを派遣したり，その数を調整したりするスタッフのこと。社会福祉協議会などに所属している。公的資格ではない。

解説

1＝○ 社会福祉協議会の社会福祉士による成年後見制度の利用に関する面接は**個別援助**に該当する。
2＝× 介護老人福祉施設の生活相談員によるカラオケ大会などのレクリエーション活動は**集団援助**に該当する。
3＝○ 地域包括支援センターの主任介護支援専門員による家族介護者との相談は**個別援助**に該当する。
4＝× キャラバン・メイトによる認知症サポーター養成講座は**地域援助**に該当する。
5＝× 社会福祉協議会のボランティアコーディネーターによる災害ボランティアセンターの設置準備は**地域援助**に該当する。

解答＝1・3

ときテク

個別援助は基本的にマンツーマン（1対1）の支援となる。主に1対1で行われる面接や相談というキーワードで正解を導き出すことができる。

□□□

問題 49　ソーシャルワークにおける地域援助として，より適切なものはどれか。３つ選べ。

1　地域の問題や多様な社会資源について評価するために，地域アセスメントを行う。

2　病院の専門職で構成されたメンバーで退院促進のためのチームアプローチを行う。

3　地域におけるニーズ把握では，潜在的ニーズを掘り起こすアウトリーチを行う。

4　行政機関等のフォーマルな社会資源による地域ネットワークを構築すれば，地域課題は解決する。

5　障害者が福祉サービスにアクセスしやすくなるよう自治体に働きかける。

ポイント

【キーワード】ソーシャルワーク

【出題回－問題番号】26 回－ 47・48・49，25 回－ 48・49，24 回－ 48・49，23 回－ 47・48・49，22 回－ 47・48・49

出題されている言葉についてまとめておく。

・潜在的ニーズ：表だって見えていないニーズである。顕在的ニーズよりも，利用者の真のニーズを示していることが多い。

・アウトリーチ：相談があるのを待っているのではなく，問題を抱えていると思われる地域や人に向けてこちらから出向いて相談援助を行うこと。

解説

1 = ○　地域の問題や多様な社会資源について評価するために，地域アセスメントを行うことは**地域援助**に該当する。

2 = ×　病院の専門職で構成されたメンバーで退院促進のためのチームアプローチを行うことは**個別援助**に該当する。

3 = ○　地域の潜在的ニーズを知るためにアウトリーチを行うことは**地域援助**に該当する。

4 = ×　地域課題を解決させるためには，行政機関等のフォーマルな社会資源に**インフォーマルサポート**を加える地域ネットワークを構築する必要がある。

5 = ○　障害者が福祉サービスにアクセスしやすくなるよう自治体に働きかけることは**地域援助**に該当する。

解答＝１・３・５

ときテク

地域援助では，地域という言葉がキーワードであるが，４×に引っかからないようにすれば１○３○５○は導き出しやすいと思われる。

問題 50 介護保険における訪問介護について正しいものはどれか。3つ選べ。

1 自動血圧測定器により血圧を測定することは，医行為に当たらないため，訪問介護員が行うことができる。

2 利用者が大切にしている花木の水やりは，短時間であれば，生活援助として算定される。

3 ゴミの分別が分からない利用者と一緒に分別し，ゴミ出しのルールを理解してもらうよう援助することは，生活援助として算定される。

4 ボタン付け等の被服の補修は，生活援助として算定される。

5 配剤された薬をテーブルの上に出し，本人が薬を飲むのを手伝うことは，身体介護として算定される。

ポイント

【キーワード】訪問介護 **【出題回−問題番号】**26回−50，25回−50，24回−50，23回−52，22回−50

自立生活支援・重度化防止のための見守り的援助（一部）についてまとめておく。

・ベッド上からポータブルトイレ等（いす）へ利用者が移乗する際に，転倒等の防止のため付き添い，必要に応じて介助を行う。

・認知症等の高齢者に対して，ヘルパーが声かけと誘導で食事・水分摂取を支援する。

・本人が自《みずか》ら適切な服薬ができるよう，服薬時において，直接介助は行わずに，側で見守り，服薬を促す。

・車いす等での移動介助を行って店に行き，本人が自《みずか》ら品物を選べるよう援助する。

解説

1＝○ 自動血圧測定器により血圧を測定することは，医行為に当たらないため，**訪問介護員が身体介護として行うことができる**。

2＝× 利用者が大切にしている花木の水やりは，**日常生活の援助に該当しない**ため，短時間であっても，**生活援助として算定することができない**。

3＝× ゴミの分別が分からない利用者と一緒に分別し，ゴミ出しのルールを理解してもらうよう援助することは，自立生活支援・重度化防止のための見守り的援助に該当し，**身体介護**として算定される。

4＝○ 被服の補修は，**生活援助**として算定される。

5＝○ 配剤された薬をテーブルの上に出し，本人が薬を飲むのを手伝うことは，服薬介助に該当し，**身体介護**として算定される。

解答＝1・4・5

問題 51 介護保険における通所介護について正しいものはどれか。2つ選べ。

1 一定の研修を受けた介護職員が喀痰吸引を行った場合には，中重度者ケア体制加算を算定できる。

2 生活機能向上連携加算を算定するためには，外部の理学療法士等と当該事業所の機能訓練指導員等が共同してアセスメントや個別機能訓練計画の作成等を行わなければならない。

3 入浴介助を適切に行うことができる人員及び設備を有する事業所が入浴介助を行った場合には，入浴介助加算を算定できる。

4 生活相談員が要介護認定の申請に係る援助を行った場合には，生活相談員配置等加算を算定できる。

5 看護師が低栄養状態にある利用者に対して栄養ケア計画を作成した場合には，栄養改善加算を算定できる。

ポイント

【キーワード】 通所介護 **【出題回－問題番号】** 26回－52，25回－51，24回－51，23回－53，22回－51

通所介護の加算についてまとめておく。

・生活機能向上連携加算：理学療法士等の助言に基づき，機能訓練指導員等と共同でアセスメント，個別機能訓練計画の作成を行い，適切に機能訓練を実施し，3か月に1回以上評価した場合などに算定される。

・生活相談員配置等加算：共生型通所介護事業所が生活相談員を配置し，地域との関わりを持つために地域に貢献する活動を実施した場合に算定される。

解説

1＝× 中重度者ケア体制加算は，人員基準以上の看護職員または介護職員を確保し，一定の実績がある場合に算定できる。

2＝○ 生活機能向上連携加算を算定するためには，外部の理学療法士等と事業所の機能訓練指導員等が共同して個別機能訓練計画の作成等を行わなければならない。

3＝○ 入浴介助加算は，入浴介助を適切に行うことができる人員および設備を有する事業所が入浴介助を行った場合に算定できる。

4＝× 生活相談員が要介護認定の申請にかかる援助を行っても，生活相談員配置等加算は算定できない。

5＝× 管理栄養士が低栄養状態にある利用者に対して栄養ケア計画を作成した場合には，栄養改善加算を算定できる。

解答＝2・3

問題 52 介護保険における訪問入浴介護について正しいものはどれか。3つ選べ。

1　サービス提供は，1回の訪問につき，看護職員1名と介護職員1名で行う。

2　終末期にある者も，訪問入浴介護を利用できる。

3　同一時間帯での同一利用者に対する入浴介助については，別に訪問介護費を算定することはできない。

4　利用者に病状の急変が生じた場合には，速やかに事業所の管理者に連絡し，変更・中止の指示を受ければよい。

5　協力医療機関は，事業の通常の実施地域内にあることが望ましい。

ポイント

【キーワード】訪問入浴介護　**【出題回－問題番号】**26回－51，25回－52，24回－52，23回－54，22回－52

訪問入浴介護の運営基準等についてまとめておく。

・原則看護職員1名と介護職員2名でサービス提供を行うが，入浴により利用者の身体の状況等に支障を生じるおそれがない場合，主治医の意見を確認したうえで，看護職員に代えて介護職員を充《あ》てることができる（介護職員3名で対応・減算あり）。

・利用者に病状の急変が生じた場合，速《すみ》やかに主治医または協力医療機関への連絡を行う等の必要な措置《そち》を行わなければならない。

解説

1 = ×　サービス提供は，原則として1回の訪問につき，**看護職員1名と介護職員2名**で行う。

2 = ○　終末期にある者も，**訪問入浴介護を利用することができる**。

3 = ○　同一時間帯での同一利用者に対する入浴介助については，同じ居宅サービスに該当するため，**別に訪問介護費を算定することはできない**。

4 = ×　利用者に病状の急変が生じた場合には，**速《すみ》やかに医療従事者に連絡**し，変更・中止の指示を受けなければならない。

5 = ○　協力医療機関は，緊急時を想定すると，**事業の通常の実施地域内にあることが望ましい**。

解答＝2・3・5

ときテク

サービス提供人員（1×）と，急変が生じた際の措置《そち》（4×）を覚えておけば，消去法で正解を導き出すことができる。

問題 53　介護保険における短期入所生活介護について正しいものはどれか。3つ選べ。

1　認知症行動・心理症状緊急対応加算と若年性認知症利用者受入加算は，同時に算定できる。

2　医療連携強化加算と在宅中重度者受入加算は，同時に算定できる。

3　医師の発行する食事箋に基づいた糖尿病食等を提供する場合は，１日につき３回を限度として，療養食加算を算定できる。

4　共生型短期入所生活介護を算定している場合は，夜勤職員配置加算は算定できない。

5　利用者の状態や家族等の事情により，居宅サービス計画にない指定短期入所生活介護を緊急に行った場合は，原則として，緊急短期入所受入加算を算定できる。

ポイント

【キーワード】短期入所生活介護　**【出題回－問題番号】**26回－53，25回－53，24回－53，23回－50，22回－53

短期入所生活介護の加算についてまとめておく。

・医療連携強化加算：医療的なケアが必要な利用者に対して，一定回数の看護職員による巡視を行うなどの体制強化を行った場合に算定される。

・在宅中重度者受入加算：短期入所生活介護を利用している際に，訪問看護師が短期入所生活介護事業者を訪問し，健康管理等を行った場合に算定される。

・夜勤職員配置加算：人員基準＋１名以上または見守り機器を一定以上の入所者に設置した場合は人員基準＋0.9名以上の職員を配置した場合に算定される。
(一定基準を満たした場合は人員基準＋0.6名で算定できる。)

解説

1＝×　認知症行動・心理症状緊急対応加算と若年《じゃくねん》性認知症利用者受入加算は，**同時に算定することができない。**

2＝×　医療連携強化加算と在宅中重度者受入加算は，**同時に算定することができない。**

3＝○　医師の発行する食事箋に基づいた糖尿病食等を提供する場合は，１日につき３回を限度として，**療養食加算を算定することができる。**

4＝○　共生型短期入所生活介護を算定している場合は，**夜勤職員配置加算は算定することができない。**

5＝○　利用者の状態や家族等の事情により，居宅サービス計画にない指定短期入所生活介護を緊急に行った場合は，原則として，**緊急短期入所受入加算を算定することができる。**

解答＝３・４・５

問題 54 介護保険における住宅改修について正しいものはどれか。3つ選べ。

1 転居前に住宅改修費の支給を受けた場合でも，転居後の住居について住宅改修費を受給できる。

2 リフトなど動力によって段差を解消する機器に係る工事の費用は，住宅改修費の支給対象となる。

3 扉の取替えに伴う壁や柱の改修工事の費用は，住宅改修費の支給対象となる。

4 ポータブルトイレの設置は，住宅改修費の支給対象となる。

5 要介護状態区分が３段階以上上がった場合は，改めて住宅改修費を受給できる。

ポイント

【キーワード】 住宅改修

【出題回－問題番号】 26回－54，24回－54，22回－54

住宅改修の支給対象となるものについてまとめておく。

①手すりの取り付け：工事をして付ける。玄関やトイレなど。

②段差の解消：工事をして段差をスロープに替えるなど。

③床または通路面の材料の変更：たたみをフローリングに変更すること（移動の円滑化のため）や浴室のタイル張り替え（滑《すべ》りの防止）など。

④引き戸等への扉の取り替え：取り替えるよりも安価であれば新設も可能。

⑤洋式便器等への便器の取り替え：水洗化は対象外となる。

⑥その他①～⑤に関係する工事（付帯工事）

解説

1＝○ 転居前に住宅改修費の支給を受けた場合でも，転居後の住宅については今まで利用した分がリセットされるため，再度住宅改修費を受給することができる。

2＝× 動力によって段差を解消する機器にかかる工事の費用は，住宅改修費の支給対象とならない。

3＝○ 扉の取り替えに伴う壁や柱の改修工事の費用は，附帯工事として住宅改修費の支給対象となる。

4＝× ポータブルトイレの設置は，特定福祉用具販売の対象となるため，住宅改修費の支給対象とならない。

5＝○ 要介護状態区分が３段階以上上がった場合は，今まで利用した分がリセットされるため，改めて住宅改修費を受給することができる。

解答＝1・3・5

問題 55 介護保険における認知症対応型通所介護について正しいものはどれか。3つ選べ。

1 利用者の日常生活やレクリエーション，行事を通じて行う機能訓練であっても，機能訓練指導員以外の者が行うことはできない。

2 指定認知症対応型共同生活介護事業所における共用型指定認知症対応型通所介護の利用定員は，共同生活住居ごとに1日当たり3人以下である。

3 利用者，家族へのサービスの提供方法等の説明には，認知症対応型通所介護計画の目標及び内容や利用日の行事及び日課も含まれる。

4 既に居宅サービス計画が作成されている場合には，認知症対応型通所介護計画の内容について利用者の同意を得なくてもよい。

5 事業者は，運営推進会議における報告，評価，要望，助言等について記録を作成し，公表しなければならない。

ポイント

【キーワード】認知症対応型通所介護

【出題回－問題番号】26回－56，24回－56，22回－55

認知症対応型通所介護の特徴についてまとめておく。

・単独型・併設型・共用型があり，定員は12人以下（ただし共用型については共同生活住居ごとに1日当たり3人以下などの別の定めがある）。

・運営推進会議を6か月に1回以上開催する。

・管理者は認知症対応型通所介護計画を作成する。

・サービスの提供に当たっては，漫然かつ画一的になってはならない。

解説

1＝× 利用者の日常生活やレクリエーション，行事を通じて行う機能訓練については，介護職員等が実施することができ，**機能訓練指導員以外の者も行うことができる。**

2＝○ 指定認知症対応型共同生活介護事業所の共用型指定認知症対応型通所介護の利用定員は，共同生活住居ごとに**1日当たり3人以下**となっている。

3＝○ 利用者，家族へのサービスの提供方法等の説明内容は，認知症対応型通所介護計画全般にわたるため，**目標および内容や利用日の行事および日課も含まれる。**

4＝× 既に居宅サービス計画が作成されている場合においても，認知症対応型通所介護計画の内容について**利用者の同意を得る必要がある。**

5＝○ 事業者は，運営推進会議の内容については，記録を取り，**公表しなければならない**とされている。

解答＝2・3・5

問題 56 介護保険における夜間対応型訪問介護について正しいものはどれか。3つ選べ。

1 事業者は，利用者へ配布するケアコール端末に係る設置料，リース料，保守料の費用を利用者から徴収することができる。

2 利用者から合鍵を預かる場合は，従業者であれば容易に持ち出すことができるような管理を行う必要がある。

3 随時訪問サービスは，利用者の処遇に支障がないときは，他の指定訪問介護事業所の訪問介護員等に行わせることができる。

4 夜間対応型訪問介護計画の作成後に居宅サービス計画が作成された場合は，夜間対応型訪問介護計画を必要に応じて変更する。

5 看護師及び介護福祉士は，面接相談員になることができる。

ポイント

【キーワード】夜間対応型訪問介護 **【出題回－問題番号】**24回－55，22回－56

夜間対応型訪問介護の特徴についてまとめておく。

・定期巡回サービス・オペレーションセンターサービス・随時訪問サービスを夜間（22時～6時は必須）に提供する。

・通報装置は，事業者が配布するケアコール端末に代えて，携帯電話等でも可能な場合もある。

・利用者の面接および1～3か月に1回程度の利用者宅への訪問を行う。

解説

1＝× 利用者へ配布するケアコール端末にかかる設置料，リース料，保守料の費用は，**事業者が負担しなければならない**とされている。

2＝× 利用者から合鍵を預かる場合は，**従業者であっても容易に持ち出すことができない**よう，厳重に管理しなければならない。

3＝○ 随時訪問サービスは，利用者の処遇に支障がないときについては，**他の指定訪問介護事業所の訪問介護員等に行わせることができる**※。

4＝○ 夜間対応型訪問介護計画の作成後に居宅サービス計画が作成された場合は，その計画と整合性を確認し，必要があれば**夜間対応型訪問介護計画を変更する**。

5＝○ 面接相談員は，オペレーターに準じる資格が求められるため，**看護師および介護福祉士は，面接相談員になることができる**。

※ 2021（令和3）年度介護報酬改定で，指定夜間対応型訪問介護の一部を，他の指定訪問介護事業所等の従業員に行わせることができるようになった。

解答＝3・4・5

問題 57　指定介護老人福祉施設について正しいものはどれか。3つ選べ。

1　虐待等のやむを得ない事由があれば，要介護１又は２の者を入所させることができる。

2　感染症や食中毒の予防又はまん延防止のため，その対策を検討する委員会をおおむね三月に１回以上開催しなければならない。

3　入所者に対する施設サービス計画等の記録は，その完結の日から一年間保存すれば，廃棄することができる。

4　公共性の高い施設であるため，広告は禁じられている。

5　健康状態によって入浴が困難な入所者には，清拭を１週間に２回以上行わなければならない。

ポイント

【キーワード】 介護老人福祉施設　**【出題回－問題番号】** 26回－57，25回－57，24回－57，23回－57，22回－57

介護老人福祉施設を運営するに当たっての留意事項についてまとめておく。

・ケアマネジメントによる適切な施設サービス計画を作成し実行すること。
・重要事項をはじめ，施設サービス計画や提供するサービス内容などの説明は懇切丁寧《ていねい》に行うこと。
・理由が明らかでない身体的拘束など，行動制限を行わないこと。
・サービスの質の改善・向上に心がけること。
・可能な限り居宅での生活への復帰ができるよう支援を行うこと。

解説

1＝○　虐待等のやむを得ない事由があれば，特例入所として，要介護１または２の者を入所させることができる。

2＝○　感染症や食中毒の予防またはまん延防止のため，その対策を検討する委員会（感染対策委員会）をおおむね三月に１回以上開催しなければならない。

3＝×　入所者に対する施設サービス計画等の記録は，その完結の日から２年間保存しなければならない。

4＝×　公共性の高い施設であるため，広告は虚偽または誇大なものであってはならないという規定はあるが，禁止されているわけではない。

5＝○　介護老人福祉施設に入所する者に対しては，入浴または清拭《せいしき》を１週間に２回以上行わなければならない。

解答＝1・2・5

問題 58 生活困窮者自立支援制度について正しいものはどれか。3つ選べ。

1 生活困窮者自立支援法は，生活困窮者対策及び生活保護制度の見直しの一体的な検討を経て国会に提出され，成立した。

2 生活困窮者自立支援法の対象者は，稼働年齢層に限定されている。

3 生活困窮者自立相談支援事業は，必須事業である。

4 生活困窮者就労準備支援事業は，任意事業である。

5 生活困窮者住居確保給付金の支給は，任意事業である。

ポイント

【キーワード】生活困窮者自立支援制度　**【出題回－問題番号】**24回－59，22回－58

生活困窮者自立支援法の必須事業についてまとめておく。

- 生活困窮者自立相談支援事業：生活保護に至る前の段階の自立支援を強化するため，生活困窮者から相談を受けて，相談支援を行う。
- 生活困窮者住居確保給付金：離職等により経済的に困窮し，住居を失った，または，そのおそれがある者に対し，住居確保給付金を支給することにより，安定した住居の確保と就労自立を図るもの。

解説

1＝○ 生活困窮者自立支援法は，2013年に，**生活困窮者対策及び生活保護制度の見直しの一体的な検討を経て国会に提出され，成立した**ものである（施行は2015年4月から）。

2＝× 生活困窮者自立支援法の対象者に，**年齢制限はない**。

3＝○ 生活困窮者自立相談支援事業は，**必須事業**となっている。

4＝○ 生活困窮者就労準備支援事業は，**任意事業**となっている。

5＝× 生活困窮者住居確保給付金の支給は，**必須事業**となっている。

解答＝1・3・4

ときテク

初出であるが，生活困窮者自立支援制度の必須事業の2つは覚えておくべきである。それで3○4○5×までは導き出すことができる。

問題 59　生活保護制度について正しいものはどれか。3つ選べ。

1　保護は，世帯を単位として，その要否と程度が決められる。
2　介護扶助には，介護予防に関する給付も含まれる。
3　介護扶助における居宅介護は，必要があれば，居宅介護支援計画に基づかないものも認められる。
4　65 歳以上の被保護者の介護保険料は，介護扶助として給付される。
5　生業扶助は，原則として，金銭給付である。

ポイント

【キーワード】生活保護　**【出題回－問題番号】**26 回－ 60，25 回－ 58，24 回－ 58，23 回－ 58，22 回－ 59

生活保護法の 4 つの基本原理についてまとめておく。

①国家責任の原理：国が生活に困窮するすべての国民に対し，その困窮の程度により，必要な保護を行い，その最低限度の生活を保障するとともに，その自立を助長する。

②無差別平等の原理：すべて国民は，生活保護法に定める要件を満たす限り，この法律の保護を，無差別平等に受けることができる。

③最低生活保障の原理：生活保護法は，健康で文化的な生活水準を維持できる最低限度の生活を保障する。

④補足性の原理：保護は，生活に困窮する者が，その利用し得る資産，能力その他あらゆるものを，その最低限度の生活の維持のために活用することを要件とする。

解説

1 = ○　生活保護制度では，その保護の要否を**世帯単位で認定し，その程度を決めること**となっている。

2 = ○　介護扶助は介護保険の保険給付全般が対象となるため，**介護予防に関する給付も含まれる**。

3 = ×　介護扶助における居宅介護は，介護保険給付全般に基づくものであるため，**居宅介護支援計画（ケアプランとほぼ同様のもの）に位置付けられないものは認められない**。

4 = ×　65 歳以上の被保護者の介護保険料は，**生活扶助**として給付される。

5 = ○　生業扶助は，**原則金銭給付**となっている。

解答＝1・2・5

問題 60 成年後見制度について正しいものはどれか。3つ選べ。

1 成年後見制度の利用の促進に関する法律では，国民が成年後見制度を利用する義務を定めている。

2 成年後見制度の利用の促進に関する法律では，成年被後見人の意思決定の支援を定めている。

3 65歳以上の者につき，その福祉を図るため特に必要と認めるときは，市町村長は，後見開始の審判の請求をすることができる。

4 親族が成年後見人に選任される割合は，年々増加している。

5 任意後見契約は，公正証書によってしなければならない。

ポイント

【キーワード】 成年後見制度 **【出題回－問題番号】** 26回－58，25回－59，24回－60，23回－59，22回－60

成年後見制度の利用の促進に関する法律についてまとめておく。

・2016（平成28）年5月13日に施行された。

・基本理念と「本人の意思決定の支援」，「身上《しんじょう》保護の重視」が追加された。

・目的は，「成年後見制度の利用の促進について，その基本理念を定め，国の責務等を明らかにし，及び基本方針その他の基本となる事項を定めること等により，成年後見制度の利用の促進に関する施策を総合的かつ計画的に推進すること」である。

解説

1＝× 利用の促進については定めているが，**利用する義務は定めていない**。

2＝○ 成年後見制度の利用の促進に関する法律では，成年被後見人の**意思決定の支援を定めている**。

3＝○ 65歳以上の者につき，その福祉を図るため特に必要と認めるときは，市町村長は，職権により，**後見開始の審判の請求をすることができる**。

4＝× 親族が成年後見人に選任される割合は**年々減少**し，専門家などの第三者後見人が増加している。

5＝○ 任意後見契約は，**必ず公正証書を作成しなければならない**。

解答＝2・3・5

ときテク

成年後見制度の利用の促進に関する法律は初出であるが，成年後見制度の根幹である法定後見制度・任意後見制度を理解することで，3○4×5○までは導き出したいところである。

2023（令和5）年度
介護保険関係の主な改正事項

「全世代対応型の持続可能な社会保障制度を構築するための健康保険法等の一部を改正する法律」において，介護保険関係の改正が含まれています。大枠では以下の５つにまとめられています（一部を除き，2024（令和６）年４月１日施行）。

Ⅰ．介護情報基盤の整備

＊被保険者，介護事業者その他の関係者が当該被保険者に係る介護情報等を共有・活用することを促進する事業を地域支援事業として位置付ける。

＊市町村は，当該事業について，医療保険者等と共同して国民健康保険団体連合会・社会保険診療報酬支払基金に委託できることとする。（2023 年（令和５年）５月 19 日から４年以内の政令で定める日から施行）

Ⅱ．介護サービス事業者の財務状況等の見える化

＊介護サービス事業者の経営情報の収集及びデータベースの整備。

＊収集した情報を国民にわかりやすくなるよう属性等に応じてグルーピングした分析結果を公表する制度を創設。

Ⅲ．介護サービス事業所等における生産性の向上に資する取組に係る努力義務

＊都道府県に対し，介護サービスを提供する事業所又は施設の生産性の向上に資する取り組みが促進されるよう努める旨の規定を新設。

＊都道府県介護保険事業支援計画に，介護サービス事業所等の生産性の向上に資する事業に関する事項を追加。

Ⅳ．看護小規模多機能型居宅介護のサービス内容の明確化

＊看護小規模多機能型居宅介護を，複合型サービスの一類型として，法律上に明確に位置付けるとともに，そのサービス内容について，サービス拠点での「通い」「泊まり」における看護サービス（療養上の世話又は必要な診療の補助）が含まれる旨を明確化。

Ⅴ．地域包括支援センターの体制整備等

＊要支援者に行う介護予防支援について，地域包括支援センターに加えて，居宅介護支援事業所も市町村からの指定を受けて実施できることとする。

＊地域包括支援センターが行う総合相談支援業務について，その一部をケアマネ事業所等に委託することを可能とする。

◆介護保険制度改正の変遷

時期	主な改正内容
2005（平成17）年改正	○新予防給付の創設 ○地域密着型サービスの創設 ○地域包括支援センターの創設 ○介護サービス情報の公表制度の創設 ○居住費・食費の見直し
2008（平成20）年改正	○介護サービス事業者に対する法令順守などの業務管理体制の整備
2011（平成23）年改正	○定期巡回・随時対応型訪問介護看護，複合型サービスの創設 ○介護予防・日常生活支援総合事業の創設 ○介護福祉士による喀痰吸引の実施
2014（平成26）年改正	○地域支援事業の充実（在宅医療・介護連携推進事業や認知症総合事業などの創設，地域ケア会議の創設） ○介護予防訪問介護・介護予防通所介護の地域支援事業への移行 ○介護老人福祉施設の新規入所者を原則，要介護3以上に重点化 ○第1号被保険者のうち一定以上の所得のある利用者の自己負担を2割に引き上げ ○「補足給付」の要件に資産などを追加
2017（平成29）年改正	○保険者機能の強化等の取り組みの推進 ○医療・介護の連携の推進等（介護医療院の創設等） ○地域共生社会の実現に向けた取り組みの推進等（共生型サービス事業者の指定の特例等） ○現役世代並みの所得の負担割合を3割に（第1号被保険者に限る） ○介護給付費・地域支援事業支援納付金への総報酬割の導入
2020（令和2）年改正	○地域生活課題に解決に資する市町村の包括的な支援体制の構築の支援 ○地域の特性に応じた認知症施策や介護サービス提供体制の整備等の推進 ○医療・介護のデータ基盤の整備の推進 ○介護人材確保および業務効率化の取り組みの強化

●執筆者紹介

馬淵 敦士（まぶち・あつし）

ベストウェイケアアカデミー（介護福祉士実務者養成施設）学校長
株式会社ベストウェイ代表取締役社長
小学校教諭専修免許状・特別支援学校教諭専修免許状・介護支援専門員・介護福祉士・社会福祉士・公認心理師
修士（教育学）・奈良教育大学大学院教育学研究科修了

大学在学中より障がい者のホームヘルパー・ガイドヘルパーに従事し，卒業後，NPO 法人 CIL 豊中に入職。法人設立時より理事に就任し，サービス提供責任者や管理者に従事する。専門的福祉教育の充実を目指し，2007 年 1 月，株式会社ベストウェイを設立。代表取締役に就任。大阪府豊中市を中心に，「かいごの学校　ベストウェイケアアカデミー」を設立し，介護人材の育成を行っている。介護系受験対策に精通し，介護福祉士・ケアマネジャー受験対策講座を各地で開催し，全国合格率を大幅に上回る実績を上げている。

■2024年介護保険制度改正について

本書発刊後に明らかになった、2024（令和６）年施行の介護保険制度改正の内容のうち、本書に関連するものについて、弊社ホームページにおいて順次紹介していきます。下記URLでご確認ください。https://www.chuohoki.co.jp/foruser/manager/

■ 本書に関する訂正情報等について

弊社ホームページ（下記 URL）にて随時お知らせいたします。
https://www.chuohoki.co.jp/foruser/manager

■ 本書へのご質問について

下記の URL から「お問い合わせフォーム」にご入力ください。
https://www.chuohoki.co.jp/contact/

ケアマネジャー試験 過去問解説集2024

2024年１月５日　発行

編　集…ベストウェイケアアカデミー
発行者…荘村明彦
発行所…中央法規出版株式会社
〒110-0016 東京都台東区台東3-29-1 中央法規ビル
TEL. 03-6387-3196
https://www.chuohoki.co.jp/
装幀デザイン…株式会社デジカル
装幀キャラクター…坂木浩子
本文デザイン…小林哲哉（KIS）
印刷・製本…株式会社太洋社

定価はカバーに表示してあります。

落丁本・乱丁本はお取替えいたします。
ISBN978-4-8058-8961-9